作者简介

- 李晓西，教授，北京师范大学经济与资源管理研究院名誉院长，西南财经大学发展研究院名誉院长。1982年获兰州大学经济学学士学位。1984年、1989年先后获中国社会科学院研究生院经济学硕士、博士学位。

- 李晓西教授曾任中国社会科学院财贸所（现为中国社会科学院财经战略研究院）综合室副主任，国务院研究室宏观经济研究司司长，第五届中国环境与发展国际合作委员会中方委员。兼任联合国工业发展组织-联合国环境规划署绿色产业平台中国办公室名誉主任、中国市场学会副会长、中国政策专家库专家委员会委员，国家可持续发展议程创新示范区咨询委员会委员、教育部"长江学者奖励计划"评审委员会委员等社会职务。

- 近年来，李晓西教授连续六年主持完成并发布了《中国绿色发展指数报告——区域比较》；牵头完成了中英版本的《2014人类绿色发展报告》和《中国绿色金融报告2014》等。

- 1988年曾作为高级访问学者在英国伦敦经济学院访学近一年，2014年赴哈佛大学访问与交流半年。

- 2009年，李晓西教授入选由中国社会科学院《经济研究》等单位主编的《影响新中国60年经济建设的100位经济学家》；2010年，入选国家重点图书出版规划项目《二十世纪中国知名科学家学术成就概览》科学家名单其传记收录于全书的经济学卷；2017年，入选中国社会科学院《经济研究》等单位主编的"改革开放进程中的经济学家学术自传"丛书。

绿色文明——可持续发展的人类共识与全球合作

李晓西 著

科学出版社

北京

内 容 简 介

本书分析了近年自然环境恶化的现状，强调了落实2015年联合国《变革我们的世界：2030年可持续发展议程》的紧迫性和重要意义，由此提出了人类需要实行"绿色文明"，并分析了绿色文明的五大内涵。本书对工业文明进行了反思，对中国工业化进程中经济发展与环境保护博弈进行了分析，对全球天（大气）、地（土壤）、水、林污染及其治理进展进行了概述，强调了应筑建绿色文明的产业基础，并对123个国家绿色发展水平进行了测度比较。本书认为人类文明进入了新阶段，发出了包容多元文明和共建绿色文明的强烈呼吁。

本书适合关心人与自然关系的大学生和研究生阅读，尤其适合人文科学中史学、人类学、环境经济学，以及理科中环境学的读者阅读。

图书在版编目(CIP)数据

绿色文明：可持续发展的人类共识与全球合作/李晓西著. —北京：科学出版社，2021.3

ISBN 978-7-03-067222-3

Ⅰ.①绿… Ⅱ.①李… Ⅲ.①绿色经济-经济可持续发展-国际合作-研究 Ⅳ.①F062.2

中国版本图书馆CIP数据核字（2020）第265298号

责任编辑：刘英红 / 责任校对：杜子昂
责任印制：张 伟 / 封面设计：华路天然工作室

科学出版社 出版
北京东黄城根北街16号
邮政编码：100717
http://www.sciencep.com

北京厚诚则铭印刷科技有限公司 印刷
科学出版社发行 各地新华书店经销

*

2021年3月第 一 版 开本：720×1000 B5
2022年3月第二次印刷 印张：11 3/4 插页：1
字数：232 000
定价：126.00元
（如有印装质量问题，我社负责调换）

序

　　北京师范大学经济与资源管理研究院名誉院长李晓西教授，是一位既有理论也有实践经验的中国学者。他亲历了中国几十年改革中的经济增长和工业化，也看到了经济社会发展面临的巨大环境挑战。他认为要解决环境退化，实现经济增长目标与环境可持续性相协调，需要有切实可行的解决方案。2015年，由联合国193个成员签署的《变革我们的世界：2030年可持续发展议程》，是实现这一愿景的机制，他全心全意地拥护与支持。

　　李晓西教授从《变革我们的世界：2030年可持续发展议程》体会到推进"绿色文明"的意义。该书中，他呼吁应把绿色文明作为文明的根本形式（the ultimate form），这样既可传承工业革命形成的文明，同时包容了人类的各种文明形式。他认为这种最高形式的文明是经济发展不可避免的自然产物，是后工业历史阶段全球化背景下的必然产物。他的结论是，建设绿色文明是摆脱生态与环境泥潭的唯一出路。

　　在李晓西教授看来，绿色文明不仅有益于人类健康和整体福祉，更有助于解决塞缪尔·亨廷顿教授在1996年出版的名著《文明的冲突与世界秩序的重建》中所假设的危险前景。该书多次提及防止文明冲突，强调发展具有多元性和包容性的绿色文明，强调所有民族和国家的互利与合作。作为多文明的缩影，绿色文明体现了对历史的尊重和对未来的关怀。

　　在我看来，李晓西教授不仅是一个训练有素的经济学家，而且是一个具有儒家传统理念的人文主义者。他认为经济增长的根本目的是提高人民的生活质量，他极力主张调整粗放型的经济增长模式及其相应的政策。他问道，如果人们失去了作为基本生活必需品的清洁空气和干净水，那么经济增长又有什么意义呢？

综上所述，这本书的信息量很大，由绿色文明理念主导与启发灵感。我愿向相关决策者和关心环境问题的人群推荐此书。该书对发展中国家如何借鉴中国快速工业化和经济发展经验避免环境陷阱尤其有用。

理查德·库珀[①]

经济学教授

2020 年 5 月 30 日

哈佛大学

马萨诸塞州剑桥

[①] 2020 年 5 月应我邀请，在陈晋老师的帮助下，库珀教授为我的新书《绿色文明——可持续发展的人类共识与全球合作》题写了"序"。未曾想到，由于癌症扩散，库珀教授于 2020 年 12 月 23 日在马萨诸塞州剑桥市去世，享年 86 岁。惊悉噩耗，不胜悲痛！

前言：从文明冲突通往文明合作的绿色之桥

文明的观点是由18世纪法国思想家相对于"野蛮状态"的理念提出的。文化有狭义和广义之分，也有精神的和物质载体之别。概而言之，文明是使人类脱离野蛮状态的所有社会行为和自然行为构成的集合，既包括工具、文字和语言、礼仪规范、信仰和宗教、民族意识，也包括艺术与教育、科技进步、法律秩序、国家治理等。文明和文化都涉及一个民族全面的生活方式，文明是放大了的文化。广而言之，文明涵盖了人与人、人与社会、人与自然之间的关系。《易经》有曰"见龙在田、天下文明"，这可能是汉语中"文明"一词的起源。此时，正是中国农耕文明的时期。

物质文明是人类改造自然的物质成果，其性质为生产方式所决定，正如恩格斯所说："文明时代是学会对天然产物进一步加工的时期，是真正的工业和艺术的时期。"[①] 精神文明是人类在改造客观世界和主观世界的过程中所取得的精神成果的总和，既有科学文化也有道德伦理的广泛领域。正如马克思所说，在改造世界的生产活动中，"生产者也改变着，他炼出新的品质，通过生产而发展和改造着自身，造成新的力量和新的观念，造成新的交往方式，新的需要和新的语言"[②]。胡锦涛在联合国成立60周年首脑会议上提出："坚持包容精神，共建和谐世界。文明多样性是人类社会的基本特征，也是人类文明进步的重要动力。在人类历史上，各种文明都以自己的方式为人类文明进步作出了积极贡献。存在差异，各种文明才能相互借鉴、共同提高；强求一律，只会导致人类文明失去动力、僵化衰落。各种文明有历史长短之分，无高低优劣之别。历史文化、社会制度和发展模式的差异不应为各国交流的障碍，更不应成为相互对抗的理由。"[③]

阿尔温·托夫勒在20世纪出版的《第三次浪潮》一书中，将人类社会划分为三个阶段：第一阶段为农业阶段，从约1万年前开始；第二阶段为工业阶段，从17世纪末开始；第三阶段为信息化（或者服务业）阶段，从20世纪50年代后期开始。托夫勒认为，今天的变革是继农业文明、工业文明之后的第三次浪潮，这

---

① 《马克思恩格斯选集》第4卷，人民出版社1995年版，第35页。
② 《马克思恩格斯选集》第2卷，人民出版社1995年版，第47页。
③ 胡锦涛：《努力设立持久和平、共同繁荣的和谐世界——在联合国成立60周年首脑会议上的讲话》，2005年9月19日，http://www.amb-chine.fr/chn/ttxw/t690718.htm。

是人类文明史的新阶段，是一种独特的社会状态。①国际政治研究领域著名学者、20世纪美国最重要的思想家之一、美国哈佛大学国际和地区问题研究所所长亨廷顿，1993年在美国《外交》杂志上发表了题为《文明冲突》的文章，引起了国际学术界的普遍关注和争论；1996年，他又著书再论。亨廷顿认为，冷战后主宰全球的将是"文明的冲突"。冷战结束后，为建立一个新的国际秩序，亨廷顿提出了一系列系统性的新观点，对各国和地区出现的各类冲突现象的收集与分析付出相当大的努力。②

虽然用文明冲突来理解世界局势比较简明，甚至有不少事例为证，但是，还应看到文明包容也是理解和构建世界局势的一个重要方面。学者不能为当前冲突提供以偏概全的文明冲突理论，更不能让政客借文明冲突去挑起事端。在诸多的利益冲突面前，所有人最大的利益是什么？是否都需要为人类和地球的可持续生存发展共同努力？我们一定要记住《变革我们的世界：2030年可持续发展议程》中提出的"我们承诺促进不同文化间的理解、容忍、相互尊重，确立全球公民道德和责任共担。我们承认自然和文化多样性，认识到所有文化与文明都能推动可持续发展，是可持续发展的重要推动力"的劝诫，通过全球可持续发展实现人类文明的合作，这才是人类的希望。

"生态兴则文明兴，生态衰则文明衰。生态环境是人类生存和发展的根基，生态环境变化直接影响文明兴衰演替。古代埃及、古代巴比伦、古代印度和中国四大文明古国均发源于森林茂密、水量丰沛、田野肥沃的地区。奔腾不息的长江、黄河是中华民族的摇篮，哺育了灿烂的中华文明。而生态环境衰退特别是严重的土地荒漠化则导致古代埃及、古代巴比伦衰落。"③地球的生态与环境，就是人类文明的共同财富与交流之基。

20世纪70年代初期，罗马俱乐部提出不可再生资源相对人类利用的速度是有限的，认为"增长的极限"将在20世纪末或21世纪初发生。1992年，世界约1700名科学家发表了《世界科学家对人类的警告》，宣言开头就说："人类和自然正走上一条相互抵触的道路"。中国环境保护的先驱曲格平先生曾说，工业文明时代所创造的辉煌的科学技术、伟人的思想理论、不朽的艺术成就和空前的社会发展，我们必须充分肯定和继承。但是，工业文明时代关于人与自然关系的观念和发展方式，我们要毫不留情地予以革除和改造。我们要终结的是一个时代的

---

① 〔美〕阿尔温·托夫勒：《第三次浪潮》，朱志焱、潘琪、张焱译，生活·读书·新知三联书店1984年版。

② 〔美〕塞缪尔·亨廷顿：《文明的冲突与世界秩序的重建》，周琪、刘绯、张立平，等译，新华出版社2010年版，第187页。

③ 习近平：《推动我国生态文明建设迈上新台阶》，2019年1月31日，http://www.qstheory.cn/dukan/qs/2019-01/31/c_1124054331.htm。

文明模式,而人类文明的历史是不会终结的。[①]

《绿色文明——可持续发展的人类共识与全球合作》一书是本人主持完成国家自然科学基金重点项目"中国经济绿色发展的评价体系、实现路径与政策研究"(71333001)结题评优后,在项目持续资助两年的鼓励下围绕绿色经济大方向的一次自由选题,是对自己多年可持续发展研究的一次哲学或说人类学的升华,更多的是表达了对人类未来的担忧与祝福!

2020年8月22日

[①] 曲格平:《生态文明理念和发展方略》,《中国环境报》2010年3月2日,第2版。

目　　录

序
前言：从文明冲突通往文明合作的绿色之桥
第一章　绿色文明建设由于自然环境急速恶化而具紧迫性 ……………… 1
　第一节　科学家的预言 ……………………………………………………… 1
　第二节　地球正面临种种危机 ……………………………………………… 2
　第三节　近几年气候变化影响的严峻现实 ………………………………… 4
　第四节　气候变化影响的原因分析 ………………………………………… 7
　第五节　有识之士的紧急呼吁 ……………………………………………… 8
　第六节　古代文明衰亡的前车之鉴 ………………………………………… 10
第二章　《变革我们的世界：2030 年可持续发展议程》
　　　　——全球共构绿色文明的合作宣言 …………………………… 12
　第一节　《议程》的形成与概略 …………………………………………… 12
　第二节　《议程》的现实意义与内容 ……………………………………… 13
　　一、政治意义 ……………………………………………………………… 13
　　二、对人类实现可持续发展的意义 ……………………………………… 17
　第三节　《议程》在人类文明史上的印记 ………………………………… 22
　　一、文明是一个历史范畴 ………………………………………………… 22
　　二、绿色文明与可持续发展紧密相关 …………………………………… 23
　　三、《议程》集中反映了后工业化时代的人类文明共识 ……………… 24
第三章　绿色文明的五大内涵 ……………………………………………… 26
　第一节　天人和谐 …………………………………………………………… 26
　　一、用中华文明的智慧阐释"天人和谐" ……………………………… 26
　　二、"天人和谐"概念是立足于哲学理性高度的提炼 ………………… 27
　　三、实现"天人和谐"，需要合理的互动和多元的应对 ……………… 27
　第二节　公正民主 …………………………………………………………… 28
　　一、绿色文明具有公正的要求 …………………………………………… 28
　　二、绿色文明具有民主的要求 …………………………………………… 30
　第三节　发展可持续 ………………………………………………………… 31

一、发展可持续对生产和消费的要求·· 31
　　二、发展可持续的制度条件·· 32
第四节　科技智慧··· 33
　　一、科技对人类文明演进的影响是重要的······································· 33
　　二、科技的应用对人类文明的进步是把双刃剑································ 34
　　三、科技智慧是绿色文明的重要内涵··· 35
第五节　和平包容··· 36
　　一、绿色文明强调和平·· 36
　　二、绿色文明强调"包容"··· 38

第四章　工业文明的反思·· 41
　第一节　工业化对环境的黑色影响并催生早期的环保理念················ 41
　第二节　工业化过程中步步升级的绿色规划与行动····························· 45
　第三节　工业文明的五大矛盾及走向绿色文明的历史使命·················· 49
　　一、史无前例的生产力水平与日益增大的自然资源生态消耗········· 49
　　二、法治下的劳资矛盾·· 51
　　三、垄断与竞争··· 52
　　四、全球化背景下的自由与管制··· 54
　　五、共同价值与战争行为的矛盾··· 55

第五章　中国工业化进程中经济发展与环境保护的博弈··························· 59
　第一节　1978—1992年经济增长对环境影响的分析··························· 59
　第二节　1993—2012年经济增长对环境影响的分析··························· 62
　　一、1993—2001年的环境形势··· 62
　　二、2002—2012年是中国环境保护最为艰难的十年······················ 63
　第三节　2013年以后的污染治理与环境保护······································· 65
　第四节　中国经济发展处于工业化中期是环境问题的大背景············· 70
　　一、我国的工业化程度与美国工业化中期阶段程度相当················ 70
　　二、我国的工业化程度指标符合钱纳里多国模型工业化中期阶段判断···· 71
　第五节　中国工业化进程中推出并实施的环境战略与措施················· 71

第六章　应对气候变化与大气污染的全球公约·· 75
　第一节　关注气候变化问题的全球新共识·· 75
　　一、《巴黎协定》的意义·· 75
　　二、中国在达成和落实《巴黎协定》中发挥的作用······················· 76
　　三、应对气候变化的挑战是中美外交合作的重要成果··················· 76
　第二节　气候问题与资源、环境问题密切相关···································· 76

一、气候变化引发严重自然灾害 ·· 76
　　二、气候变化改变了某些地区原有的资源禀赋 ································ 77
　　三、环境污染进一步加剧气候问题 ·· 77
　第三节　经济发展对气候变化的影响 ·· 78
　　一、工业化过程直接影响了气候的变化 ·· 78
　　二、过度追求GDP导致的环境和资源代价 ···································· 78
　　三、缓解经济活动对气候变化的影响 ··· 79
　第四节　空气污染问题与气候变化问题同等重要 ································· 79
　　一、大气污染问题严重 ··· 79
　　二、室内空气污染问题严重 ·· 80
　第五节　应对大气污染：主抓人类排放系统 ······································· 81
　　一、抓排放主体 ·· 81
　　二、抓排放客体 ·· 81
　　三、抓排放途径 ·· 82
　　四、抓排放管理 ·· 82
　　五、抓排放吸纳 ·· 83
　第六节　应对气候变化过程中发挥中国在南南合作中的重要作用 ············ 83

第七章　土地污染及其治理是人类的共同难题 ·· 85
　第一节　全世界遇到的共同难题——土壤污染 ··································· 85
　第二节　中国土壤污染及现状 ··· 87
　第三节　中国对土壤污染治理的重视程度的提升过程 ·························· 89
　第四节　应对土壤污染：大地神圣，保修并举 ··································· 90
　　一、尊崇大地，保护土壤 ·· 91
　　二、孝敬"母亲"，修复土壤 ··· 92
　　三、当务之急，善除垃圾 ·· 92
　第五节　台湾新北市垃圾焚化处理调研 ··· 93
　　一、高水平的垃圾处理 ··· 93
　　二、台湾有关方面的相关措施 ·· 94
　　三、几点启示 ··· 95

第八章　水体污染及其治理——水文明的怀念 ·· 97
　第一节　全世界的共同课题——水安全 ··· 97
　　一、世界水资源分析 ·· 97
　　二、海洋污染问题不可忽视 ··· 98
　　三、珍惜和科学利用地下水资源 ·· 99

第二节　中国水污染现状与治理 99
  一、中国水资源问题严重 99
  二、中国水污染2015年后的治理措施 100
  三、2019年6月全国地表水质量 101
第三节　应对水污染：构建水安全体系目标 101
  一、生活水安全 102
  二、生产水安全 102
  三、环境水安全 102
  四、专家提出解决中国水问题的思路 102
第四节　新加坡治水和以色列推动节约用水的案例 102
  一、新加坡应对水短缺的经验 102
  二、以色列"绿色国会"及节水项目的考察及启示 103

第九章　森林与生物多样性的展望 106
第一节　全球关注森林与生物多样性 106
第二节　中国保护生物多样性与发展林业面临的挑战 107
  一、生物多样性受威胁现状 107
  二、林业生态保护面临的挑战 109
第三节　森林与生物：法自然之道，守人类之本 110
  一、不应抢占而应扩展生物生存空间 111
  二、不应污染而应改善生物生存环境 112
  三、不应伤害而应保护生物和拯救生物的生命 114
第四节　中国保护生物多样性与发展林业的新进展 115

第十章　筑建绿色文明的产业基础 118
第一节　绿色产业内涵及发展的意义 118
  一、发展绿色产业对实现绿色文明具有重大意义 118
  二、从传统产业绿色化与发展新兴绿色产业入手 119
第二节　传统工业绿色化 119
  一、清洁生产，发展绿色工业 119
  二、废物利用，发展循环经济 120
  三、节能减排，发展低碳经济 121
第三节　促进能源产业绿色发展 121
  一、煤炭的绿色开采 122
  二、石油的绿色开采 122
  三、二次能源的绿色转化 123

四、新能源的绿色研发与生产 124
　　五、能源生产中的减排与废弃物处理 124
第四节　大力发展生态农业 125
　　一、生态农业的探索 125
　　二、发达国家发展生态农业的经验 126
　　三、发展中国家发展生态农业的经验 126
第五节　带着绿色文明色彩的文化产业 127

第十一章　123个国家绿色发展水平的测度 131
第一节　人类绿色发展指数测度的由来及进展 131
第二节　2018人类绿色发展指数的测度 135
　　一、HGDI的指标及三级体系 135
　　二、HGDI测评国家的选择 138
　　三、HGDI的测算方法 139
　　四、测算结果及分析 142
第三节　发展中国家需要国际社会的帮助 145
第四节　制定衡量可持续发展进展测度方法的比较 147

第十二章　包容多元文明　共建绿色文明 151
第一节　多元文明中的共同利益与价值是绿色文明的基础 151
　　一、多元文化的各国有着共同利益 151
　　二、达沃斯文化中体现着东西方文明的包容与融合 153
　　三、全球化的亚洲正在证明：东西方文明互补而不是替代 153
　　四、为实现绿色文明的和平与繁荣需要大爱与包容精神 154
第二节　东西方文明交流史为共建绿色文明提供了借鉴 156
　　一、中国老子《道德经》的东西方共享 156
　　二、从马勒大地交响乐聆听中国与欧洲同样的精神世界 158
　　三、从《几何原本》的传播交流看中欧文化的早期交流 159
　　四、从丝绸之路看中国与阿拉伯文化交流的悠久历史 160
　　五、历史上拉丁美洲文明与欧洲文明的交融 161
第三节　从多元文明走向绿色文明的关键——维护和稳定中美关系 161
　　一、亨廷顿指出中国文明是世界上最古老的文明 161
　　二、中美交流合作的历史超过200年 162
　　三、从奥巴马投资出品的纪录片《美国工厂》看中美互助办企业 163
　　四、尊重历史　面向未来　坚定不移维护和稳定中美关系 164
第四节　展示人类探求共同文明的努力——奥运圣火赞 165

结束语 ……………………………………………………………… 169
后记 …………………………………………………………………… 170
致谢 …………………………………………………………………… 172

第一章　绿色文明建设由于自然环境急速恶化而具紧迫性

本章从"科学家的预言""地球正面临种种危机""近几年气候变化影响的严峻现实""气候变化影响的原因分析""有识之士的紧急呼吁""古代文明衰亡的前车之鉴"等方面，阐述历史给我们这一代人的特别重任，指出我们这一代人必须为人类永续生存与发展做出历史性的贡献。

第一节　科学家的预言

2010年8月，著名物理学家、宇宙学家史蒂芬·霍金在接受美国著名知识分子视频共享网站BigThink访谈时曝惊人言论，使得人们对生存环境产生了担忧。霍金说，由于人类基因中携带的"自私、贪婪"的遗传密码，人类对地球的掠夺日盛，资源正在一点点耗尽，人类不能把所有的鸡蛋都放在一个篮子里，所以，不能将赌注放在一个星球上。①霍金的预言对人类行为的警示具有重大意义。我们不能再继续沿用传统的发展方式了，否则就是对子孙后代的不负责任。

本来可以认为，第四次工业革命向绿色文明时代的过渡应是一个比较漫长的时期，人类只要努力，会逐步实现可持续发展的规划。中国科学家曾在世界上首次提出可持续发展的"拉格朗日点"原理（借用天文术语），并依此定量计算了世界代表性国家实现可持续发展的时间表。②根据科学家计算出的时间表，目前世界上最早可以实现可持续发展的国家是挪威，大约在2040年；世界最大发达国家——美国进入可持续发展门槛的时间在2068年；世界最大发展中国家——中国进入可持续发展门槛的时间在2079年；世界最后实现可持续发展所定标准的国家是非洲的莫桑比克，大约在2141年。制定时间表的理论依据，是中国学者提出的抵达可持续发展"拉格朗日点"所需要的时间。那么，什么是可持续发展的"拉格朗日点"？这本是天文术语中的一个概念，指对一个卫星而言，太阳和地球的引力都处于临界最弱，以至于卫星能够保持相对静止的特定交叉点。科学家移植

---

① 宇桓：《霍金称地球200年内毁灭 人类应尽快移民外星球》，2010年8月9日，http://www.chinanews.com/gj/2010/08-09/ 2456125.shtml。

② 牛文元主编：《2015世界可持续发展年度报告》，科学出版社2015年版。

并重新定义了这个概念，以衡量可持续发展。在该点上，能够表现出三个平衡：人类活动强度与自然承载力的平衡（自然平衡）、环境与发展的平衡（经济平衡）、效率与公平的平衡（社会平衡）。三大平衡的理论解就可归纳为实现可持续发展的"拉格朗日点"。只有三大平衡都符合"拉格朗日点"原理时，才能判定一个国家基本迈进了可持续发展的门槛。[①]作为一种针对性很强的科学设想，中国学者的预言对人类的警示也具有重大意义。我们不能再继续沿用传统的发展方式了，要尽量实现可持续的发展，至少在霍金预判的200年内可以也必须解决问题。

但是，环境恶化的速度超过预期，而各国可持续发展的效果尚未达到预期，现实情况令人担忧。

美国麻省理工学院地球、大气与行星科学系教授丹尼尔-罗斯曼于2017年的一项研究预测：2100年地球将迎来第六次物种大灭绝。罗斯曼教授通过数学公式，对包括5次大规模灭绝事件在内的5.5亿年间碳循环的重大变化进行了计算分析，确定了"灾难临界值"。他将这一数值与联合国政府间气候变化专门委员会（Intergovernmental Panel on Climate Change，IPCC）报告提供的预测值对照后发现，2100年海洋碳总量将接近或远超过该临界值，从而可能导致第六次大规模物种灭绝。[②]

一些科学家认为，物种灭绝、海平面上升、粮食危机、全球变暖等已经造成了一系列的恶果，如果人类还不采取有效措施应对气候变化，后果将不堪设想。澳大利亚国家气候恢复中心发表的报告称：如果人类不立即采取行动缓解全球变暖，那么人类文明"将在2050年崩溃"。[③]人类文明走向末日并不是危言耸听，发生这种情况的可能性可能比我们想象的还要高，任何一个国家都不能独善其身。[④]

第二节　地球正面临种种危机

2012年，联合国环境规划署（United Nations Environment Programme，UNEP）发布的报告描述了21世纪急需面对21个环境问题，涵盖了全球环境的主要主题，包括食物、土地、淡水、海洋、生物多样性、气候变化、能源、废弃物、技术及其他重要的跨领域问题。报告所举的21个问题今天仍然存在且更严重。表1.1汇

---

① 牛文元主编：《2015世界可持续发展年度报告》，科学出版社2015年版。
② Rothman D H, "Thresholds of Catastrophe in the Earth System", Science Advances, Vol.3, No.9, 2017, pp. 108-112.
③ 青木、任重：《澳智库"末日报告"警醒人类"致命炎热"将引发极端灾难》，《环球时报》2006年6月6日，第5版。
④ 朱张航宇：《半永久性厄尔尼诺盛行？科学家：我们这代人或亲历人类文明的终结》，2019年7月1日，https://baijiahao.baidu.com/s?id=1637870188450885865。

总了这 21 个问题。

表 1.1　21 世纪急需面对 21 个环境问题

编号	问题内容	重要性排名
\multicolumn{3}{c}{跨领域问题}		
1	使全球环境治理能力与全球可持续发展的挑战保持一致	1
2	转变人类能力以应对全球环境挑战,迈向绿色经济	2
3	实现科学技术与环境政策的对接	4
4	通过政府干预实现人类过度消费行为的转变	5
5	如何建立有效的预测和预防机制实现环境治理模式的转变	18
6	应对环境问题造成的难民迁移	20
\multicolumn{3}{c}{粮食、生物多样性和土地问题}		
7	90 亿人的食品安全新挑战	3
8	生物多样性降低造成的环境和经济挑战	7
9	提升城市发展可持续性和复原力	11
10	应对全球新形势下的土地需求	12
\multicolumn{3}{c}{淡水和海洋问题}		
11	水陆相互作用的管理范式的转变	6
12	加快发展中国家内陆水域退化	15
13	海洋系统潜在的崩溃可能性需要综合海洋治理	13
14	沿海生态系统需要通过适应性治理应对日益增加的压力	19
\multicolumn{3}{c}{气候变化问题}		
15	减缓和适应气候变化	7
16	应对气候变化导致的极端天气现象	16
17	冰川消退	21
\multicolumn{3}{c}{能源、技术和废弃物处理问题}		
18	加快建设环境友好的可再生能源系统	7
19	降低新型技术和化学品的风险	10
20	解决矿产稀缺,避免电子垃圾	14
21	应对废弃核反应堆的环境影响	17

注:重要性排名由联合国环境规划署根据 400 位科学家投票排名

如果要为 90 亿人解决全球可持续发展的挑战,那么迫切需要对全球的管理范式进行全面改革。这是联合国环境规划署广泛征求意见后得出的结论,这个结论又由研究小组和来自世界各地的 400 多位科学家判断,于 2012 年 2 月 20 日在联合国环境规划署理事会暨全球部长级环境论坛第12次特别会议开幕式上公布。上述众多的环境问题，涉及人类能否在地球上继续生存、继续发展的挑战。2019年，英国、美国、奥地利和以色列的专家公布了一项报告，分析了地球面临的十大危险。①气候变化：到20世纪末期，温室气体的浓度很可能会增加1倍，全球的平均温度至少会升高2℃。②端粒损耗：每种动物的染色体末端都有保护性的盖子，称为端粒。如果没有它们，我们的染色体就会变得不稳定。细胞的每次分裂都不能完全复制这些端粒，因此在我们的整个生命中，端粒会随着细胞的增殖而变得越来越短。最终，当它们变得非常短时，我们开始出现与年龄有关的疾病，如阿尔茨海默病（又叫老年性痴呆）、心脏病和中风。然而，端粒并非仅在一个人的一生时间里缩短，而是每经过一代，端粒长度就会出现微小损失，就如同个体的衰老过程一样。在成千上万代之后，端粒也损耗到了临界水平。到那时，我们将发现与年龄相关的疾病的发病时间提前，最终导致人口锐减。端粒损耗可以解释为何一个似乎很成功的物种（如尼安德特人）会在没有诸如气候变化等外部因素影响的情况下突然消失。③病毒大流行：自20世纪以来，人类经历了多次大型流行性感冒，此外还有艾滋病病毒和非典病毒的流行。每个世纪都会出现世界范围内的严重流行病，而且未来也不可避免。目前最严重的问题，是在一些地区暴发的禽流感。如果这种病毒学会了在人与人之间传播，那么就会迅速遍及全世界。1918年暴发的流感仅在1年之内就导致2000万人死亡，比第一次世界大战（以下简称一战）的死难者还要多。现在类似的疫情暴发有可能会产生更具破坏性的影响。④恐怖主义：在我们的有生之年，世界某个地区遭受重大恐怖袭击的可能性非常之高。⑤核战争。⑥陨石撞击：未来70年内地球受到大陨石撞击的可能性为"中等"。⑦机器人控制人类：未来70年内出现超级智能机器人的可能性很高。⑧宇宙射线：未来70年内遭遇超新星爆发的可能性低。⑨超级火山喷发：未来70年发生超级火山喷发的可能性非常高。⑩地球被黑洞吞噬：未来70年内地球被黑洞吞噬的可能性极低。[①]

从科学家对地球面临的十大危险的分析，排在第一的是"气候变化"这个全世界有共识的危机！

第三节 近几年气候变化影响的严峻现实

气候变化影响的严峻现实是：2018年开始，全球罕见高温，各地受灾严重。巨大的碳排放量，成为全球气候变暖不可忽视的因素。根据《自然》杂志报道，科学家通过对2004—2018年全球190起极端天气进行归因研究后发现：几乎有

[①] 佚名：《地球面临的十大危险》，2018年12月4日，http://www.fx361.com/page/2018/1204/4554950.shtml。

2/3 的极端天气,都是全球气候变暖造成的。美国国家航空航天局公布的数据显示,在过去 26 年里,南极冰川流失高达 3 万亿吨[①],而这 3 万亿吨,几乎有一半的冰川是在过去 5 年中消失的。也就是说,冰川融化速度,已经越来越快!麻省理工学院最近发布的研究结果指出,在湿度和温度组合后的温度——湿球温度,达到 35℃的情况下,人类将无法在户外存活超过 6 个小时。2019 年 8 月,又一份关于北极变暖的报道,文章题目是"冰圈变火圈,北极到处都在熊熊燃烧,并已烧到危险的泥炭层"。文章称:北极可能正在变成气候变暖的主战场。继永久冻土融化、建筑、道路、管道等基础设施被大量破坏,二氧化碳和甲烷不断释放,史前病菌病毒复活等令人揪心的现象愈演愈烈之后,北极地区现在也开始燃烧起来,从俄罗斯的西伯利亚,到格陵兰岛和美国的阿拉斯加,肆虐的野火正在到处蔓延,一个多月就释放了 1 亿吨二氧化碳,相当于比利时 2017 年的总排放量。北极在很多人的印象中,可能是冰雪皑皑、寒风肆虐的冰圈,但事实上,北极地区有郁郁苍苍的原始森林,有一望无际的苔原地带,生命在此顽强地生存,为地球存储了大量的碳。然而工业革命开始后人为的碳排放增量,却让北极地区成为地球变暖的最大受害者,其气温升高速度是地球平均速度的两倍,导致北极地区大量海冰融化,气候紊乱,极端天象增多。在 2018 年干燥的冬天过去,野火肆虐北极圈,甚至整个瑞士全境都在燃烧后,2019 年更广阔的北极地区又迎来了狂野燃烧的夏季。自 2019 年 6 月以来,全国 49 个地区中有 11 个已经被野火劫持,100 多场野火正在伊尔库茨克、克拉斯诺亚尔斯克和布里亚特等地蔓延,总量达 1323 平方公里的森林被烧毁。与此同时,格陵兰岛和美国阿拉斯加部分地区也在野火中呻吟,整个北极圈似乎一下子从冰圈变成了火圈。来自美国国家海洋和大气管理局气象卫星 Suomi NPP 上的可见光红外成像辐射计套件拍摄的卫星图片表明,野火燃烧产生的烟雾正向西南方移动,并与风暴系统混合,扩散到更广阔的地区,让人触目惊心。虽然北极夏季的火灾较为常见,但 2019 年火灾的范围和数量都不同寻常而且前所未有,甚至从森林扩散到泥炭层,这意味着更加巨大的风险。因为一片森林可能只会燃烧几小时,而泥炭土壤将会燃烧几个月,并且释放更多存储的碳![②]

2019 年 8 月下旬又有报道,文章称:全球最大的热带雨林——亚马孙雨林,已经在大火中燃烧 3 个星期了!它横越 9 个国家,创造着世界 20%的氧气,拥有这个世界 40%的热带雨林、20%的淡水资源和瀑布、10%的地球物种,因此被称为"地球之肺""世界动植物王国"。滚滚浓烟陆续笼罩了巴西的朗多尼亚、帕拉和马托格罗索州等各州,被烟雾包裹的城市仿佛从白天进入了黑夜。大火产生

---

① 吨,质量单位,1 吨=1000 千克。
② 徐德文:《冰圈变火圈!北极到处都在熊熊燃烧,并已烧到危险的泥炭层》,2019 年 8 月 4 日,https://new.qq.com/omn/20190804/20190804A08KYE00.html。

的烟雾笼罩了半个巴西,大片大片的雨林被烧成了平地,看上去犹如"世界末日"。在欧洲环保机构发布的热力图中,我们可以清晰地看到,地图上本该绿油油的一片,却犹如炭盆一般烧得通红。千里之外的圣保罗,甚至不得不停电一小时。巴西国家空间研究所的最新数据显示,2019年,亚马孙雨林的火灾数字已创下纪录。自1月以来,卫星数据探测到超过7.2万起火灾,较2018年同期增长83%。8月份,巴西共发生了5000多起火灾,火灾地区都以亚马孙雨林作为其唯一的或者部分生物群落。当地人为获得必要的谋生手段,焚烧树木,"清理"土地,以用于耕种或采矿,是大火的人为成因。客观成因则是2019年是地球少有的炎热年份,而亚马孙地区降雨量是低于平均水平的。根据美国《国家地理》杂志的新闻,几位环境学家称,如果对待亚马孙雨林大火依旧抱着极其漠视的态度,后果则是灾难性的。如果"森林砍伐"和"纵火清理"不加节制的继续下去,生态平衡首先会遭到破坏。物种间的生态平衡一旦遭到破坏,链条不再完整,下一个吞掉恶果的就是人类。①联合国环境规划署执行主任英格·安德森于8月26日就亚马孙雨林大火发表声明:亚马孙热带雨林的持续大火给予我们沉痛的警示,世界正面临气候、生物多样性和污染等多重环境危机。我们不能再对这一宝贵而有限的自然资源造成更多破坏。这里是3300万人的家园——包括420个原住民社区、40 000种植物、3000种淡水鱼类、370种爬行类动物。亚马孙与刚果盆地、印度尼西亚是世界热带雨林的主要分布区,它们在稳定世界气候方面发挥着重要作用,是对抗气候变暖的天然屏障。可持续地对森林进行管理是扭转当前恶劣形势的关键。若不遏制火势,未能及时止损,将严重影响人类健康和生计;摧毁生物多样性宝库;使世界高度暴露于气候危机引发的自然灾害风险之中。我们敦促会员国齐心协力,实施必要措施,全力扑灭大火,防止新的森林火灾的发生,为了巴西和全世界的利益而采取坚实行动。为亚马孙祈福。②当然,大火之严重程度还需要有相关完整的数据公布后才有精准的判断,我们在等待! 等待就是关心,就是担忧,就是还有希望!

  2019年底,我们听到的地球现在及未来状况的新消息更让人担心,法国《回声报》网站发表题为"2019年令地球难受的6个数字"的文章,该文称:地球气候环境现状不容乐观,人类正在破坏自身生存根基。温室气体浓度达新高,夏季极度高温,热带雨林面积大幅减少,化石燃料产业大量补贴,海平面上升,生物多样性面临挑战。2019年的一些数据展现了地球现在以及未来的状况。

---

  ① 佚名:《亚马逊雨林大火3周蔓延1700英里,巴西媒体无报道受谴责》,2020年10月25日,https://www.360kuai.com/pc/9764ab11beef152da?cota=4&kuai_so=1&tj_url=so_rec&sign=360_57c3bbd1&refer_scene=so_1。
  ② 联合国环境规划署:《联合国环境署执行主任就亚马逊雨林大火发表声明》,2019年8月26日,https://www.huanbao-world.com/a/zixun/2019/0826/110132.html。

①415.64ppm——这个数字展现了大气中二氧化碳的聚集程度。415.64ppm 是美国国家海洋和大气管理局于 5 月在夏威夷监测到的数据。这一数字创下纪录，比 2018 年和 2008 年的纪录分别高出 3.50ppm 和 25.00ppm。按这一趋势，21 世纪末二氧化碳浓度不超过 450.00ppm 的目标就不可能实现，全球气温升高限制在 2℃的目标也难以达成。②46.2℃——这是 6 月 28 日在韦拉尔格监测到的气温，法国此前从未监测到如此高温。2019 年夏季，法国多个城市气温都创下纪录，巴黎市在 7 月 25 日达到 42.6℃。7 月被认为是自 1880 年以来全球同期最热的一个月，比整个 20 世纪平均温度高出 0.95℃。9 月和 10 月的气温同样创下新高。2019 年显然是属于 2015 年开始的最热年份序列的一部分。③1200 万公顷——这是地球 2018 年消失的生物多样性最为丰富的热带雨林的面积。这一面积相当于一个尼加拉瓜。热带雨林的损失相比 2017 年和 2016 年略微减少，但是形势依然让人担忧。这 1200 万公顷中有近 360 万公顷曾覆盖原始森林。在巴西，2018 年超过 130 万公顷亚马孙热带雨林消失。森林砍伐在 2018 年 7 月到 2019 年 7 月达到 9762 平方千米。作为世界第三大绿肺的刚果河盆地被蚕食得越来越严重。④4000 亿美元——国际能源署估测，化石能源消耗的补贴在 2018 年超过 4000 亿美元，比 2017 年高出 1/3。石油平均价格攀升是达到这一自 2014 年以来最高水平补贴的部分原因。石油在 2018 年重新成为全球补贴最多的能源，增长 40%。欧洲气候行动网络组织认为，2019 年法国涉及能源消耗的补贴和减税总额达 110 亿欧元，这些补贴"阻碍了能源转型的发展，对污染行业有利"。⑤84 厘米——海平面在继续升高。在现阶段看来很有可能出现的到 2100 年全球气温升高 3～4℃的假设下，海平面将会升高 84 厘米。这一数字会带来严重后果。超过 10 亿居住在沿岸地区的民众在面对各类自然灾害时将会十分脆弱。由于气温升高及海洋酸度提高，人类同样会面临海洋生物多样性损失的影响。⑥100 万物种——气候变暖会对生物多样性带来巨大的连带效应。生物多样性与生态系统服务政府间科学政策平台的专家在 2019 年 5 月警告，50 万～100 万物种有可能会灭绝，其中很多会在未来几十年内灭绝。拥有 550 万种的昆虫在这场可能的"大规模灭绝"中首当其冲。该平台主席罗伯特·沃森警告说，我们正在侵蚀全球范围内我们经济、生存方式、粮食安全、健康和生活质量的根基。①

第四节　气候变化影响的原因分析

2019 年 7 月 30 日，新华网发布题为《大气污染物加速冰川消融》的文章，

---

① 佚名：《2019 年令地球难受的 6 个数字》，2020 年 1 月 5 日，http://www.ifengweekly.com/detil.php?id=8984。

该文称：中国科学院西北生态环境资源研究院冰冻圈科学国家重点实验室研究员康世昌及其团队的一项研究证实了大气污染物与冰冻圈退缩存在重要关联。过去10多年中，康世昌团队与中国科学院青藏高原研究所、国际山地综合发展中心、瑞典斯德哥尔摩大学等科研人员合作，基于野外考察和长期定位观测，建立了覆盖第三极及周边高山区的大气污染物和冰冻圈变化协同观测研究网络。该网络特别关注吸光性气溶胶比如黑炭和棕碳、粉尘及持久性有毒污染物等，集成多种方法以研究大气污染物的跨境传输及其对冰冻圈环境的影响。研究显示，大气污染物特别是具有吸光性的黑炭气溶胶等沉降到冰川、积雪后，可降低雪冰表面反照率，进而促进冰冻圈的消融；同时，冰冻圈贮存的重金属和持久性有机污染物等可随冰冻圈消融而释放，对区域生态环境造成潜在影响。康世昌表示，看似"污染物近在身边，冰冻圈远在天边"，但实际上我们身边的大气污染物对遥远的冰冻圈有深刻的影响。因此，我们有必要开展并高度关注大气污染物和冰冻圈变化的协同研究。①

全球气温上升的另一个原因，也为中外科学家所揭示。清华大学地球系统科学系（以下简称地学系）张强教授课题组和加州大学尔湾分校史蒂文·戴维斯（Steven J. Davis）副教授组成的国际联合研究团队在《自然》（*Nature*）期刊发表题为《现有能源基础设施锁定排放威胁1.5℃气候目标》（*Committed emissions from existing energy infrastructure jeopardize 1.5℃ climate target*）的论文，首次全面评估了现有和拟建能源基础设施的"碳锁定"效应，指出现存的高碳设备锁定排放将严重威胁1.5℃温控目标，以及全球向低碳社会转型的紧迫性。政府间气候变化专门委员会于2018年10月8日发布《IPCC全球升温1.5℃特别报告》。该报告评估了全球地表平均温度升高1.5℃可能带来的影响及实现1.5℃温控目标的减排路径，指出如今全球地表平均温度较工业化前水平上升约1℃。而当前人类一半以上的能源来自从地壳深处提取的化石燃料，化石燃料体系已经深深根植于社会之中。经济发展过度依赖化石能源，现有的大量高碳排放基础设施在未来的碳排放（即锁定碳排放）对低碳能源转型构成严重的威胁，阻碍了发展低碳经济的进程。②

第五节　有识之士的紧急呼吁

2015年，联合国秘书长潘基文先生呼吁：人类一些过度和不明智的开发活动

---

① 张文静：《大气污染物加速冰川消融》，2019年8月1日，http://www.xinhuanet.com/2019-07/30/c_1124816171.htm。

② 清华大学：《地学系张强课题组在〈自然〉合作发文揭示全球现有能源基础设施锁定排放威胁1.5℃温控目标》，2019年8月16日，https://news.tsinghua.edu.cn/info/1007/53188.htm。

造成了污染、资源枯竭、动植物物种灭绝等。虽然人们已意识到这一点，但行为方式仍有待改变。①他还向世界各国领导人发出警告：气候变化是我们这个时代决定性问题，已经没有时间浪费。如果不立即行动起来，我们将会付出更多代价。②联合国政府间气候变化专门委员会在全球气候变化第五次评估报告中指出，持续的温室气体排放将会导致气候系统所有组成部分进一步变暖并出现长期变化，会增加对人类和生态系统造成严重、普遍与不可逆影响的可能性。进入21世纪后，大部分物种面临着气候变化造成的更大的灭绝风险，还给全球粮食安全带来巨大风险，到21世纪中期预估气候变化将影响到人类健康。③如果我们千百年来赖以生存的地球不在了，那我们将何去何从？

2017年11月，来自全球184个国家的15 000位科学家联合发出警告信，信中说地球正处于危险之中，人类必须改变自己的生活方式。2018年3月，英国《独立报》刊发题为《2万名科学家对人类未来发出严重警告：整个世界都在倾听！》的文章，指出这封来自科学界的"警告信"已在世界范围内受到普遍重视，对各国政府的政策制定正在发挥积极影响。第二封"致人类的警告信"发布以来，又有4500多名科学家参与其中，到2018年3月，签署该文件的科学家总数已突破20 000名。

2019年7月13日，新加坡《联合早报》刊载了一篇题为《全球7000高校致函联合国宣告地球处气候紧急状态》的文章指出，全球7000多所学院、大学、技术学校和社区大学，包括美国加利福尼亚大学和英国格拉斯哥大学，周三提交联署信函给联合国，宣告地球处于"气候紧急状态"。它们同时承诺将致力于实现校园"碳中和"，积极行动以应对全球气候变化。这是全球高校首次就共同应对气候变化做出集体承诺。这封信已被视为全球高等教育网络首度联手致力于气候变化行动的一次壮举。这次的联署信函由联合国环境规划署青年与教育联盟（UN Environment's Youth and Education Alliance）、永续发展教育领导联盟（Alliance for Sustainability and Leadership in Education）及第二自然（Second Nature）共同发起。

2019年11月26日，联合国环境规划署发布年度《排放差距报告》。报告发现，过去10年温室气体排放量每年增长达1.5%。如果将森林砍伐等因土地用途改变而增加的碳排放量包含在内，2018年总排放量达到553亿吨，二氧化碳量更

---

① 潘基文：《潘基文呼吁保护地球构建可持续未来》，2015年4月23日，http://world.people.com.cn/n/2015/0423/c157278-26889321.html。
② 佚名：《美国宣布退出〈巴黎协定〉，是这么一回事》，2017年6月1日，https://www.guokr.com/article/442202/。
③ 联合国政府间气候变化专门委员会：《气候变化2014综合报告决策者摘要》，2015年5月7日，https://archive.ipcc.ch/home_languages_main_chinese.shtml#tabs-3。

是达到历史新高。报告指出,除非未来10年全球温室气体排放量每年下降7.6%,否则将升温控制在1.5℃之内的目标将无法实现。《排放差距报告》还指出,即使当前《巴黎协定》下所有无条件承诺都得以兑现,全球气温仍有可能上升3.2℃,这会带来更广泛、更具破坏性的气候影响。联合国秘书长古特雷斯表示,10年来,《排放差距报告》一直致力于引起人们的警觉,但10年了,全球碳排放量却始终处于上涨的趋势。① 又据新华社马德里12月2日电,2019年联合国气候变化大会在西班牙马德里开幕,各国与会代表将就《巴黎协定》实施细则等议题展开进一步谈判。会上,世界气象组织(World Meteorological Organization,WMO)发布的《2019年全球气候状况临时声明》称,以2019年为节点,过去10年来全球异常高温、冰川消融和海平面上升等均达到创纪录水平;在2009—2018年的10年里,海洋每年吸收约22%的二氧化碳排放,海水酸性比工业时代初期增加了26%,这意味着对地球生态具有重要意义的海洋生态系统正在退化。在气候变化大会开幕式上,古特雷斯用掷地有声的话语警示世人:"不采取行动将是投降之路。我们真的要被当成把头埋进沙子里、在地球燃烧时无动于衷的一代人吗?"②

第六节 古代文明衰亡的前车之鉴

玛雅文明为何衰亡?1926年2月8日,美国考古探察队在加勒比海岸附近发现了一座埋没的玛雅人城市。这座被认为叫"姆伊尔"的城市曾是玛雅人各城市与中美洲之间重要的通商路线的途经站。这一发现证实了长期以来传说的关于丛林中有一座消失了的玛雅人城市的说法。《寻访神秘玛雅》一文称:玛雅古典期是它最辉煌的时期,大致在公元250年至公元900年,相当于中国的魏晋到唐,此前叫前古典期,此后叫后古典期。漫长的前古典期做了光荣的准备和积累,例如玛雅人的数学和历法,在前古典期已是当时世界之冠,玛雅人最早使用了"0"这个概念,以天文观测为基础的历法繁复而精确。大约在公元900年,众多玛雅城邦忽然放弃了,就好像天空曼舞的成群白云突然定格,落入丛林化作遗址。现在,比较普遍的说法是环境变化制约了玛雅人,一个解释是玛雅人口增加,对自然资源的需求加大,演成了生态灾难;另一解释是天气持续干旱,玛雅人的生路断绝,有人宣称已经从历史气象资料里找到了支持此说的证据。③

---

① 刘曲:《联合国环境规划署发布年度〈排放差距报告〉》,2019年11月27日,http://www.xinhuanet.com//2019-11/27/c_1125280403.htm。

② 佚名:《碳减排迫在眉睫!联合国气候变化大会锁定最后底线!》,2019年12月4日,https://www.sohu.com/a/358420344_505851。

③ 张小路:《寻访神秘玛雅》,2012年1月9日,http://jishi.cntv.cn/20120109/100900.shtml。

第一章 绿色文明建设由于自然环境急速恶化而具紧迫性

最后,想借用艺术的手段表达一下对自然环境急速恶化的担心。在东方卫视"中国之星"节目中,中国著名歌手谭维维与中国陕西华阴老腔艺人们共同登台,高亢激昂地一首《给你一点颜色》,唱出了普通民众对生态环境的担忧。[①]歌词如下:

女娲娘娘补了天
剩下块石头是华山
鸟儿背着那太阳飞
东边飞到西那边
为什么天空变成灰色
为什么大地没有绿色
为什么人心不是红色
为什么雪山成了黑色
为什么犀牛没有了角
为什么大象没有了牙
为什么鲨鱼没有了鳍
为什么鸟儿没有了翅膀

天空和大地做了伴
鸟儿围着那太阳转
华山和黄河做了伴
田里的谷子笑弯腰
为什么沙漠没有绿洲
为什么星星不再闪烁
为什么花儿不再开了
为什么世界没有了颜色
为什么我们知道结果
为什么我们还在挥霍
我们需要停下脚步
该还世界一点颜色

为什么我们知道结果,为什么我们还在挥霍?
我们需要停下脚步,该还世界一点颜色!

---

① 陈忠实、路树军、谭维维:《给你一点颜色》,2015年12月5日,https://baike.baidu.com/item/%E7%BB%99%E4%BD%A0%E4%B8%80%E7%82%B9%E9%A2%9C%E8%89%B2/18915471?fr=aladdin。

第二章 《变革我们的世界：2030 年可持续发展议程》
——全球共构绿色文明的合作宣言

本章重点论述《变革我们的世界：2030 年可持续发展议程》（以下简称《议程》）的形成与概略、现实意义与内容，全面介绍《议程》的核心要点，并从人类文明史进化的角度分析《议程》的历史贡献，提出和初步论证《议程》是全球共构绿色文明的合作宣言。

第一节 《议程》的形成与概略

2015 年 9 月，联合国成立 70 周年系列峰会在纽约联合国总部举行，峰会汇聚了各国的国家元首、政府首脑和高级别代表，共同制定了新的全球可持续发展目标。193 个成员在举行的历史性首脑会议上一致通过了可持续发展目标（sustainable development goals），正式通过了《议程》。《议程》所商定的所有新的目标和具体目标已在 2016 年 1 月 1 日生效，是各国在今后 15 年内决策的指南。

《议程》是为人类、地球与繁荣制订的行动计划。它还旨在加强世界和平与自由。我们认识到，消除一切形式和表现的贫困，包括消除极端贫困，是世界最大的挑战，也是实现可持续发展必不可少的要求。所有国家和所有利益攸关方将携手合作，共同执行这一计划。

《议程》之重要且具历史意义，还在于《议程》重申联合国所有重大会议和首脑会议的成果，因为它们为可持续发展奠定了坚实基础，帮助勾画了这一新议程。这些会议和成果包括《关于环境与发展的里约宣言》、可持续发展问题世界首脑会议、社会发展问题世界首脑会议、《国际人口与发展大会行动纲领》、《北京行动纲要》和联合国可持续发展大会。还重申执行这些会议的后续行动，包括以下会议的成果：第四次联合国最不发达国家问题会议、第三次小岛屿发展中国家问题国际会议、第二届联合国内陆发展中国家问题会议和第三次联合国世界减少灾害风险大会。

《议程》共 91 条，中文近 3 万字（英文单词有 15 000 个），高瞻远瞩地详述了愿景、共同原则和承诺，全面准确地概括了当今世界面临的挑战，详细分析与提出了落实《议程》的 17 项可持续发展目标和 169 项具体目标，周到安排了后续落实和评估的行动方案,深情地激励世界各国行动起来变革我们的世界,最后从国家层面、区域层面、全球层面对全球伙伴所承担和应执行的职责进行了建议与部署。《议程》第 3 条指出:"我们决心在现在到 2030 年的这一段时间内,在世界各地消除贫困与饥饿;消除各个国家内和各个国家之间的不平等;建立和平、公正和包容的社会;保护人权和促进性别平等,增强妇女和女童的权能;永久保护地球及其自然资源。我们还决心创造条件,实现可持续、包容和持久的经济增长,让所有人分享繁荣并拥有体面工作,同时顾及各国不同的发展程度和能力"。《议程》第 5 条指出:"这是一个规模和意义都前所未有的议程。"《议程》第 18 条指出:"世界各国领导人此前从未承诺为如此广泛和普遍的政策议程共同采取行动和做出努力。"

第二节 《议程》的现实意义与内容

一、政治意义

《议程》第 49 条指出:"七十年前,老一代世界领袖齐聚一堂,创建了联合国。他们在世界四分五裂的情况下,在战争的废墟中创建了联合国,确立了本组织必须依循和平、对话和国际合作的价值观。《联合国宪章》就是这些价值观至高无上的体现。"《议程》第 50 条指出:"今天,我们也在做出具有重要历史意义的决定。我们决心为所有人,包括为数百万被剥夺机会而无法过上体面、有尊严、有意义的生活和无法充分发挥潜力的人,建设一个更美好的未来。我们可以成为成功消除贫困的第一代人;我们也可能是有机会拯救地球的最后一代人。如果我们能够实现我们的目标,那么世界将在 2030 年变得更加美好。"《议程》第 52 条指出:"与我们一起踏上征途的有各国政府及议会、联合国系统和其他国际机构、地方当局、土著居民、民间社会、工商业和私营部门、科学和学术界,还有全体人民。数百万人已经参加了这一议程的制订并将其视为自己的议程。这是一个民有、民治和民享的议程,我们相信它一定会取得成功。"《议程》第 51 条指出:"我们今天宣布的今后十五年的全球行动议程,是二十一世纪人类和地球的章程。儿童和男女青年是变革的重要推动者,他们将在新的目标中找到一个平台,用自己无穷的活力来创造一个更美好的世界。"

(一)"大同世界"之共识

1863 年,美国开国先驱林肯在葛底斯堡大捷后的演讲时提出"民有、民治和民享"这样一个体现"以民为本"的伟大理念。中国民主革命先驱孙中山先生在创立与发展三民主义的系统理论时，曾提到受益于林肯的民有、民治和民享理念的影响。在林肯讲演150多年后的今天，在一个全球达成共识的《议程》中，我们再次看到了对"以人民为中心"理念的强调，倍感兴奋与激动。

伟大的政治家们，追求实现人民生活富裕和幸福，但实现的过程又是十分艰难的。《议程》序言中说："我们决心消除一切形式和表现的贫困与饥饿，让所有人平等和有尊严地在一个健康的环境中充分发挥自己的潜能。"而在《议程》第7条说："我们要创建一个没有贫困、饥饿、疾病、匮乏并适于万物生存的世界。一个没有恐惧与暴力的世界。一个人人都识字的世界。一个人人平等享有优质大中小学教育、卫生保健和社会保障以及心身健康和社会福利的世界。一个我们重申我们对享有安全饮用水和环境卫生的人权的承诺和卫生条件得到改善的世界。一个有充足、安全、价格低廉和营养丰富的粮食的世界。一个有安全、充满活力和可持续的人类居住地的世界和一个人人可以获得价廉、可靠和可持续能源的世界。"《议程》第52条是这样评价《议程》自身的："这是一个民有、民治和民享的议程，我们相信它一定会取得成功。"

早在2000年前，中国儒家的重要经典《礼记》中的《礼运》篇这样描述大同世界的社会景象："大道之行也，天下为公。选贤与能，讲信修睦，故人不独亲其亲，不独子其子，使老有所终，壮有所用，幼有所长，矜、寡、孤、独、废疾者，皆有所养，男有分，女有归。货恶其弃于地也，不必藏于己；力恶其不出于身也，不必为己。是故谋闭而不兴，盗窃乱贼而不作，故外户而不闭。是谓大同。"

在马克思的经典著作中，人类社会的理想社会——共产主义社会，就是在生产资料公有的条件下，各尽所能，按需分配，没有剥削，人民生活富裕而平等，形成自由人的联合体。

2015年9月26日，习近平在出席联合国发展峰会时发表了题为《谋共同永续发展 做合作共赢伙伴》的重要讲话，指出："本次峰会通过的2015年后发展议程，为全球发展描绘了新愿景，为国际发展合作提供了新机遇。我们要争取公平的发展，让发展机会更加均等。"[1]

（二）关照与爱护穷人和弱势群体之举

任何社会里，最需要帮助的就是穷人和各种弱势群体。对这一点，伟大的政治家在经典的著作中均有深刻的论述。

那么，什么样的人是穷人和弱势群体？《议程》第23条指出："所有的儿童、

---

[1] 习近平：《习近平出席联合国发展峰会并发表重要讲话 强调以2015年后发展议程为新起点 努力实现各国共同发展》，2015年9月27日，http://politics.people.com.cn/n/2015/0927/c1024-27638348.html。

青年、残疾人（他们有80%的人生活在贫困中）、艾滋病毒/艾滋病感染者、老人、土著居民、难民和境内流离失所者以及移民。"《议程》特别提到了劳工。《议程》目标8.8条提到："保护劳工权利，推动为所有工人，包括移民工人，特别是女性移民和没有稳定工作的人创造安全和有保障的工作环境。"《议程》第27条指出："我们将消灭强迫劳动和人口贩卖，消灭一切形式的童工。劳工队伍身体健康，受过良好教育，拥有从事让人身心愉快的生产性工作的必要知识和技能，并充分融入社会，将会使所有国家受益。"《议程》目标16.2条指出："制止对儿童进行虐待、剥削、贩卖以及一切形式的暴力和酷刑。"

如何帮助穷人和弱势群体？首先是要消除饥饿，实现粮食安全，并决心消除一切形式的营养不良。更进一步，《议程》非常明确与具体提出了在健康、教育等目标上，如何对最不发达国家和弱势群体进行关照与支持。为实现性别平等，《议程》也明确强调了对所有妇女和女童的保护与提供机会。同时，《议程》强调了在安全与交通上的关照。《议程》目标11.2条提出："扩大公共交通，要特别关注处境脆弱者、妇女、儿童、残疾人和老年人的需要。"而《议程》目标11.7条承诺："到2030年，向所有人，特别是妇女、儿童、老年人和残疾人，普遍提供安全、包容、无障碍、绿色的公共空间。"

（三）维护生产资料与财产平等获取之规则

多年来，我们被告知，平等占有生产资料，是消灭剥削和实现平等的前提。

《议程》目标1.4条指出："到2030年，确保所有男女，特别是穷人和弱势群体，享有平等获取经济资源的权利，享有基本服务，获得对土地和其他形式财产的所有权和控制权，继承遗产，获取自然资源、适当的新技术和包括小额信贷在内的金融服务。"《议程》目标2.3条承诺："到2030年，实现农业生产力翻倍和小规模粮食生产者，特别是妇女、土著居民、农户、牧民和渔民的收入翻番，具体做法包括确保平等获得土地、其他生产资源和要素、知识、金融服务、市场以及增值和非农就业机会。"为此，需要有法律的保护。《议程》目标5.a条强调："根据各国法律进行改革，给予妇女平等获取经济资源的权利，以及享有对土地和其他形式财产的所有权和控制权，获取金融服务、遗产和自然资源。"

（四）关照和支持落后与贫穷国家之约定

《议程》中多处强调要支持和帮助落后与贫穷的国家，这里既有人道主义的因素，也是国际社会的行动规则。中国人常讲，一人富不算富，大家富才算富。尤其是从资源与环境角度看，帮助别国，也是在帮助自己。

那么，如何定义落后与贫穷国家呢？《议程》第22条指出："每个国家在寻求可持续发展过程中都面临具体的挑战。尤其需要关注最脆弱国家，特别是非洲国家、最不发达国家、内陆发展中国家和小岛屿发展中国家，也要关注冲突中和冲突后国家。许多中等收入国家也面临重大挑战。"《议程》第56条指出："我们在确定这些目标和具体目标时认识到，每个国家都面临实现可持续发展的具体挑战，我们特别指出最脆弱国家，尤其是非洲国家、最不发达国家、内陆发展中国家和小岛屿发展中国家面临的具体挑战，以及中等收入国家面临的具体挑战。我们还要特别关注陷入冲突的国家。"因此，如果要概括，这里将需要支持和关照的国家先划为5类国家。在《议程》的许多条款中，经常出现"发展中国家，特别是最不发达国家"的限定，那我们就缩小范围为4类国家，不泛泛地把发展中国家列入落后贫穷国家。《议程》中提到最多的是最不发达国家的发展中国家，几乎所有的支持与援助其都可获得。

那么，如何帮助与支持落后与贫穷国家呢？《议程》提到的支持有：财政支持，国际合作和能力建设，水保护、处理与回收利用的技术，渔业、水产养殖业和旅游业的技术支持、增建基础设施并进行技术升级，提供可持续的现代能源服务，信息和通信技术使用的支持，统计和数据系统分析能力的支持。这里特别指出包括如下两条。第一，经贸援助支持，要大幅增加发展中国家的出口，要实现所有最不发达国家的产品永久免关税和免配额进入市场。第二，发达国家全面履行官方发展援助承诺，包括许多发达国家向发展中国家提供占发达国家国民总收入0.7%的官方发展援助，以及向最不发达国家提供占比0.15%至0.2%援助的承诺；鼓励官方发展援助方设定目标，将占国民总收入至少 0.2%的官方发展援助提供给最不发达国家。确保发展中国家在国际经济和金融机构决策过程中有更大的代表性与发言权，落实对发展中国家、特别是最不发达国家的特殊和区别待遇原则。

（五）坚持良治良法之议程

维护国内与国际的秩序，保护与发展经济，都需要法律与法治。为实现全球今后15年的可持续发展目标，既需要遵守国际法，也需要尊重各国现有的法律法规。《议程》中的具体内容，充分体现了这一点。

1）国家层面

新议程确认，需要建立和平、公正和包容的社会，在这一社会中，所有人都能平等诉诸法律，人权（包括发展权）得到尊重，在各级实行有效的法治和良政，并有透明、有效和负责的机构。新议程还确认，各国议会在颁布法律、制定预算和确保有效履行承诺方面发挥重要作用。创建和平、包容的社会以促进可持续发展，让所有人都能诉诸司法，在各级建立有效、负责和包容的机构。

2）国际层面

新议程依循《联合国宪章》的宗旨和原则，充分尊重国际法，尊重联合国所有重大会议和首脑会议的成果,即尊重《世界人权宣言》、国际人权条约、《联合国千年宣言》、《发展权利宣言》、《关于环境与发展的里约宣言》、《国际人口与发展会议行动纲领》和《北京行动纲要》等其他文书。《议程》强调,所有国家都有责任根据《联合国宪章》尊重、保护和促进所有人的人权与基本自由,不分其种族、肤色、性别、语言、宗教、政治或其他见解、国籍或社会出身、财产、出生、残疾或其他身份等任何区别。要创建一个可持续发展包括持久的包容性经济增长、社会发展、环境保护和消除贫困与饥饿所需要的民主、良政和法治,并有有利的国内和国际环境的世界。《议程》强烈敦促各国不颁布和实行任何不符合国际法与《联合国宪章》的法律,以及阻碍各国、特别是发展中国家全面实现经济和社会发展的单方面经济、金融或贸易措施。

二、对人类实现可持续发展的意义

《议程》明确了17项可持续发展目标和169项具体目标,把人类可持续发展的理念更具体化了,并做了15年的规划,意义非常重大。17项可持续发展目标和169项具体目标是统一整体,兼顾了可持续发展的三个方面:经济、社会和环境。诚如《议程》中导言所提到的:"我们决心采用统筹兼顾的方式,从经济、社会和环境这三个方面实现可持续发展。"《议程》的序言也指出:"繁荣——我们决心让所有的人都过上繁荣和充实的生活,在与自然和谐相处的同时实现经济、社会和技术进步。"可持续发展是经济、社会、环境"三位一体"的综合发展,下面就从这三方面来加以分析。

(一)促进经济可持续发展

《议程》本质上就是15年经济、社会和环境可持续发展的规划,其17个目标,全是可持续的目标。正如《议程》的宣言中表达的:"我们还决心创造条件,实现可持续、包容和持久的经济增长,让所有人分享繁荣并拥有体面工作,同时顾及各国不同的发展程度和能力。"《议程》可持续发展17个目标中第2、第7、第8、第9、第11、第12个都集中在为经济发展提要求和做规划,以下简单概括之。

1)促进持久、包容和可持续经济增长

各国要力争人均经济的增长,特别是最不发达国家国内生产总值(gross domestic product,GDP)年增长率至少维持在7%;通过多样化经营、技术升级和创业创新,实现更高水平的经济生产力;支持生产性活动、体面就业;到2030年,制定和执行推广可持续旅游的政策,以创造就业机会,促进地方文化和产品;加强国内金融机构的能力,鼓励并扩大全民获得银行、保险和金融服务的机会。

总之，鼓励和要求各国采用可持续的消费和生产模式。

2）促进具有包容性的可持续工业化，推动创新

到 2030 年，根据各国国情，改进工业以提升清洁、环保技术增强其可持续性，大幅提高工业在就业和国内生产总值中的比例，使最不发达国家的这一比例翻番；建设包容、安全、有抵御灾害能力和可持续的城市与人类住区，到 2030 年，确保人人获得适当、安全和负担得起的住房和基本服务；到 2030 年，大幅增加每 100 万人口中的研发人员数量，并增加公共和私人研发支出，力争到 2020 年在最不发达国家以低廉的价格普遍提供因特网服务；支持小型工业企业获得金融服务的机会等。

3）发展可持续农业、牧业和渔业

到 2030 年，实现农业生产力翻倍和小规模粮食生产者，特别是妇女、土著居民、农户、牧民和渔民的收入翻番；到 2030 年，确保建立可持续粮食生产体系并执行具有抗灾能力的农作方法，以提高生产力和产量；到 2020 年，通过在国家、区域和国际层面建立管理得当、多样化的种子和植物库；通过加强国际合作等方式，增加对农村基础设施、农业研究和推广服务、技术开发、植物和牲畜基因库的投资；纠正和防止世界农业市场上的贸易限制和扭曲，包括同时取消一切形式的农业出口补贴和具有相同作用的所有出口措施；采取措施，确保粮食商品市场及其衍生工具正常发挥作用，确保及时获取包括粮食储备量在内的市场信息，限制粮价剧烈波动；推动地方文化和产品销售的可持续旅游业，以促进可持续发展。

4）建成可靠和可持续的现代能源

到 2030 年，大幅增加可再生能源在全球能源结构中的比例；加强国际合作，促进获取清洁能源的研究和技术，包括可再生能源、能效，以及先进和更清洁的化石燃料技术，并促进对能源基础设施和清洁能源技术的投资；到 2030 年，实现自然资源的可持续管理和高效利用。

5）建设包容、安全、资源使用效率高、有抵御灾害能力和可持续的城市

到 2030 年，在所有国家加强包容和可持续的城市建设，通过财政和技术援助等方式，支持最不发达国家就地取材，建造可持续的、有抵御灾害能力的建筑，确保人人获得适当、安全和负担得起的住房和基本服务，向所有人提供安全、负担得起的、易于利用、可持续的交通运输系统，支持在城市、近郊和农村地区之间建立积极的经济、社会和环境联系。

（二）推动社会可持续发展

《议程》在序言和宣言中表达了推动社会可持续发展决心。我们要创建"一个人人都识字的世界"，"一个人人平等享有优质大中小学教育、卫生保健和社会保障以及心身健康和社会福利的世界""在踏上这一共同征途时，我们保证，绝

不让任何一个人掉队"。

1）在全世界消除一切形式的贫困

到 2030 年，在全球所有人口中消除极端贫困，极端贫困目前的衡量标准是每人每日生活费不足 1.25 美元；执行适合本国国情的全民社会保障制度和措施，增强穷人和弱势群体的抵御灾害能力；在国家、区域和国际层面制定合理的政策框架，支持加快对消贫行动的投资。

2）确保健康的生活方式

到 2030 年，全球孕产妇每 10 万例活产的死亡率降至 70 人以下；到 2030 年，消除新生儿和 5 岁以下儿童可预防的死亡；到 2030 年，消除艾滋病、结核病、疟疾和被忽视的热带疾病等流行病，抗击肝炎、水传播疾病和其他传染病；通过预防、治疗及促进身心健康，将非传染性疾病导致的过早死亡减少三分之一；到 2030 年，实现全民健康保障，包括提供金融风险保护，人人享有优质的基本保健服务，人人获得安全、有效、优质和负担得起的基本药品和疫苗；到 2030 年，大幅减少危险化学品以及空气、水和土壤污染导致的死亡和患病人数；到 2020 年，全球公路交通事故造成的死伤人数减半；加强各国，特别是发展中国家早期预警、减少风险，以及管理国家和全球健康风险管理的能力。

3）确保包容和公平的优质教育

到 2030 年，确保所有男女童完成免费、公平和优质的中小学教育；到 2030 年，确保所有男女童获得优质幼儿发展、看护和学前教育，为他们接受初级教育做好准备；到 2030 年，确保所有男女平等获得负担得起的优质技术、职业和高等教育，包括大学教育；到 2030 年，大幅增加掌握就业、体面工作和创业所需相关技能，包括技术性和职业性技能的青年和成年人数；到 2030 年，消除教育中的性别差距，确保残疾人、土著居民和处境脆弱儿童等弱势群体平等获得各级教育和职业培训；到 2030 年，大幅增加合格教师人数，具体做法包括在发展中国家，特别是最不发达国家和小岛屿发展中国家开展师资培训方面的国际合作；到 2020 年，在全球范围内大幅增加发达国家和部分发展中国家为发展中国家，特别是最不发达国家、小岛屿发展中国家和非洲国家提供的高等教育奖学金数量。

4）实现性别平等

确保妇女全面有效参与各级政治、经济和公共生活的决策，并享有进入各级决策领导层的平等机会；在全球消除对妇女和女童一切形式的歧视，消除公共和私营部门针对妇女和女童一切形式的暴力行为，包括贩卖、性剥削及其他形式的剥削；采用和加强合理的政策和有执行力的立法，促进性别平等，在各级增强妇女和女童权能。

5）减少国家内部和国家之间的不平等

到 2030 年，增强所有人的权能，促进他们融入社会、经济和政治生活，而不论其年龄、性别、残疾与否、种族、族裔、出身、宗教信仰、经济地位或其他任何区别;确保机会均等,减少结果不平等现象,包括取消歧视性法律、政策和做法;采取政策,特别是财政、薪资和社会保障政策,逐步实现更大的平等;到2030年,逐步实现和维持最底层40%人口的收入增长,并确保其增长率高于全国平均水平;到2030年,将移民汇款手续费减至3%以下,取消费用高于5%的侨汇渠道。

6) 创建和平、包容的社会

在国家和国际层面促进法治,确保所有人都有平等诉诸司法的机会;在全球大幅减少一切形式的暴力和相关的死亡率;制止对儿童进行虐待、剥削、贩卖以及一切形式的暴力和酷刑;到2030年,大幅减少非法资金和武器流动,加强追赃和被盗资产返还力度,打击一切形式的有组织犯罪;通过开展国际合作等方式加强相关国家机制,在各层级提高各国尤其是发展中国家的能力建设,以预防暴力,打击恐怖主义和犯罪行为;在各级建立有效、负责和透明的机构;大幅减少一切形式的腐败和贿赂行为。

(三)助力环境与生态可持续发展

1) 应对气候变化及其影响

加强各国抵御和适应气候相关的灾害和自然灾害的能力;将应对气候变化的举措纳入国家政策、战略和规划;加强气候变化减缓、适应、减少影响和早期预警等方面的教育和宣传;发达国家履行在《联合国气候变化框架公约》下的承诺,即到2020年每年从各种渠道共同筹资1000亿美元,满足发展中国家的需求,帮助其切实开展减缓行动,提高履约的透明度,并尽快向绿色气候基金注资,使其全面投入运行;促进在最不发达国家和小岛屿发展中国家建立增强能力的机制,帮助其进行与气候变化有关的有效规划和管理。

2) 保护、恢复和促进可持续利用陆地生态系统

到2020年,推动对所有类型森林进行可持续管理,停止毁林,恢复退化的森林,大幅增加全球植树造林和重新造林;到2020年,根据国际协议规定的义务,保护、恢复和可持续利用陆地和内陆的淡水生态系统及其服务,特别是森林、湿地、山麓和旱地;从各种渠道大幅动员资源,从各个层级为可持续森林管理提供资金支持,并为发展中国家推进可持续森林管理,包括保护森林和重新造林,提供充足的激励措施;到2030年,保护山地生态系统,包括其生物多样性,以便加强山地生态系统的能力,使其能够带来对可持续发展必不可少的益处;采取紧急重大行动来减少自然栖息地的退化,遏制生物多样性的丧失,到2020年,保护受威胁物种,防止其灭绝。

3）保护海洋和海洋资源

到 2020 年，通过加强防御灾害能力等方式，可持续管理和保护海洋和沿海生态系统，以免产生重大负面影响，并采取行动帮助它们恢复原状，使海洋保持健康，物产丰富；到 2020 年，有效规范捕捞活动；到 2020 年，禁止某些助长过剩产能和过度捕捞的渔业补贴；到 2020 年，根据国内和国际法，并基于现有的最佳科学资料，保护至少 10%的沿海和海洋区域；到 2025 年，预防和大幅减少各类海洋污染，特别是陆上活动造成的污染，包括海洋废弃物污染和营养盐污染；通过在各层级加强科学合作等方式，减少和应对海洋酸化的影响；根据政府间海洋学委员会《海洋技术转让标准和准则》，增加科学知识，培养研究能力和转让海洋技术，以便改善海洋的健康，增加海洋生物多样性对发展中国家，特别是小岛屿发展中国家和最不发达国家发展的贡献。

4）创建一个人类与大自然和谐共处，野生动植物和其他物种得到保护的世界

采取紧急重大行动来减少自然栖息地的退化，遏制生物多样性的丧失，到 2020 年，保护受威胁物种，防止其灭绝；采取紧急行动，终止偷猎和贩卖受保护的动植物物种；到 2020 年，采取措施防止引入外来入侵物种并大幅减少其对土地和水域生态系统的影响，控制或消灭其中的重点物种；到 2020 年，把生态系统和生物多样性价值观纳入国家和地方规划、发展进程、减贫战略和核算。

5）防止空气、土壤与水的污染

到 2020 年，根据商定的国际框架，实现化学品和所有废物在整个存在周期的无害环境管理，并大幅减少它们排入大气以及渗漏到水和土壤的概率，尽可能降低它们对人类健康和环境造成的负面影响；到 2030 年，减少城市的人均负面环境影响，包括特别关注空气质量，以及城市废物管理等；到 2030 年，通过预防、减排、回收和再利用，大幅减少废物的产生；到 2030 年，大幅减少包括水灾在内的各种灾害造成的死亡人数和受灾人数，大幅减少上述灾害造成的与全球国内生产总值有关的直接经济损失，重点保护穷人和处境脆弱群体。

6）保护水源，改善水质，提高用水效率

到 2020 年，保护和恢复与水有关的生态系统，包括山地、森林、湿地、河流、地下含水层和湖泊；到 2030 年，通过各种方式改善水质，减少污染，消除倾倒废物现象，把危险化学品和材料的排放减少到最低限度，将未经处理废水比例减半，大幅增加全球废物回收和安全再利用；到 2030 年，所有行业大幅提高用水效率，确保可持续取用和供应淡水；到 2030 年，扩大向发展中国家提供的国际合作和能力建设支持，帮助它们开展与水和卫生有关的活动和方案，包括雨水采集、海水淡化、提高用水效率、废水处理、水回收和再利用技术；到 2030 年，人人普遍和公平获得安全和负担得起的饮用水。

综上所述，如果说 2000 年 9 月联合国千年首脑会议上提出的千年发展目标

(Millennium Development Goals，MDGs)，累计有 8 大目标和 53 个指标被置于全球议程的核心，所有目标的完成时间是 2015 年，其最大目标是在 2015 年之前将全球贫困水平降低一半（以 1990 年的水平为标准），这是一幅由世界所有国家和主要发展机构共同绘制的蓝图，充满着对新的人类文明的呼唤。今天，再次仔细阅读《议程》及可持续发展目标，我们完全被 21 世纪第二份千年发展目标所感动，被其爱心、理念、主张与完备的战略安排所震撼。可以毫不夸张地说，我们面对的就是各国为拯救地球和人类协力奋斗的规划，是全球共构人类新文明的伟大宣言。

第三节 《议程》在人类文明史上的印记

当读者了解了《议程》的内容后，可能会提出如下问题：可持续发展与绿色文明有着怎样的联系？为什么本书作者认为《议程》是全球共构绿色文明的合作宣言？在本书以后的章节中，将一步步地回答这些问题，这里先从演进角度对该问题做一点描述性解释。

一、文明是一个历史范畴

充满着绿色与生机的地球，早于人类起源。人类学家对人类起源及人类文明发展有丰富且有价值的重要专论，我们尊重包容各种学说与观点。因为我们清楚，无论人类自身起源于亚洲还是非洲，无论人类文明起源于南极还是外星，无论人类文明进步的动力是生存本能还是科技的力量，也无论农耕文明是否超过五千年而工业文明是否仅三百年，但我们都看到，绿色文明是绿色与文明的结合。人类为了求得生存与发展，从敬畏和依附自然到顺应和改造自然，再到借助科技利用自然，这不仅是人类的发展史，也是人类文明的进化史。但是，地球的绿色也因人类活动在逐渐减少。工业文明的后期，生态危机日益严重，促使一种新的人类文明——绿色文明一步步登上人类文明史的舞台。

20 世纪 50 年代以来，在世界经济飞速发展的同时，人口剧增、资源消耗过度、环境恶化、生态破坏、贫富差距悬殊等问题日益凸显，一些思想家、理论家开始积极反思和总结传统经济发展模式的弊端，从而催生了可持续发展观。有专家分析说，绿色文明兴起于 20 世纪 60 年代，其理念、观念逐步得到世界认同。半个世纪以来，绿色文明浪潮一浪高过一浪朝我们涌来，同时也面临处处受阻的现实。[①]

专家公认的是美国海洋生物学家蕾切尔·卡逊在 1962 年出版的《寂静的春天》，

---

① 卢俊卿、仇方迎、柳学顺：《第四次浪潮：绿色文明》，中信出版社 2011 年版，第 30—37 页。

让世人记住了绿色文明的第一声呼唤！这位可敬的美国学者，用事实证明了"农药危害人类环境"，如双对氯苯基三氯乙烷（Dichlorodiphenyltrichloroethane，又称DDT）这类杀虫剂会破坏生物链。她呼吁用引进昆虫天敌的方法控制害虫。但是，她遭遇了诸多杀虫剂生产公司和某些科学家的攻击。一家公司主管说，如果人人都听信卡逊小姐的教导，我们就会返回中世纪，昆虫、疾病和害鸟害兽也会再次在地球上永存下来。若干批驳或攻击性论文甚至著作发表或出版。然而，历史做出了公正判决，几经周折，DDT于1972年被禁用，同时引发了对生物保护的大讨论和重新认识。1985年7月10日深夜，绿色和平组织的旗舰"彩虹勇士"号，因拟抗议一次影响生态环境的核试验而被炸沉。在推进绿色文明的过程中，民间和官方、体制外和体制内力量，是并行不悖的鸟之双翼，但各国非政府组织举行的活动并非一帆风顺，均在艰难中前行。①

二、绿色文明与可持续发展紧密相关

在经过了"有机增长""全面发展""同步发展""协调发展"等一系列概念观念的演变之后，联合国最终从民间机构手中接过了"可持续发展"的大旗。1989年，英国环境经济学家戴维·皮尔斯（David Pierce）等在《绿色经济蓝皮书》中首次提到"绿色经济"一词，认为经济发展必须是自然环境和人类自身可以承受的，不会因盲目追求生产增长而造成社会分裂和生态危机，不会因为自然资源耗竭而使经济无法持续发展，主张从社会及其生态条件出发，建立一种"可承受的经济"，并首次主张将有害环境和耗竭资源的活动代价列入国家经济平衡表中。在气候变化和自然资源日益稀缺的背景下，发展绿色经济的提法越来越受到重视，并逐渐成为各国应对多种挑战的共识方案。进入21世纪以来，尤其是全球金融危机爆发以后，联合国环境规划署适时提出了发展"绿色经济"的倡议。面对新的形势，联合国也越来越强调发展绿色经济，将"可持续发展和消除贫穷背景下的绿色经济"确定为可持续发展大会的会议主题之一。②

2008年7月，英国著名智库新经济基金会（New Economics Foundation）发起"绿色新政"倡议，提出人类将进入投资绿色能源时代，这是全球第一份绿色新政报告。联合国环境规划署在2008年10月提出的"全球绿色新政"倡议，认为21世纪是聚焦环境保护投资模式的有利时期，这能够保证经济繁荣并创造就业机会，"绿色新政"得到了各国的广泛认同。美国前总统奥巴马提出了美国的中长期节能减排目标，其"绿色新政"可细分为节能增效、开发新能源、应对气候变化等多个方面，其中开发新能源是"绿色新政"的核心。《美国清洁能源与安

---

① 卢俊卿、仇方迎、柳学顺：《第四次浪潮：绿色文明》，中信出版社2011年版，第190页。
② 李晓西：《绿色抉择》，广东经济出版社2017年版，第44页。

全法案》（Clean Energy and Security Act）提出，以 2005 年碳排放量为基准，以期在 2020 年减少 17%，到 2050 年减少 83%。2009 年 7 月 15 日，英国发布了《英国低碳转型计划》的国家战略文件，这是迄今为止发达国家中应对气候变化最为系统的政府白皮书。与该计划同时公布的还有《英国低碳工业战略》《英国可再生能源战略》《低碳交通战略》等三个配套方案。英国绿色新政计划的核心内容是到 2050 年碳排放减少到 1990 年水平的 20%。德国大力实施以绿色能源技术革命为核心的"绿色新政"，重点发展生态工业。法国政府于 2008 年 12 月公布了一系列旨在发展可再生能源的计划，涵盖了生物能源、太阳能、风能、地热能及水力发电等多个领域。韩国政府宣布争取在 2020 年前跻身全球七大"绿色大国"之列。为此，韩国制定了绿色增长国家战略及五年计划，出台了应对气候变化及能源自立、创造新发展动力、改善生活质量等三大战略。日本政府一直致力于宣传推广节能减排计划，倡导建设低碳社会。在新西兰，以"一个温暖的家园和一个凉爽的星球"（a warm home and a cool planet）为口号，出台了"绿色新政"刺激计划。在发展中国家中，墨西哥率先实行了国内生产总值的核算。[①] 总之，近年来，在众多理念中，获得最大共识的"可持续发展"理念，成了人类新文明的总战略。

三、《议程》集中反映了后工业化时代的人类文明共识

虽然人类在持续努力，但是，人类面临的困难与挑战相当巨大。进入 21 世纪以来，我们经常能从新闻报道中了解到战争与冲突的时有发生，有若干亿民众生活在失业、贫穷、疾病和游离失所的悲惨境遇中，在自然资源的枯竭和环境退化使人类面临生存威胁的当前，如何解穷困之倒悬、化干戈为玉帛，如何协调好国家间、国家内部的社会经济关系，维护人类及其地球的可持续，是当下的一项重要议题，是解千年发展之惑之谜的大问题。上溯百年乃至千年，多少思想家、政治家或先贤先哲们，为人类生存发展与建立"大同社会"提出了各种理论，辩理求真，高下争执，转眼千百年，何曾达成全民共识更遑论全球的共识？这是人类也是联合国面临的首要问题。《议程》正是为回答这个问题做出的全球性的合作宣言。

综上，绿色文明既是人类历史上文明进步的新范畴，也是一个历史范畴，随着人类社会从原始社会进入农业社会，再进入工业社会，绿色文明也经历了由低级到中级到再升级的不断演化的过程。我们知道，地球上绿色的存在早于人类，在原始社会时期，人与自然的"和谐共处"，更多的是表现为人对自然的敬畏和

---

① 朱婧、孙新章、刘学敏，等：《中国绿色经济战略研究》，《中国人口·资源与环境》2012 年第 4 期，第 7—12 页。

被动服从，因此，在这种"和谐关系"中的主导因素是自然。我们知道，到了农业文明时代，随着人口的增加和生产力水平的逐步提高，人类开始在利用自然的同时也在试图改造和改变自然，而这种改造和改变主要体现在以铁制农具与牛耕技术为代表的生产力的制造及使用上，中国农耕文明的起源很早，传说神农氏"斫木为耜，揉木为耒。耒耨之利，以教天下"①。当然，人类农业活动对自然生态环境的破坏能力有限。同时，保护土地和水源的管理制度也在形成与完善中。譬如，为保护自然资源和协调官民利益关系，中国农耕社会对山林川泽资源的开发和利用一直有着"禁"与"弛禁"之间的争议及管理侧重。②我们更清楚地看到，工业文明的发展过程中，在对大自然造成一定程度破坏的同时，也不断涌现有关节约与提效的相关政策、环境保护战略。显然，这是工业文明对人类与自然的双重影响。在"可持续发展"背后，是一个发生在当代时空，或说后工业化时代的文明，即"绿色文明"。2015年，联合国193个成员首脑会议上一致通过的《议程》，反映了人类的共识，代表了人类长远的利益。让我们反思，也让我们感慨！

---

① （清）李道平：《周易集解纂疏——十三经清人注疏》，潘雨廷校，中华书局1994年版，第624页。
② 北京师范大学科学发展观与经济可持续发展研究基地、西南财经大学绿色经济与经济可持续发展研究基地、国家统计局中国经济景气监测中心编：《2011 中国绿色发展指数报告：区域比较》，北京师范大学出版社 2011年版，第315—318页。

第三章 绿色文明的五大内涵

绿色文明体现了对历史的尊重、对未来的关切。绿色文明对不同国家、不同民族、多元文化具有包容性和互利性。本章重点论述绿色文明的五大内涵，即"天人和谐""公正民主""发展可持续""科技智慧""和平包容"。下面分别阐释之。

第一节 天 人 和 谐

什么是"天人和谐"？就是尊重自然、热爱自然，坚持人与自然和谐共生。

一、用中华文明的智慧阐释"天人和谐"

"绿色文明"本质上就是中国主张的"生态文明"，只是用更通俗和更国际化的语言表达之，用更广义的理解解释之。习近平指出："中华民族向来尊重自然、热爱自然，绵延5000多年的中华文明孕育着丰富的生态文化。《易经》中说，'观乎天文，以察时变；观乎人文，以化成天下'，'财成天地之道，辅相天地之宜'。《老子》中说：'人法地，地法天，天法道，道法自然。'《孟子》中说：'不违农时，谷不可胜食也；数罟不入洿池，鱼鳖不可胜食也；斧斤以时入山林，材木不可胜用也。'《荀子》中说：'草木荣华滋硕之时，则斧斤不入山林，不夭其生，不绝其长也。'《齐民要术》中有'顺天时，量地利，则用力少而成功多'的记述。这些观念都强调要把天地人统一起来、把自然生态同人类文明联系起来，按照大自然规律活动，取之有时，用之有度，表达了我们的先人对处理人与自然关系的重要认识……坚持人与自然和谐共生。人与自然是生命共同体。生态环境没有替代品，用之不觉，失之难存。'天地与我并生，而万物与我为一。''天不言而四时行，地不语而百物生。'当人类合理利用、友好保护自然时，自然的回报常常是慷慨的；当人类无序开发、粗暴掠夺自然时，自然的惩罚必然是无情的。"[①] 这两段话概括得很到位，用中华文明的智慧阐释了"天人和谐"的理念。

"天人和谐"是绿色文明的第一内涵，首先是因为绿色文明归根到底，讲的是

---

① 习近平：《推动我国生态文明建设迈上新台阶》，2019年1月31日，http://www.xinhuanet.com/2019-01/31/c_1210052497.htm。

人与自然的关系，而"天人和谐"则是对人与自然关系最重要的概括，是把天地人统一起来、把自然生态同人类发展联系起来的表述。在很长一段时间里，地球的可持续发展被理解为从属于人类的可持续发展，被当作人类发展的环境与条件来看待。今天，我们需要更辩证地、更重视地看待地球的可持续问题，这不仅与人类可持续发展紧密相关，而且地球本身也应有同人类一样的生存权与发展权，即地球需要保持干净，以及需要保持生机和自调节能力。

二、"天人和谐"概念是立足于哲学理性高度的提炼

世界上的任何事物都是矛盾的统一体。世界就是由人类和自然界组成的矛盾统一体，二者之间是辩证统一的关系。一方面，人依存于自然，人类的生存和发展要通过生产劳动同自然进行物质、能量的交换。人要尊重自然，自觉地接受自然规律的支配。平等地与自然对话，理性地与自然相处，珍爱自然，保护生态，人类与自然的关系是共生、共赢、共荣的。另一方面，人与自然的关系中存在着对立的一面，那就是人类发展既要利用自然资源，又要排放不利于自然洁净的物质。若人类只顾自己发展，强调征服、改造自然和无限索取自然资源时，自然也会因内部运动而对人类进行非对称的报复，此种情况就意味着人与自然对立的一面成了矛盾关系的重要甚至主导方面，换言之，天人不和谐的关系就出现了。因此，"天人和谐"是对人与自然"矛盾统一、和谐共生"的高度概括，是对人与自然关系优化的理想概括。

"天人和谐"源自对人和自然关系历史性进展的深刻反思与体验。人类社会早期，人对自然的依赖性较强，是一种原始和谐关系。在近代工业革命之前，生产力水平相对较低，人类活动对自然界的影响较小，人与自然保持着相对和谐的状态。随着科技进步和生产力的提高，自然资源短缺、全球人口膨胀、生态环境日益恶化、过度开发和污染排放等问题日益凸显。正因为如此，这里特别用"天人和谐"来强调人与自然必须要实现的新型关系。我们看到，自然界的天、地及生态系统是一个经历了亿万年形成的整体，在这个系统中所有生命（包括植物界）和山川都有一定的位置，都有保持原生态的权利，都有保持自我净化能力的权利。自然虽不语，大道在其中。和谐有序的生态系统和自然万物是人类生存与发展的前提。人类尊重和爱护自然的最佳理念，就是实现"天人和谐"。

三、实现"天人和谐"，需要合理的互动和多元的应对

首先，要做到爱人利物，互动共生。人不能征服自然，而要尊重自然。人类与自然的关系是伙伴是朋友，而不是主人或仆人。互动共生是多维的平衡，自然包括天、地、水、林、生物等，人类包括各阶层、各团体、代际关系、区域或国

家间关系等，这里存在着复杂的平衡关系，因此，人与自然的互动共生要从多维平衡入手，要实实在在地做好每个环节，才能最终达至"天人和谐"。其次，要做到互助有度，妥协适应。人类可以利用自然资源，同时要保护自然。因此，必须合理开发资源、维护生态平衡、防止环境污染，从而实现人与自然的良性互动、和谐统一。换言之，人类可以利用自然来实现持续发展，但要取之有时、用之有度；同时，资源消耗不能超过自然承载能力、污水排放不能超过环境容量、自然环境不能因人类活动而失去自净能力。最后，要坚持人本为主，律己为先。在人与自然的关系中，人类应主动约束自己的行为，管控和纠正破坏自然的行为。从近年的实践来看，人类有一些行为是破坏和谐的：不约束自己的生产和消费行为，大量砍伐森林，放任污水排入江海，滥捕野生动物，工业烟尘无控制排放。这些行为的结果是：空气不能呼吸，土地不能耕种，水源不能饮用，生态恶性循环，酸雨不断来袭，温室效应加剧。这些后果，令人恐惧担心！人类要勇于承担起保护自然平衡的责任，要大力植树造林，要把环境保护当成头等大事来抓。

显然，从"天人和谐"的角度看绿色文明，不仅能感受到"天人和谐"概念的哲理性，还能感受到"天人和谐"概念的主导性和渗透性，即"天人和谐"概念会影响我们对绿色经济包括发展可持续、智慧科技的认识，会影响我们对绿色政治与制度的认识，会影响我们对绿色文化的认识。因此，把"天人和谐"作为绿色文明的首要内涵，不仅是后工业文明时代的呼唤，还凝结了数千年来的人类文明智慧。

第二节　公　正　民　主

绿色文明是一个公正问题[①]，也是一个民主问题。

一、绿色文明具有公正的要求

公正是平衡环境利益和环境负担的重要规范。于人之利益指清新的空气、干净的水、绿色土壤等，于人之负担则指各种污染、气候不稳定、生物多样性锐减及生态系统失衡等。

（一）公正的三层含义

首先，社会公正。一个社会中的各阶层各团体，是否公平地承受因环境和生态恶化而造成的后果？特别是，一个社会中的贫困人口阶层和弱势群体，是否会

[①] 夏汛鸽：《生态市场经济：德国为例》，中国经济出版社2015年版，第26—27页。

更多地遭受交通噪声、空气污染、不健康的食品、毒化的土地或者饮用水短缺的痛苦？一般来说，社会里最弱小的人或人群，可以活得有尊严、幸福，才是人类高度文明的体现。其次，代际公平。代际公正是指在一代与下一代甚至下几代人之间存在的社会公正问题。生态和环境的破坏，减少了未来一代或几代人对经济社会发展做出决策的空间，即生存空间。有两句话说得好："我们这一代不仅是继承了父辈的地球，也是借用了儿辈的地球；我们不能吃祖宗的饭，断了儿孙的路。"最后，区域和国家间的公平。世界在消除极端贫困等领域虽取得了进展，但做得还远远不够。发达国家与发展中国家在利用地球的环境空间方面的权利应是平等的，而且发达国家有责任帮助发展中国家、落后国家做好可持续的发展，这体现为国家关系上的合作。一个地区（无论是一国内或者国际的）的发展不能以牺牲其他地区的利益为代价，如污染产业和有害垃圾的区域间转移等。我们看到，发达国家在经济发展中强调减少碳排放，发展中国家强调提高资源利用效率和解决环境污染，但都认同"绿色经济是可促成提高人类福祉和社会公平，同时显著降低环境风险与生态稀缺的经济"[①]。

（二）世界上穷人群体生存困难

社会公正与公平的新进展，尤其是穷人与饥饿人群的情况，这里引用联合国相关组织发布的最新报告。2019年，联合国粮食及农业组织、国际农业发展基金、联合国儿童基金会、世界粮食计划署和世界卫生组织共同发布的《世界粮食安全和营养状况报告》指出，2019年全球有近6.9亿人遭受饥饿，与2018年相比增加1000万，与5年前相比增加近6000万。其中，亚洲饥饿人数最多，非洲饥饿人数增长最快。该报告指出，这些严峻的问题是多种因素共同导致的。首先，全球气候变化与科学技术的发展影响了农业，世界经济越来越趋向互联化。这使得农业从业人口流失，全球粮食生产、分配和消费方式发生重大改变。绿色健康的食物变得难以获得，越来越多的人选择廉价的不健康食品，这也是肥胖人口增加的主要原因。其次，国家战事及地区冲突导致当地很多民众流离失所，粮食安全得不到保障。[②]

（三）落后国家的贫穷与卫生隐患

地区和国家间的公正与公平的新进展，可以参考联合国发布的《2018年可持续发展目标报告》。该报告回顾和总结了联合国在推动可持续发展方面取得的成就，同时指出了该领域亟待解决的突出问题，并提出了全球可持续发展的奋斗目

---

① 《迈向绿色经济：通往可持续发展和消除贫困的各种途径》报告，2011年。
② 《世界粮食安全和营养状况报告》，2019年。

标和愿景。该报告指出,广大发展中国家和地区的极端贫困率有所下降、饥饿和营养不良现象有所改善、医疗保健卫生事业持续进步、贫困国家民众健康状况总体趋好、撒哈拉以南非洲国家产妇和婴幼儿死亡率大幅度下降、艾滋病发病率持续下降、南亚国家和地区男女平等问题有所改善及女孩童婚率有较大幅度下降、最不发达国家及地区获得绿色清洁能源和基础电力的人口大幅度增加、许多发展中国家劳动生产率进一步提高及失业率下降、最不发达和中低收入国家民众收入增速提升、已有108个国家制定或正在实施与可持续消费和生产有关的国家政策及倡议、海洋生物多样性保护工作取得持续进步、以宽带网络为标志的通信技术和服务在发展中国家和发达国家同步得到继续推广。该报告还指出了在全球可持续发展领域亟待解决的重大问题和挑战:最不发达国家和地区极端贫困问题仍然是可持续发展领域难以彻底消除的痼疾;社会保障福利的覆盖率仍然严重偏低;受战争与冲突以及气候变化、干旱等自然灾害影响,许多国家和地区依然面临粮食生产和供给不安全的严重威胁,而且波及人口有所扩大;此外,最不发达国家和地区的医疗卫生和保健工作任重道远,在清洁饮水、环境卫生及服务方面仍然存在重大卫生安全隐患。[①]综上所述,在绿色文明建设中,公正尤其是全方位的公正确实很重要。

二、绿色文明具有民主的要求

这里,需要进一步阐述民主的重要性,尤其是创造多层次、多主体的民主环境是绿色文明的重要环节。[②]

首先,各种环保社会组织如非政府组织要有民主的权力。①建立与社会群体即利益相关者的协商机制。例如,颁布一个环保方面的新政策,或者新建一个工程项目,都需要听取社会不同利益群体特别是非政府组织的意见,要与利益相关者进行平等的对话协商。②设立一套协商的程序与机制,让这种协商能通过相关程序付诸实践,以形成国家生态治理现代化的基础。这种民主的对话机制,短期内可能不利于工程项目快速推进发展,但有利于防止追求业绩的劣质扰民工程投产,有利于社会各方对项目建设与投产进行监督,有利于防止部门公共项目的非科学化,因此,有利于国家的长治久安和可持续发展。

其次,增强企业的社会责任意识并形成相关的制度。企业是社会的中坚力量,是生态治理的主体之一。在推进工业化进程中,企业对环境与生态的影响较大。

---

① 佚名:《联合国发布〈2018年可持续发展目标报告〉》,2018年6月29日,https://www.sohu.com/a/238537603_100020389。

② 李晓西、赵峥、李卫锋:《完善国家生态治理体系和治理能力现代化的四大关系——基于实地调研及微观数据的分析》,《管理世界》2015年第5期,第1—5页。

在生态治理上，政府应创造条件，支持绿色产业发展，扩大绿色信贷规模，让企业把绿色发展的压力变成动力，从负担变成机遇，这对国家生态治理目标的实现具有重要意义。当然，企业经营要遵守国家的法律法规，也要接受来自社会的监督。例如，英国政府在 2001 年发布的《企业社会责任政府报告》指出，企业的社会责任已经成为影响企业发展的重要因素。

最后，要建立全民参与的生态治理监督机制。扩大公众的知情权和参与权；增强全民的生态环保意识，开展全民绿色行动。民之所好好之，民之所恶恶之，努力实现生态治理上的社会公平和民主。实践中，破坏生态环境的事件时有发生，而生态治理部门执法往往单打独斗、孤军奋战，尚未形成民众与政府部门相互配合的支持机制。这种支持机制的作用体现在正式的组织形式与非正式的组织形式均能发挥作用。正式的组织如各类行业组织、公益组织和非政府组织，非正式的组织如受污染民众的自发性聚集联合。当然，有效的监督机制还依赖于相关信息的公开透明。政策由立题、调研到制定乃至之后调整的过程都要透明，政策实施效果及评估也需要透明，这是公众参与生态治理的前提。近年来，互联网等新科技的发展为信息透明化提供了更便利的条件，为民众广泛地参与绿色发展的过程提供了更多机会。

第三节　发展可持续

可持续发展的思想是人类社会发展的产物，反映了人类对自身以前走过的发展道路的反思，也反映了人类对今后发展道路和发展目标的选择。结论是：过去的发展道路是不可持续的，唯一可供选择的道路是走可持续发展之路。人类的这一次反思具有划时代的意义，这正是可持续发展思想在世界不同经济水平和不同文化背景的国家能够达成共识与的根本原因。很多人类学家不约而同地指出，可持续发展思想的形成，是人类在半个世纪中对自身前途、未来命运最深刻的一次警醒和觉悟。可持续发展可以从全球化属性、自然属性、科技属性、社会属性、经济属性等多角度来下定义。这些方面分别体现在本章阐述的五大内涵中。这里，仅从经济角度深入分析绿色文明的第三大内涵，即发展可持续。

一、发展可持续对生产和消费的要求

发展可持续，是对可持续发展理念的动态化表述，强调了经济发展的新规则与新约束。人类的生产活动应充分顾及资源的临界性，应以不损害支持地球生命的大气、水、土壤、生物等自然系统为前提。换句话说，人类需要根据持续性原则调整自己的生活方式、确定自己的消耗标准，而不是过度生产和过度消

费。《议程》目标 12 指出:"采用可持续的消费和生产模式。"发展可持续,就要求改变传统的以"高投入、高消耗、高污染"为特征的生产模式和消费模式,实施清洁生产和文明消费,以实现提高经济活动的效益、节约资源和减少废物的目标。保护生态环境就是保护生产力,就是保护自然价值和增值自然资本,就是保护经济社会发展潜力和后劲。不管是人口学家马尔萨斯的资源绝对稀缺论还是经济学家李嘉图的资源相对稀缺论,再到后来穆勒的静态经济论,都蕴含着环境保护、为子孙后代着想及经济发展要可持续的思想。北京大学教授叶文虎指出:"可持续发展提出以后,标志着新文明时代开始了,我称其为环境文明时代。一般衡量传统科技创新的标准为:能够更快地索取自然资源和将其加工成数量更多、功能更完备的产品。而新文明时代衡量科技创新的标准就是要符合可持续发展的要求,做到'三生共赢',即生产增长、生活提高、生态改善。"[①]

发展可持续,要求不仅要重视经济增长的数量,更要追求经济发展的质量。经济的增长要以实现自然资源持续利用、生态环境持续改善为目标。经济增长的同时要维护人类生存环境,要以生态环境容量、资源承载能力为前提。发展可持续,主要就是发展绿色经济。绿色经济是以维护人类生存环境、合理保护资源、有益于人体健康为特征的经济,旨在围绕人的全面发展,以生态环境容量、资源承载能力为前提,以实现自然资源持续利用、生态环境持续改善和生活质量持续提高、经济持续发展的一种经济发展形态。发展绿色经济,从短期来看,不仅可以迅速拉动就业、提振经济,还能有效调整经济结构、理顺资源环境与经济发展的关系;从长期来看,更有利于经济可持续的、广泛的增长,实现真正意义上的协调可持续发展。[②]

二、发展可持续的制度条件

发展可持续需要管理制度、法律法规、科技、教育等多方面的支撑,这里重点强调管理制度和法律法规的保障作用。法治是文明社会的核心观念,是从罗马继承来的[③]。文明社会的特征之一是:普遍遵守契约。由于契约的普遍建立,文明社会产生了以宪法契约为核心的法治精神。契约(法治)精神是绿色文明的基石。在当代社会,法治理念不仅存在于工业化国家,也存在于发展中国家。《议程》目标 16.3 提出:"在国家和国际层面促进法治,确保所有人都有平等诉诸司法的机会。"可持续发展背景下的法律,更多的是强调国际法与国家法律都在保护生

[①] 叶文虎、万劲波、陈鹏:《北京大学叶文虎教授谈:可持续发展与科技创新》,《世界科学》2004 年第 3 期,第 18 页。

[②] 李晓西编著:《绿色抉择:中国环保体制改革与绿色发展 40 年》,广东经济出版社 2017 年版,第 234 页。

[③] 〔美〕塞缪尔·亨廷顿:《文明的冲突与世界秩序的重建》,周琪、刘绯、张立平,等译,新华出版社 2010 年版,第 187 页。

态平衡的前提下支持和约束经济发展。用法规保护环境已有很长的历史了，如一些国家在 100 年前就制定了保护森林的法规。中国古代很早就把关于自然生态的观念上升为国家管理制度，专门设立掌管山林川泽的机构，制定政策法令，这就是虞衡制度。《周礼》记载，设立"山虞掌山林之政令，物为之厉而为之守禁"，"林衡掌巡林麓之禁令，而平其守"。秦汉时期，虞衡制度分为林官、湖官、陂官、苑官、畴官等。虞衡制度一直延续到清代。我国不少朝代都有保护自然的律令，如周文王颁布的《伐崇令》规定："毋坏室，毋填井，毋伐树木，毋动六畜。有不如令者，死无赦。"

当今，制度和法律更是保障生态与环境可持续利用及再生的必要手段。要把经济活动、人的行为限制在自然资源和生态环境能够承受的限度内，给自然生态留下休养生息的时间和空间。习近平同志指出："要加快划定并严守生态保护红线、环境质量底线、资源利用上线三条红线。对突破三条红线、仍然沿用粗放增长模式、吃祖宗饭砸子孙碗的事，绝对不能再干，绝对不允许再干。在生态保护红线方面，要建立严格的管控体系，实现一条红线管控重要生态空间，确保生态功能不降低、面积不减少、性质不改变。在环境质量底线方面，将生态环境质量只能更好、不能变坏作为底线，并在此基础上不断改善，对生态破坏严重、环境质量恶化的区域必须严肃问责。在资源利用上线方面，不仅要考虑人类和当代的需要，也要考虑大自然和后人的需要，把握好自然资源开发利用的度，不要突破自然资源承载能力……奉法者强则国强，奉法者弱则国弱。令在必信，法在必行。制度的生命力在于执行，关键在真抓，靠的是严管。"[①]遵规惜绿，守法护绿，制度保绿，文明增绿。只有真正做到经济的可持续，绿色文明才能有相应的物质基础，才能有一步步实现的希望。

第四节　科　技　智　慧

科技智慧是指包含着人类伦理的科技进步。本节从三方面展开论述：一是科技对人类文明演进的影响是重要的；二是科技的应用对人类文明的进步是把双刃剑；三是科技智慧是绿色文明的重要内涵。

一、科技对人类文明演进的影响是重要的

科技对人类文明演进的重要性可以从人类史中获知。亨廷顿曾说，欧洲航海

---

① 习近平：《推动我国生态文明建设迈上新台阶》，2019 年 1 月 31 日，http://www.xinhuanet.com/2019-01/31/c_1210052497.htm。

技术的革新使得葡萄牙人和其他人先后绕过了穆斯林的中心地带，深入到印度洋和更远地区。①亨廷顿虽是在解释文明冲突的史料，但我们从中看到了科技的力量对人类文明演进所起的作用。可以说，科技进步是人类生活和社会文明进步的主要推动力，也是决定一个国家综合国力的重要因素。中国著名科学家牛文元教授曾指出："世界银行对于1900年到2000年，也就是20世纪的一百年当中，全球的消耗是有天然气2650亿吨，消耗煤炭1420亿吨，消耗的钢铁380亿吨……这个数量，100年来创造了世界的工业化的进程，同时我们付出了能源、原材料的代价也是巨大的……21世纪全球的经济规模应当是20世纪的3—4倍，如果我们还要用20世纪消耗这么多的能源、资源来支撑这个地球的话，它的后果会是什么样？"②陈自福指出，容易被忽视的是农业革命或绿色革命。二战结束以来，地球的人口增长了一倍以上，虽然还存在着发展、分配所造成贫困和饥饿，但从总量上来讲，我们的农业和粮食增长能够应对这次的人口增长。③从某种意义上说，工业文明是人类运用科学技术工具以改造自然取得空前胜利的时代，同时是生态、资源、人口等问题日益凸显的时代。近年来，关于对人类文明或时代的概括有很多提法，如后工业化经济时代、生物时代、纳米时代、低碳时代和太空时代等，还包括以电子工业、宇航工业、海洋工业、遗传工程、信息通信、人工智能等组成工业群的信息文明。笔者认为，这些概括虽然揭示了科学技术甚至社会进展的前沿，但都可以归于工业化第四阶段，即绿色工业革命。因为这些都是工业文明发展的直接产物，有着工业文明的基本特征。

二、科技的应用对人类文明的进步是把双刃剑

《议程》指出："应对许多发展挑战的工作已经取得了重大进展，已有千百万人民摆脱了极端贫困。男女儿童接受教育的机会大幅度增加。信息和通信技术的传播和世界各地之间相互连接的加强在加快人类进步方面潜力巨大，消除数字鸿沟，创建知识社会，医药和能源等许多领域中的科技创新也有望起到相同的作用。"④2019年1月16日，联合国秘书长古特雷斯在联合国大会发表讲话，表示应对气候变化、推进可持续发展和新技术应用将是2019年联合国的关键行动领

---

① 〔美〕塞缪尔·亨廷顿：《文明的冲突与世界秩序的重建》，周琪、刘绯、张立平，等译，新华出版社2010年版，第187页。

② 牛文元：《调整经济结构的五个方面和六个方向》，2009年11月3日，http://finance.sina.com.cn/hy/20091103/18376918542.shtml。

③ 陈自富：《对未来科技的公开讨论越多，人类就越安全》，2019年8月2日，https://www.sohu.com/a/331027701_481285。

④ 《变革我们的世界：2030年可持续发展议程》，2015年9月25日。

域①。当然，在肯定了科技对人类进步的贡献后，我们必须正视科技给人类文明带来的困惑或不利方面。正如有学者指出，我们曾经以为，依靠科技进步，能够解决地球资源告急和生态环境恶化的危机。绿色文明告诉我们，不！科技的应用是一柄双刃剑，成也萧何，败也萧何，它造就了人类今天的辉煌，也埋下了地球资源告急和生态环境恶化的祸患。②

三、科技智慧是绿色文明的重要内涵

随着地球环境的日益破坏，全球人口井喷式增长导致资源逐渐匮乏，有限的资源争夺导致战争，单靠科技能解决问题吗？笔者认为，单纯强调绿色科技也是不够的。经济开发中利用科技保护生态环境和节约资源能起到一定的作用，但我们在科技创新与使用过程中，还应强调道德、伦理和文化等，即要提倡绿色文明的概念。

显然，科技创新不能仅仅强调高的智力，还必须具有伦理的规则。正如近期科学家在讨论科技创新时，强调："让科技造福人类，必须在科技发展中注入'道义'，不能见利忘义"，还建议"建立国家科技伦理治理制度"。③因此，在强调科技革命、科技创新的同时，还应强调科技智慧，强调科技中应融入文明的因子，不能只就物论物。在绿色文明内涵解释中，笔者提出并强调科技智慧。其中，"智"为聪明，"慧"为伦理。新的人类文明需要科技的进步，但这是充满人类文明进步的科技，是科技智慧。科技智慧的含义具有时代性。新技术革命的出现对人类认识论构成根本性挑战，如"阿尔法狗"的诞生和人类对自身基因组的修饰，如享受信息文明的同时又出现数据隐私问题，这些迫使我们重新思考如何"在技术霸权下维护人类的尊严"？当下，科学家提出了人类对技术的"硬反思"，即主要针对技术发展中某些特定的知识，同时提出了"软反思"，即不讨论技术本身的核心内容，而是关注技术对社会的影响等其他维度。那么，什么是真正人类？会制造工具、具有智能就是人类吗？现在看来并非如此简单。人类和其他高等生物不一样，我们是基因和环境组合的产物，随着环境的变化，不同历史阶段的人类有不同的内涵和外延。现在看来，社会性、语言能力、伦理责任、遵纪守法等是人类作为高等生物的主要特征，人工智能不具备这些。④这些属于人类文明的范畴，也属于科技智慧的范畴。

---

① 〔葡〕古特雷斯：《2019年联合国应在气候行动、可持续发展和新技术领域加快努力》，2019年1月23日，http://www.unachina.org/article/content/view?id=1503。
② 卢俊卿、仇方迎、柳学顺：《第四次浪潮：绿色文明》，中信出版社2011年版，第358页。
③ 陆琦：《科技创新如何应"变"》，2019年6月30日，http://news.sciencenet.cn/htmlnews/2019/6/427888.shtm。
④ 陈自富：《反思生命技术的伦理挑战》，《文化纵横》2019年第3期，第97—102页。

科学家在自己的科学实践中，对科技智慧给予了高度关注。美国麻省理工学院的彭特兰（Alex Pentland）教授认为，我们的社会已经开启了一场可与印刷和互联网所带来的革命相比肩的伟大旅程。我们第一次获得真正了解我们自身和社会如何演变所需要的数据。通过更好地理解我们自己，我们将有可能构建一个没有战争或金融崩溃的世界，一个快速发现和遏制传染病的世界，一个不再浪费能源、水和其他资源的世界，以及一个政府是用来解决问题而不是制造问题的世界。他引用亚当·斯密的《道德情操论》中的观点"人出于本性不仅交换物品，还交换想法、帮助和同情之心"，进而说，现代科学研究表明，在人类社会中，合作与竞争一样重要和普遍。事实上，共享的文化和文化规范的整体概念都是基于个体行为的协调。我们再来仔细地看一下合作在现代社会中的作用，以及合作与"人们是无情的竞争者"这一想法相悖的事实。[①]当科技发展到今天，我们思考的方式有了革命性变化，大数据提供了认识自我与世界的方式，科学在帮助我们构建没有战争和不浪费资源的世界，帮助我们认识到人与人之间的关系。这不正是科技智慧进而是绿色文明的内涵吗？

第五节 和平包容

《议程》在序言中提到了"和平"这一关键词，并阐述为："我们决心推动创建没有恐惧与暴力的和平、公正和包容的社会。"[②]没有和平，就没有可持续发展；没有可持续发展，就没有和平。这里提示了绿色文明的一个重要内涵，即和平包容。

一、绿色文明强调和平

在联合国教育、科学及文化组织总部大楼前的石碑上，用多种语言镌刻着这样一句话："战争起源于人之思想，故务需于人之思想中筑起保卫和平之屏障。"拿破仑曾经说过，世上有两种力量，即利剑和思想，从长而论，利剑总是败在思想手下。

（一）联合国致力于维护世界和平

人类的历史，充满着暴力与战争。人类选择战争作为解决分歧的一种手段已

---

① 〔美〕阿莱克斯·彭特兰：《智慧社会：大数据与社会物理学》，汪小帆、汪容译，浙江人民出版社2015年版，第188页。

② 《变革我们的世界：2030年可持续发展议程》，2015年9月25日。

延续了几千年。迄今为止，战争从未真正停止过。处于战争中的国家，人民流离失所、家破人亡，生活苦不堪言。随着科学技术的发展，世界新技术革命的浪潮冲进战争领域，使战争发生质的变化，战争变得更残酷，杀伤力更大。联合国在努力为和平奔走工作，取得一定进展。2019年1月16日，联合国秘书长古特雷斯在联合国大会发表讲话指出，在和平与安全领域，联合国始终支持通过外交和政治手段解决冲突，让许多地区的僵局出现了转机：也门在联合国斡旋下签署停火协议，为结束全球最为严重的人道主义危机带来希望；朝鲜半岛就和平与无核化问题开展对话；南苏丹签署和平协议；埃塞俄比亚与厄立特里亚达成历史性的和平协议；利比里亚特派团顺利完成任务，正式撤出；希腊与北马其顿的国名纠纷问题取得重大进展；亚美尼亚和中亚地区实现民主权力交接；联合国支持的国际法庭判决两名柬埔寨前红色高棉领导人犯有危害人类、灭绝种族和战争罪；马达加斯加、马里、马尔代夫和利比里亚等国在联合国支持下成功举行重要选举；刚果民主共和国的选举有望在和平环境中结束。①我们看到，联合国一直在为世界和平努力地工作！

（二）国家之间的矛盾必须用战争来解决吗？

具体讨论各种冲突需要较大篇幅，且需要拥有政治学方面的专业知识。本书笔者引用这两段话，主要是想提几个问题。人类的今天，在现代化与文明旗帜下的今天，为什么国家之间的矛盾一直用战争的手段来解决，难道战争是必然的最优的选择吗？所谓的"核心大国"甚至一群国家间的冲突，难道能如此简单化地解释吗？当前中美贸易争端，到底是以工业化不同阶段为背景的商品竞争的矛盾还是农耕文明与工业文明的矛盾？亨廷顿的"文明冲突论"在东西方国家也有不少批评。笔者认为，过分强调文明之间的隔阂与潜在的冲突，低估文化之交流合作甚至融合的可能，确实是表面客观实际片面甚至是危险的。让人欣慰的是，亨廷顿得出的重要结论是，避免全球的文明战争要靠世界领导人愿意维持全球政治的多文明特征，并为此进行合作。同时，他还提出了维护世界和平的三个原则：避免干涉其他文明的"避免原则"、相互谈判遏制或制止国家间或集团间的断层线战争的"共同调解原则"，以及各文明的人民应寻求和扩大与其他文明共有的价值观、制度和实践"共同性原则"。②

---

① 〔葡〕古特雷斯：《联合国秘书长划重点：联合国2019年将在三大关键领域加强行动》，2019年1月21日，http://www.mohrss.gov.cn/SYrlzyhshbzb/rdzt/gjzzrcfw/dtxx/201901/t20190121_309381.html。

② 〔美〕塞缪尔·亨廷顿：《文明的冲突与世界秩序的重建》，周琪、刘绯、张立平，等译，新华出版社2010年版，第292、295页。

二、绿色文明强调"包容"

(一)文明包容才能可持续发展

马克思曾说:"资产阶级在它的不到一百年的阶级统治中所创造的生产力,比过去一切世代创造的全部生产力还要多,还要大。"[①]西方文明确实代表着现代化和工业化的文明,是人类史上辉煌的文明,是对所有文明有着巨大冲击与影响力的伟大文明。中国经济学家杨小凯曾说:"北美、印度、新西兰、澳大利亚,以及亚洲的新加坡等地,都受惠于英国人开创的文明秩序。"[②]但是,这个文明发展到今天,已因为人类与地球的可持续问题而暴露出了内在难以克服的问题。保护各自的文明尤其是西方创造的工业文明是重要的,保存与尊重各国、各区域、各宗教的文明也是重要的。有学者认为,信息化把人们的距离拉近了,全球化把人们的利益连紧了,生态危机把人们的命运绑在一起了。同住一个地球村,同处一片蓝天下,所有人都置身一个相互联系、相互依存、相互制约、相互影响的大系统中。在人类共处的这个大系统面临崩溃危机的时候,任何个体、族群、地区、国家和组织都不能置身事外而依然我行我素,独善其身,唯一可行的出路是同舟共济。[③]一个新的全人类的文明将会出现,会吸收西方文明的精华让其继续改善并存在,也会让所有文明继续存在并改良之。这就是绿色文明。多元文明和平相处,取长补短,在人类文明的包容下,共同可持续地发展下去,也使地球可持续地发展下去。

(二)文明包容才能共建人类命运共同体

文明是包容的,人类文明因包容才有交流互鉴的动力。文明如水,润物无声,不同历史传统与生活方式形成的多元文化应得到"和而不同"的肯定与尊重。我们应该从不同文明中寻求智慧、汲取营养,为人们提供精神支撑和心灵慰藉,携手解决人类共同面临的各种挑战。文化多元,因交流而丰富,因包容而共荣。只有秉持包容精神,才能实现文明和谐。绿色文明的关键是呼唤人类求同存异,建立互相包容没有战争的世界文明秩序。这就是绿色文明的第五大内涵,即和平包容。

亨廷顿说,在人类生存的大部分时期,文明之间的交往是间断的或根本不

---

① 《马克思恩格斯选集》第 1 卷,人民出版社 2012 年版,第 405 页。
② 杨小凯:《英国对人类文明的三大贡献》,2019 年 6 月 14 日,https://www.360kuai.com/pc。
③ 卢俊卿、仇方迎、柳学顺:《第四次浪潮:绿色文明》,中信出版社 2011 年版,第 78 页。

存在。在冷战后的世界中，全球政治在历史上第一次成为多极的和多文化的。[①]在工业化文明的时代，人类形成了全球化的联系，以联合国为代表的全球各种形式的合作组织应运而生。因此，当代文明应是一个全球化共识基础上的多元包容文明。国家是世界事务中主要的活动者，因此，联合国193个成员形成的《议程》，当然是一种最具全球化的文明共识。

（三）文明交流与包容的典型案例

中国提出的"社会主义市场经济"是文明交流而成就奇迹的典型案例。中国的"大同世界"理想与欧美工业文明的创新，深深影响着中国现代的发展。世界上不少经济学家都提出了"混合经济"的概念，认为计划经济与市场经济两种不同制度在趋同发展。日本公开宣布自己是混合经济的制度，法国、德国和北欧一些国家在市场经济的体制上加上了不少计划的因素，被一些学者称之为带有社会主义因素的市场经济。市场经济有利于发展生产力，这首先是一个实践的问题而不是一个理论问题。受一些历史原因的影响，中国的社会主义市场经济是通过对传统的社会主义的实际改造和对古典的市场经济的理论改造的产物。其中，前者可以用"社会主义从科学走向现实"来概括，后者可以用"市场经济从古典走向现代"来概括。中国主张的社会主义，最终的目标就是让社会的一切成员都过上好日子，而这是在共产党领导下进行的；中国的市场经济是现代文明的市场经济，是以人的价值为本原、以个人利益与集体协作为基础的优化配置资源的经济体制。用社会主义改造市场经济，发掘市场经济中现代化的文明因素；用市场经济改造社会主义，则得到了社会主义的经济运行效益。"双向改造"使中国人得到了一个完整意义的社会主义市场经济。建立社会主义市场经济新体制，是人类历史上的创举，是社会主义发展史上的创举。把市场经济与社会主义结合在一起，这是对马克思主义的伟大超越。马克思主义并没有社会主义市场经济的理论，马克思本人甚至没有提出"市场经济"这个概念。在新的历史条件下，中国共产党人从改革的实践出发，提出社会主义市场经济，这在社会主义的历史上是了不起的大事。中国共产党人尊重马克思主义的经典作家，把他们对社会进步的思考视为人类思想史上最伟大的成果，把他们的学说视为最有价值的一种学说。但是，社会主义经济改革的实践，要求不能教条地对待马克思的学说。例如，如果不能正确评价资本的作用，不能正确评价企业家（或厂商）在创造社会财富方面的作用，不能正确评价各社会阶级之间的合作关系，不能正确评价私有经济和公有经济各自不同的作用，不能正确评价国际经济中发达国家的作用等，就不可能在人类命

[①]〔美〕塞缪尔·亨廷顿：《文明的冲突与世界秩序的重建》，周琪、刘绯、张立平，等译，新华出版社2010年版，第5页。

运共同体的构建中迈出有实质性意义的步伐。①

综上,和平包容、文化多元、交流共荣、顺天应时,是新时代高级形态文明的内涵之一。

---

① 李晓西:《"市场经济"面面观》,《改革》1992年第6期,第89—91页;李晓西:《计划和市场都是经济手段》,《经济日报》1992年3月17日,第3版。

第四章 工业文明的反思

发达国家在经济增长中也出现了严峻的环境问题。本章拟从三个方面展开论述，即工业化对环境的黑色影响并催生早期的环保理念、工业化过程中步步升级的绿色规划与行动、工业文明的五大矛盾及走向绿色文明的历史使命。

第一节 工业化对环境的黑色影响并催生早期的环保理念

我们先回顾一下工业发达国家经济增长中出现的环境问题[①]。18世纪中叶的工业革命在给人类带来工业文明的同时，也带来了严重的环境危机。以蒸汽机的发明和广泛应用为起点的工业革命使人类的生产能力得到了极大提高，但对自然环境造成了严重影响：一方面，随着人类向自然索取资源能力的提高，造成了资源的枯竭，自然生态系统的平衡受到了严重的破坏（如为了发展工业、农业、交通运输业而大规模地砍伐森林，使森林资源大大减少，从而破坏了陆地上最大的生态系统）；另一方面，随着工业生产的发展，人口逐渐集中，生产和生活的废弃物大量增加与集中，对土地、江河、海洋、大气造成了严重的污染。环境问题是工业化进程的伴生物，工业污染和城市污染积累到一定程度时，就产生了环境危机。从历史现实看，在整个19世纪环境问题日益严重，到20世纪，环境问题终于酿成危及人类生产与发展的危机。在20世纪80年代前，许多工业发达的国家先后发生了触目惊心的环境灾难，生态灾难频繁发生（表4.1）。

表4.1 20世纪80年代前工业发达国家发生的环境灾难简表

时间	事件
1902年5月8日	加勒比海东部马提尼克岛培雷火山喷发有毒气体，死亡3万人
1930年12月	比利时马斯河谷烟雾事件，死亡60人
1948年	美国宾尼法尼亚州多诺拉发生烟雾事件
1952年12月5日	英国伦敦烟雾事件，前4天死亡人数达4000人
1954年3月1日	美国在太平洋比基尼岛进行代号"布拉沃"氢弹试验，受害者达290人

[①] 张春霞：《绿色经济发展研究》，中国林业出版社2002年版，第23—25页。

续表

时间	事件
1955年	日本富士山县骨痛病事件
1955—1972年	日本富士镉污染事件
1961年	日本四日市二氧化硫烟雾事件，中毒者达500人
1975年	北美成为世界最大的酸雨降落区，该地区半数以上湖泊无鱼
1983年3月14日	美国埃克森石油公司发生在阿拉斯加的原油污染事件，6个月内3.3万只海鸟死亡

发生在发达国家的生态灾害同工业污染密切相关，尤以大气污染最为严重。这些动辄令多人患病甚至死亡的环境事件，以及一系列充满死亡气息的公害事件促发人类反思，也冲击着一味地掠夺自然资源进而破坏环境的黑色发展模式。

我们再次回顾美国海洋生物学家卡逊于1962年出版的《寂静的春天》一书为我们描绘的一幅可怕场景：春天来了，唱歌的鸟儿却不见了踪影，路边的不知名的野花野草无精打采，家养的鸡有的不再生蛋，生出的蛋也孵不出小鸡，猪变得病快快的，小猪生病后几天就死去。本来应该是生机勃勃的春天变得异常的寂静，找不到生命萌动的气息。卡逊在书中写道，现在我们正站在两条道路的交叉口上。我们长期以来一直行驶的这条使人容易错认为是一条舒适的、平坦的超级公路，实际上，在这条路的终点却有灾难等待着；另一条路，很少有人走过，但为我们提供了最后的机会——请保住我们的地球。[①]卡逊呼吁，要认真审视和反思工业化进程，要从大量施用农药、化肥的后果中想想人类生存和发展的前景。该书将环境问题诉诸公众，它唤起了人们对经济与环境关系的关注，被认为是环境保护理念与行动的先驱之作。

从20世纪60年代后期开始，西方国家展开了大规模的环境保护运动。尤其是在日本，以健康损害问题为焦点，以被害者为中心，展开了大规模的环境诉讼活动和掀起了反对公害的舆论浪潮。1970年，美国开展了旨在保护环境的"地球日"活动，这一活动还催生了第一个国家环保建制——美国环境保护署（Environmental Protection Agency）于1970年设立。1971年，12名怀揣着共同梦想的人从加拿大温哥华起航，驶往阿姆奇特卡岛（Amchitka Island），阻止美国在那里进行核试验，并发起成立"绿色和平组织"（Green Peace Organization）。

这里，让我们简单回顾一下可持续发展理念早期的探索过程。可持续发展关系人类的前途命运，是人类为了克服一系列环境、经济和社会问题，特别是全球性的环境污染和广泛的生态破坏而做出的理性选择。为便于读者把握"可持续发

---

① 〔美〕蕾切尔·卡逊：《寂静的春天》，吴国盛评点，科学出版社2007年版。

展"理念的深化过程，表 4.2 进行了简要汇总。

表 4.2 可持续发展理念早期的探索过程

年份	倡导者	主要报告、文件、著作	主要观点和历史意义
1962	卡逊	《寂静的春天》	引起人们对野生动物的关注，唤起了人们的环境意识，引发了公众对环境问题的注意
1972	巴巴拉·沃德、雷内·杜博斯	《只有一个地球：对一个小小行星的关怀和维护》	从整个地球的发展前景出发，从社会、经济和政治的不同角度，评述经济发展和环境污染对不同国家产生的影响，呼吁各国人民重视维护人类赖以生存的地球
1972	丹尼斯·米都斯	《增长的极限——罗马俱乐部关于人类困境的研究报告》	在未来一个世纪中，人口和经济需求的增长将导致地球资源耗竭、生态破坏和环境污染。除非人类自觉限制人口增长和工业发展，这一悲剧将无法避免
1972	联合国人类环境会议	《联合国人类环境宣言》	阐明了七点共同看法和二十六项原则，以鼓舞和指导世界各国人民保护与改善人类环境
1976	赫尔曼·卡恩、威廉·布朗、利昂·马特尔	《今后二百年——美国和世界的一幅远景》	该书作者的一个重要观点可总结为：从长远来看，现存的一切重大问题在原则上都可以解决
1981	朱利安·林肯·西蒙	《没有极限的增长》	认为人类能力的发展是无限的，依靠技术进步可以解决一切问题
1984	朱利安·西蒙、哈尔曼·卡恩	《资源丰富的地球——驳〈公元 2000 年的地球〉》	地球上的资源是丰富的，只要政治、制度、管理和市场等多种机制能较好地发挥作用，从长期看，人口的增长有利于经济发展和技术进步
1987	E.戈德史密斯	《生存的蓝图》	该书作者提出了悲观论点，即在高度工业化社会的末日在半个多世纪内将不可避免地会出现，主张对现存社会发展方向做战略转变
1987	世界环境与发展委员会	《我们共同的未来》	报告在探讨了人类面临的一系列重大经济、社会和环境问题的基础上，提出了"可持续发展"的概念，也就是说，既满足当代人的需求，又不对后代人满足其自身的需求能力构成危害的发展

资料来源：李晓西、宋涛、荣婷婷，等：《中国：绿色经济与可持续发展》，人民出版社 2012 年版，第 19—20 页

为顺应全球兴起的环保浪潮，联合国于 1972 年在斯德哥尔摩召开了人类环境会议，拉开了全球环境保护运动的序幕。1972 年 6 月 5 日至 16 日，联合国第一次人类环境会议在瑞典斯德哥尔摩召开，第一次将环境问题纳入世界各国政府和国际政治的事务议程。大会通过了《联合国人类环境宣言》，提出人类在开发利用自然资源的同时，也要承担维护自然的责任和义务。《联合国人类环境宣言》

指出,环境问题不仅是环境污染问题,还应该包括生态破坏问题。《联合国人类环境宣言》唤起了各国政府对环境问题,特别是对环境污染问题的关注。更重要的是,它冲破了以环境论环境的狭隘观点,把环境与人口、资源和发展联系在一起,提出要从整体上解决环境问题。这次大会标志着人类共同环境保护历程的起始。1973年1月,联合国大会决定成立联合国环境规划署,负责处理环境方面的日常事务工作。

1984年夏,美国弗吉尼亚州成立了"绿色联络委员会"(Green Committees of Correspondence,GCOC),该组织旨在组建当地的"绿色团体"(Green groups)。"绿色经济"则是由英国经济学家皮尔斯于1989年出版的《绿色经济蓝皮书》中首先提出的。绿色经济主张:经济发展必须从社会及其生态条件出发,使之"可承受",即自然环境和人类自身可承受,不会因盲目追求生产增长而造成社会失衡和生态危机,不会因为自然资源耗竭而无法持续发展。[①]

1987年,世界环境与发展委员会(World Commission on Environment and Development,WCED)向联合国大会提交了《我们共同的未来》(*Our Common Future*)的研究报告,又被称为布伦特兰报告。[②][③]格罗·哈莱姆·布伦特兰夫人(Gro Harlem Brundtland)于1987年任挪威首相,后在联合国世界环境与发展委员会任主席。该报告首次正式提出了"可持续发展"的概念,将可持续发展定义为既能满足当代人的需要,又不损害后代人满足其需求能力的发展方式。该报告用翔实的资料论述了当今世界日益严重的环境与发展问题,并给出了应对这些问题的对策与建议。该报告经第42届联合国大会辩论后得以通过。其基本思想对世界上许多国家的发展和环境保护产生了重大而深远的影响,对各国的政策选择也具有重要的参考价值。可以说,该报告是促进人类环境保护与发展的重要里程碑。可持续发展概念后来成为1992年在巴西里约热内卢召开的联合国环境与发展大会的主要议题,并被各国政府普遍接受。

布伦特兰报告主要包括三篇内容。在第一篇"共同的问题"中,报告分别从受威胁的未来、可持续发展和国际经济的作用三个方面论述了当前世界环境与发展存在的问题;在第二篇"共同的挑战"中,报告对全球人口与人力资源、粮食保障、物种和生态系统所面临的挑战等方面进行了系统的分析与探讨,指出了世界各国在发展过程中所面临的各种挑战和环境约束,同时提出了相应的政策建议;在第三篇"共同的努力"中,报告从公共资源管理、应对环境不安全因素和可持

---

① 佚名:《2009夏季达沃斯论坛:绿色经济蕴藏机遇》,2009年9月10日,http://finance.sina.com.cn/focus/lsjj/。
② 张坤民:《中国环境保护事业60年》,《中国人口·资源与环境》2010年第6期,第1—5页。
③ 世界环境与发展委员会编著:《我们共同的未来》,国家环保局外事办公室译,世界知识产权出版社1989年版,第35页。

续发展之间的冲突、变革机构与立法三个方面探讨了实现可持续发展的对策,号召世界各国共同努力,实现人与自然的和谐发展。布伦特兰报告主要有三个核心观点:第一,环境危机、能源危机与发展危机息息相关;第二,地球的资源和能源远不能满足人类发展的需要;第三,为了当代人和子孙后代的利益,我们必须改变发展模式。

布伦特兰报告的核心在于提出了可持续发展概念并充分强调了这一概念的重要性。该报告认为,我们过去主要关心经济发展对生态环境产生的影响,而现在我们正日益迫切地感受到生态环境对经济发展带来的重大压力。因此,我们必须寻找一条不仅能在短期内满足当代人的需要、有利于经济发展的道路,而且从长期来看也不损害后代人满足其需要的能力的发展道路。这份报告首次将环境保护纳入经济发展的框架体系之内,提醒人们在发展经济的同时,一定不能忽视对生态环境的合理利用与保护。这一观点被认为是人类有关环境与发展思想的重要飞跃。同时,布伦特兰报告将环境问题正式引入政治发展领域,有利于促进可持续发展过程中的国家多边主义及建立起国家间的相互依存关系。

第二节 工业化过程中步步升级的绿色规划与行动

本节拟从20世纪90年代开始的环保与生态保护的国际合作为中心,阐述绿色行动是如何规划并一步步进行的。

这里先要回顾一下1992年联合国环境与发展大会的基本情况。1992年6月3日至14日,联合国环境与发展大会在巴西的里约热内卢举行,世界178个国家、17个联合国机构、33个政府组织的代表、103位国家元首和首脑与会,因而被称为全球环境首脑会议,简称里约会议(Rio Conference)。里约会议是继斯德哥尔摩会议(1972)和《我们共同的未来》(1987)报告[①]之后,又一个里程碑式的环境会议。

里约会议取得了一系列重要成果:一是设定了地球宪章、行动计划、公约、财源、技术转让及制度6大议题;二是通过并签署了《里约环境与发展宣言》(又称《地球宪章》)、《21世纪议程》、《联合国气候变化框架公约》、《联合国关于森林问题的原则声明》和《联合国生物多样性公约》等5个重要文件。其中,《里约环境与发展宣言》是开展全球环境与发展领域合作的框架性文件,是为了保护地球永恒的活力和整体性,建立一种新的、公平的伙伴关系的基本准则的宣言。在这次会议上,可持续发展是一个全球性战略,环境保护与经济发展的不可分割

---

① 世界环境与发展委员会编著:《我们共同的未来》,国家环保局外事办公室译,世界知识产权出版社1989年版,第47页。

性被广泛接受;"高生产、高消费、高污染"的传统发展模式被否定;停滞多年的南北对话开始启动,国家主权、经济发展权等重要原则得到维护。简言之,会议最大的成功在于促进了各国政府把宽泛的政策目标转化为具体的行动,并初步尝试通过经济的、行政的及制度的手段管理环境。①

特别要回顾的是,1992年联合国环境与发展大会通过了《21世纪议程》这一重要文件。《21世纪议程》包括可持续发展战略(18个方案)、社会可持续发展(19个方案)、经济可持续发展(20个方案)、资源的合理利用与环境保护(21个方案)四个部分。《21世纪议程》是一份关于政府、政府间组织和非政府组织在全球范围内所应采取的可持续发展的行动计划,文件着重阐明了人类在环境保护与可持续之间应做出的选择和行动方案,提供了21世纪的行动蓝图,旨在建立21世纪世界各国在人类活动对环境产生影响的各个方面的行为规则,为保障人类共同的未来提供一个全球性措施的战略框架。《21世纪议程》明确了在处理全球环境问题方面发达国家与发展中国家"共同但有区别的责任",以及发达国家向发展中国家提供资金和进行技术转让的承诺。《21世纪议程》旨在通过引导各国政府重视环境和发展问题,使社会经济和环境问题全面结合,并吸引公众更广泛地参与环境保护。《21世纪议程》的另一个关键目标在于逐步减轻并最终消除贫困;同时,促进反对保护主义和在市场准入、商品价格、债务与资金流向等问题上达成共识,以消除第三世界进步的国际性障碍。为了全面支持在世界范围内落实《21世纪议程》,联合国大会在1992年成立了可持续发展委员会。

5年后的1997年,有一份重要的绿色规划产生了,这就是1997年12月在日本京都由联合国气候变化框架公约参加国制定实施的《京都议定书》。《京都议定书》作为一个全球性的环保条约在全球范围内实施,标志着全球合作推动环保的行动进入实质性的实施阶段。到2009年2月,一共有183个国家加入了该条约。2009年12月,在丹麦首都哥本哈根召开全球气候大会,来自192个国家的谈判代表参加会议,商讨《京都议定书》一期承诺到期后的后续方案,即2012—2020年的全球减排协议。这份绿色规划的针对性何在呢?那就是:现代工业与经济的高速发展,必然消耗大量的自然资源与能源,而煤炭、石油、天然气等矿物燃料的大量消耗将致使大气中的二氧化碳含量迅速增加。工业化带来的大气污染无疑是全球气候变暖的重要原因之一。在工业化过程中排放的大量二氧化碳,约有50%留在大气里,二氧化碳对气候变化的影响最大。二氧化碳能吸收来自地面的长波辐射,使近地面层空气温度增高,造成温室效应。关于工业化过程中引发的气候变化及其黑色影响,将在本书第六章进行专门分析,这里暂不做介绍。

---

① 夏光:《人类发展道路上的重要一步——联合国环境与发展大会简介》,《环境保护》1992年第8期,第6—8、10页。

从国家层面来看，2006年，德国联邦政府通过了《德国2020高技术战略》，该战略文件是以人工智能、机器人技术、虚拟现实、量子信息技术、可控核聚变、清洁能源及生物技术为技术突破口的工业革命，被称为第四次工业革命即绿色工业革命。它的实质和特征，就是大幅提高资源生产率，经济增长与不可再生资源要素全面脱钩，与二氧化碳等温室气体排放脱钩。绿色工业革命的目标首先是实现碳排放的"脱钩"，这包括三方面的内容：一是促使已有的"黑色"或"褐色"能源"绿化"，即采用能耗更低、更清洁的方式使用化石能源，使单位能耗的污染强度下降；二是促使化石能源的使用与经济产出之间"脱钩"，尽量减少化石能源在经济生产和消费中所占的比重；三是促进非化石能源、可再生能源、绿色能源的使用大幅上升，并促进这类能源的利用最终占据主导地位。

2008年，联合国环境规划署发起了在全球开展"绿色经济"的倡议，试图通过绿色投资等推动世界产业革命。为此，联合国环境规划署启动了全球绿色新政及绿色经济计划，旨在使全球领导者和相关部门的政策制定者认识到，经济的绿色化不是增长的负担，而是增长的引擎。基本目标是在目前全球多重危机下，通过这个倡议复苏世界经济、创造就业、减少碳排放、缓解生态系统退化和水资源匮乏，最终实现消除世界极端贫困的千年发展目标。2011年，联合国环境规划署发布了《绿色经济报告》，报告将绿色经济定义为可促成增进人类福祉和提高社会公平，同时显著降低环境风险与生态稀缺的经济。欧洲在推进绿色经济方面走在了世界的前列。欧洲联盟（以下简称欧盟）实施的是内容广泛的"绿色经济"模式，即将治理污染、发展环保产业、促进新能源开发利用、节能减排等纳入绿色经济范畴加以扶持。在推进过程中，强调多领域的协调、平衡与整合。2009年3月9日，欧盟正式启动了整体的绿色经济发展计划，根据该计划，将在2013年之前投资1050亿欧元支持欧盟地区的绿色经济，促进绿色就业和经济增长，全力打造具有国际水平和全球竞争力的绿色产业，并以此作为刺激经济复苏的重要支撑点，以实现促进就业和经济增长的两大目标，为欧盟在环保经济领域长期保持世界领先地位奠定了基础。[①]

2012年，有关绿色经济的又一个重要国际会议召开。为了纪念1992年通过《21世纪议程》这一历史性事件，2012年6月20日至22日，联合国在巴西里约热内卢召开可持续发展峰会，即"里约+20"会议。120个国家的元首和政府首脑出席了这次大会，同时吸引数万名非政府组织领导、专家、媒体社会各界代表，与会人数超过5万人。本次峰会的主要议题为减少贫困、绿色经济和可持续发展问题。会议呼吁全世界更加关注经济与生态、环境、资源之间的关系，并通过具体的行动方案，力争在经济增长的同时实现低碳经济，解决气候变化、粮食安全、

[①] 李晓西：《国际金融危机下的中国经济发展》，中国大百科全书出版社2010年版。

水资源和能源短缺等问题，做到绿色发展。大家认识到，进入21世纪以来，人类在促进可持续发展的许多方面取得了积极的进展，但所取得的进展远远低于需要达到的水平。"里约+20"大会旨在全面落实1992年联合国环境与发展大会达成的共识，坚持经济、社会发展和环境保护三大支柱统筹的原则，全面评估国际社会在可持续发展领域的进展情况，查找差距和不足，推动实现全面、平衡、协调、可持续发展。大会强调健全可持续发展的机制框架，发挥联合国的核心领导和组织协调作用，促进充分执行《21世纪议程》《可持续发展世界首脑会议执行计划》和应对各种新出现的挑战。大会形成决议"我们期望的未来"，各国代表再次承诺实现可持续发展，确保为我们的地球及后代创造可持续的明天。

分析工业文明中的绿色规划与行动，还应关注联合国工业发展组织（United Nations Industrial Development Organization，UNIDO）的作用与贡献。联合国工业发展组织成立于1966年，1985年转为联合国的专门机构，旨在促进工业发展与国际合作。2016年是联合国可持续发展目标开始实施的第一年，也是联合国工业发展组织成立50周年。对工业化与绿色发展的关系，联合国工业发展组织总干事深刻地指出：历史经验告诉我们，尽管各国发展水平有所差异，但工业化仍然是消除贫困、确保食品安全、防止社会两极分化的基本推动力量。《议程》第9项目标"建造具备抵御灾害能力的基础设施，促进具有包容性的可持续工业化，推动创新"是明确赋予联合国工业发展组织的新职能。联合国工业发展组织在三大领域推动包容可持续工业发展：①共创繁荣；②提升经济竞争力；③保护环境。在保护环境方面，联合国工业发展组织主要通过鼓励低碳生产、推广生产性清洁能源及实施多边环保协议等开展工作。中国古代哲学家老子提出"道法自然"，按今天的话说，就是只有遵循自然规律，才能实现"天人合一"，即实现人与自然的和谐发展。联合国工业发展组织50多年的经验也表明，只有大家携手共进，走绿色发展之路，才会让我们居住的地球变得更加美好。①

令人振奋的是，我们看到一些国家和地区正在制订及采取更具针对性的绿色规划与行动。欧盟委员会主席冯德莱恩表示，气候变化是她面临的最大挑战，并承诺在就职的百日内提出欧盟绿色计划；2019年6月，英国新修订的《气候变化法案》生效，正式确立英国到2050年实现温室气体"净零排放"的目标；一向关注气候变化的瑞典计划在2018年实现《议程》中有关可再生能源的目标，比预定期限提前11年；虽然美国退出了《巴黎协定》，但是以加利福尼亚州为代表的数十个州和城市都发布了自己的减排目标，大力推动地方自主减排运动；国际能源巨擘如英国石油公司、荷兰皇家壳牌集团、挪威国家石油公司正在从传统化石能

---

① 关成华、王圳：《绿色发展让世界更美好——联合国工业发展组织成立五十周年文集》，人民出版社2017年版，第4—6页。

源领域转向以新能源为核心的综合能源服务，纷纷发力布局海上风电、光伏等领域。应对气候变化已经不再是遥远的未来，正在成为全球行动的热潮。

第三节 工业文明的五大矛盾及走向绿色文明的历史使命

从18世纪80年代开始，工业革命在英格兰展开。英国工业革命标志着人类社会发展史进入一个全新的时代。工业革命是近代工业化的实际开端，是传统农业社会向近代工业社会过渡的转折点。工业化不仅从根本上提升了社会的生产力，创造出巨量的社会财富，而且从根本上变革了农业文明的经济、政治、文化、精神及社会结构等。工业文明是最富活力和创造性的文明。

在高度评价与肯定工业文明的同时，还必须指出，工业文明存在着五大矛盾，即生产与消耗、劳动与资本、垄断与竞争、自由与管制、共同价值与战争行为。这里要说明一下，每一个矛盾均是一个大命题，若细细展开分析需要较大篇幅，故下文仅做简单的提纲性分析。本节拟借助对立统一的辩证法来分析，以避免极端化与片面化，尽量得出客观的结论。

一、史无前例的生产力水平与日益增大的自然资源生态消耗

这里主要分析"先污染后治理"模式的主客观性，从侧面论述"生产与消耗"矛盾及其人类的态度。

"先污染后治理"，发达国家基本都是这么走过来的。比如，英国伦敦的雾都事件、美国洛杉矶的光化学烟雾、法国阿尔萨斯洛林地区和德国鲁尔区的污染等。那么，为什么会采取"先污染后治理"模式呢？一般解释是：因为当一个国家初期发展时，它没有治理污染的能力与意识，也没有治理污染的财力与物力甚至科技的准备，且工业化初期的环境污染较小，社会公众意识还不强。而经济发展到一定水平后，生活水平有了提高的人们对环境质量的要求高了，加之有了治理污染的能力与意识，也有了治理污染的财力与物力甚至科技的支撑，该国环境质量就会因治理而逐渐改善。这种说法背后以经济增长与环境污染之间关系呈倒U形的环境库兹涅茨曲线（Environmental Kuznets Curve）为依据。

下面结合工业化进程，借助学术界的环境库兹涅茨曲线思路进行具体分析。

第一，工业化形成的规模和结构对环境产生的影响。生产活动集聚、协作及社会分工的演进使得生产社会化程度越来越高，生产的规模越来越大，资源投入的数量越来越多，污染排放的数量也越来越多，引发的治污呼声与行动也越来越多。值得关注的是，工业化是先从农业向纺织、机器制造和能源密集型重工业转变。此过程中，农业部门对人力的需求越来越少，就业人口从第一产业部门向第

二和第三产业部门转移，农业人口比重从70%～80%逐渐下降到5%～10%，农业机械化程度越来越高，产业结构和就业结构发生变化，但随着服务业和知识密集型产业的兴起，开始减少了污染的排放，这就呈现了污染先增加又逐渐减少的全过程。

第二，工业化过程中技术进步对环境的影响。工业化初期的环保技术是跟随性的，还无法有效遏制污染的迅速扩散。工业化中后期，国家与企业的经济实力提高了，研发投入不断增加，高效率技术与环保技术得到应用，资源的使用效率提高，生产对自然与环境的影响在削弱，尤其是近几十年清洁技术和循环经济的开发应用，单位产出的污染排放呈下降趋势。

第三，工业化过程和市场机制完善过程同步进行，有助于减少环境污染。工业化初期，自然资源丰富且价格偏低，企业出现了大量甚至过量利用资源的行为，对环境产生了较大的不利影响；环境资源中空气、河流、海洋体产权不明确，影响了企业对环境、资源保护投资的积极性。工业化中后期，自然资源存量大为减少，而且其价格因稀缺性开始逐步上升，市场机制也在逐步完善，迫使社会与企业不断提高自然资源的使用效率，或开发低资源消耗的产品，市场参与者如银行对环保不力的企业拒绝贷款等，都对环境质量由恶化转向改善起了一定的作用。

第四，工业化进程推进了民主政治制度的建立与完善。来自公民的监督和政府的环境规制，对减轻工业化造成的生态资源、环境消耗和破坏起了非常关键的作用。随着经济增长，企业或个人开展经营活动时的社会责任意识在增强，国家的环境政策也在日益完善，有关污染者、污染损害、地方环境质量、排污减让等信息更加透明，促成一国环保能力大为提升，环境质量的社会管理能力也在提高，引导经济结构不断朝循环经济、低碳经济和绿色经济的方向发展。在工业革命的影响下，文化艺术成就也是巨大的，并成了绿色理念与可持续发展行动的宝贵思想源泉。当然，很多环境资源作为公共物品，需要有政府与企业的合作，才能实施有效保护。工业化进程推动了以政府直接控制为主，以市场手段为辅、倡导企业和公众参与的一种协办共治的环境管理体系，这也是环境污染逐步得以控制的重要原因。

第五，工业化推动了全球化并促使各国共同关注与解决环境问题。工业化促使分散在各国的劳动日益走向联合的劳动。对外直接投资和自由贸易的持续增长，加深了各国之间的经济联系。发达国家先行一步积累的经验为各国提供了环境保护的示范，国际化的环保组织应运而生，促使环保技术转移与应用，这对工业化进程不同的国家都有重要价值。当然也要看到，污染密集型工业从环境标准高的发达国家向环境标准低的发展中国家转移的做法是不能持续的。

需要说明的是，环境库兹涅茨曲线反映的是各种现象中重要的一种，我们吸收其正面的理论，但绝不是要以此证明"先污染后治理"的合理性，也不是证明污染治理是一定成功的或说要证明经济增长有自然消污功能。我们只是强调,"先污染后治理"虽难以避免,但一定要力求避免或排除,因为早期民众健康付出的代价很大,后期治理环境需要付出的代价也会很大。

二、法治下的劳资矛盾[①]

本来,这里拟分析全球化与逆全球化的矛盾。在查阅若干资料后发现,情况比较复杂,是非的结论不能绝对。关键是在工业化过程中出现的劳资矛盾,一直是社会各界关注的中心话题。下面,重点分析全球化背景下的劳资矛盾。

全球化是全世界工业化大潮的主流。经济全球化为世界经济增长提供了强劲动力,促进了商品和资本的流动。经济全球化是人类交往范围扩大的过程,人类以不同的形式在世界各地流动。但全球化不仅意味着资本在全球范围内的配置,还有劳动力、商品在全球范围的流动和配置,因此,转岗、移民等其他问题也一并出现,这就导致了我们所看到的全球化对不同国家的不同贡献或冲击。20世纪90年代以来的全球化在广度和深度上都超过了以往,以致许多工业化国家的国内经济社会政策跟不上其步伐,造成就业岗位损失和收入停滞,中产阶级和低收入者成为"输家",劳资矛盾日益尖锐。

冷静下来,让我们先简单回顾一下在工业化过程中的劳资不平等关系。工业化过程中,工人阶级的反对一直没有停止过,如英国宪章运动、1848年欧洲革命和1871年的巴黎公社起义等,就是工人阶级面对社会不平等抗争、争取平等和生存权利的典型事件。马克思和恩格斯为代表的一批社会主义者对资本主义的批判,正是工业化过程中为解决劳资矛盾的批判与呼声。此后,随着法律与政策的调整,工人和穷人的地位与生活有了改善,矛盾得以缓和。近百年来,发达国家在解决社会贫困、公共卫生、住房和教育等基础性问题上,取得很大进展,集中体现在社会福利制度上。福利社会的建立是跟人民本身的诉求表达,甚至反抗紧密相连的。以资本、市场和财产权为基础而形成的社会,借社会福利矫正与修复资本化和市场化的缺陷,自然也面临新的矛盾:如果没有巨大的税收就无法支撑起福利社会的运转,而这涉及一国收益分配的结构设置,这是工业文明中的一个深刻的内在矛盾。随着发达国家制造业不断向发展中国家转移,导致这些发达经济体的原有在岗工人失业或从事更低收入的工作。这些国家的工会、劳动联合会、产业联合组织为代表的、以工人和中下层民众为主体的社会力量,发起了反对失业、

[①] 蔡昉:《全球化的政治经济学及中国策略》,《世界经济与政治》2016年第11期,第4—24,157页;杨靖旼、杨雪冬:《外国学者对逆全球化的担忧和批评》,《人民日报》2018年10月22日,第4版;栾文莲:《对当前西方国家反全球化与逆全球化的分析评判》,2018年10月18日,http://www.cssn.cn/mkszy/201810/t20181018_4706521.shtml。

反对贫困的反抗运动，不少也指向了全球化。显然，在全球化背景下，确实涉及如何理解和定位劳动与资本这两个最为重要的要素。事实上，跨国垄断资本主导的经济全球化在世界范围内造成了利益分配不均，也造成在自己国家内部分配不合理。国际社会和法治国家已经且需要继续借助法律与民主的手段，不断调整这个矛盾。不可否认的是，经济全球化的总体趋势是优化全球的资源配置，促进生产力的发展，这是工业文明的主流。问题是作为一国的政府有没有把经济全球化的利益公平地分配给民众，让全体人民共享；有没有把更多的税收用于社会的养老、失业的补偿和就业培训，不断缩小社会的贫富差距。若没有，那出现的问题，就不是经济全球化造成的，而是一国政府社会责任的缺失。

三、垄断与竞争①

垄断与竞争关系，曾是政治家为社会定性的重要依据。其中一些论点，可为我们深入分析垄断与竞争的背后利益博弈提供参考。通观全球各国工业化的过程，以及各国处理垄断竞争的共同或有区别的政策，本书把垄断与竞争的特点归纳为三点。首先，垄断与竞争是互相促成的，竞争在一定程度上促成垄断。有资料显示，全球100个较大的经济实体中，国家的数量占比不到三成，其余都是跨国公司。据统计，全球约60%的贸易为中间产品和服务贸易，全球贸易的80%是通过跨国公司实现的。②仔细分析会发现，国际化催生了跨国公司，但全球价值链分工体系和运营网络又把垄断变为分散基础上的集中；跨国公司既与国家权力结盟，又因各国利益冲突而处于缓冲协调、维持全球链的压力之中。这体现出垄断中含有被限制的因素。其次，垄断与竞争关系在不同时期不同条件下是有变化的，竞争导致垄断是一个时期的线性走势，有大量的历史事实证明长时期内二者关系会有变化。19世纪70年代到20世纪初叶，是自由竞争向垄断过渡的典型时期，这一时期欧洲各国政府包括英国政府在内，普遍转向国家干预主义的经济政策，而大陆国家则是国家干预倾向，英国的自由贸易主义遭到欧洲大陆各国的抵制。其中的奥妙是，当一国产品有竞争优势和规模优势时，多主张贸易自由；当一国产品处于依赖进口时，则多主张所谓的保护贸易主义。总之，工业化曾促成经济的垄断，但垄断对生产力的遏制又引发市场主体不满和竞争不断出现。最后，工业化国家一般都有反垄断法或反托拉斯法，旨在控制和防止少数垄断集团对社会与政治的负面影响。以美国为例，19世纪80年代末，在石油、采煤、榨油、烟草、

---

① 杨德明：《西方主要国家工业化的历史经验分析》，2005年4月25日，https://bbs.pinggu.org/thread-19468-1-1.html。

② 联合国贸易和发展组织：《世界投资报告 2013——全球价值链：促进发展的投资与贸易》，经济管理出版社2013年版，第139页。

制糖等部门都出现了巨型垄断组织——托拉斯。托拉斯可获取垄断性的超额利润，导致中小企业主、农场主利亏破产，导致广大劳动群众的生活不断恶化。为了缓和社会矛盾，美国政府运用法律手段，进行国家干预。1890年，美国颁布了《保护贸易及商业以免非法限制及垄断法案》，简称《谢尔曼反托拉斯法》。该法制定的主要目的是禁止和限制垄断性贸易做法及垄断贸易的行为。第二次世界大战（以下简称二战）后，英国、法国等国也先后制定了反托拉斯法。

这里要特别分析一下金融垄断问题。工业化早期，欧洲各国还普遍存在对银行的歧视。人们认为工业活动创造价值，是对社会有益的高尚事业，而银行不创造价值，是对社会无益的"寄生虫"。工业资本与银行资本相互融合而形成垄断金融资本，并在20世纪初期形成高潮。瑞士的Vitali等学者的研究证实：为数不多的跨国银行几乎支配着全球经济。他们在分析了全球43 060家跨国公司和它们之间相互交织的股份关系之后发现：顶端的737家跨国公司控制了全球80%的产值。在进一步拆解这张复杂关系网后，他们得出了一个更加惊人的结论：最核心的147家跨国公司控制了全球近40%的经济价值，而这147家公司中的3/4都是金融中介机构。[①] 过度金融化必定会导致经济活动虚拟化和虚拟经济泡沫化，近年来这一结论已为多国实践所证实。其结果是，金融组织既有国家力量支持，也受国家力量制约。综上，金融垄断与自由竞争的利弊是相对的，要具体问题具体分析，不能由某一点得出绝对的极端结论。

垄断与竞争的关系中，还有一个知识产权问题值得分析。市场经济应是鼓励竞争的，为什么要接受具有垄断性的知识产权呢？保护知识产权，对不同的人来讲确实有不同影响。但是，这是一条公平的法权，是得到各种国际公约认可的，尤其是世界贸易组织（World Trade Organization，WTO）中"TRIPs"即《与贸易有关的知识产权协议》规定所要求的。知识产权与货物贸易、服务贸易一起构成WTO的三大支柱。因此，知识产权所具有的这种垄断性之合理来自以下方面。第一，它是天然的，即具有人身归属性质；第二，它是公平的，即每个人都享有这种权利；第三，它是有限制的，即时间上WTO规定的保护期限是20年，地域上要求在当事国申请获相应地域的承认与保护；第四，它是通过相关法律认定并保护的，如专利和商标是申请优先权原则，而版权则是自动保护原则。需要指出的是，TRIPs对滥用专有权的反竞争行为有限制，即要采取适当措施制止和控制知识产权许可中的滥用权利阻碍技术转让与传播的反竞争行为。

进入21世纪以来，社会的发展越来越依靠知识、信息、技术和创新。知识产权已不再是传统法律意义上的民事私权，而是成了产业、企业获得竞争优势的重

[①] Vitali S, Glattfelder J B, Battiston S. *The Network of Global Corporate Control*, London: Glattfelder and Stefano Battiston, 2011.

要手段和具体体现。①当然,也要注意以下这个事实:美国国家科学理事会于2018年1月发布的《2018年科学工程技术指标》显示,2016年全球知识产权跨境许可收入总规模达到2720亿美元,其中,美国是最大出口国,知识产权出口额占全球总量高达45%,欧盟占24%,日本占14%,中国占比不足5/‰。②这说明什么?谁是获利者?获利者是坚持"合者两利"还是要"经济脱钩"?这些是需要我们深思的问题。

四、全球化背景下的自由与管制

自由贸易与贸易保护主义,是工业化过程中一直存在的矛盾。贸易保护主义是指在对外贸易中实行限制进口以保护本国商品在国内市场免受外国商品的竞争,并为本国商品提供各种优惠以增强其国际竞争力。贸易保护主义在限制进口方面,主要是采取关税壁垒和非关税壁垒两种措施。其中,前者主要是通过征收高额进口关税阻止外国商品的大量进口,后者则包括采取进口许可证制、进口配额制等一系列非关税措施来限制外国商品自由进口。19世纪40年代之前西方工业国都在实行贸易保护措施,1846年英国废除《谷物法》以后到19世纪70年代各国主要实行自由贸易政策。文明的做法,就是实行贸易自由化,发挥比较优势,实现贸易互利互惠。

全球化背景下的自由与管制中一个特别重要的议题是如何看待和对待金融国际化。1998年,笔者率团实地考察亚洲几国的金融危机,此后参与了若干相关会议后,发现了一个重要事实,即金融自由化是有问题的。在相当一段时间里,大家都认为世界金融自由化是完全正确的,是世界经济发展的潮流,是现代社会前进的标志。但是,1998年金融危机的发生证明金融自由化是需要相应管理的,不能放任自流。

2008年美国引发的全球金融危机更令人印象深刻。为拉动美国经济,降低国债和减少赤字,美国推行了宽松的货币政策与金融监管,鼓动美国穷人去买房,拟制造房地产繁荣来拉动经济,结果引发了一场金融海啸。其简要过程是,信用级别不高可贷款买房,商业银行放贷;商业银行把房贷集中形成按揭证券(mortgage-backed security,MBS),以优惠利率卖给投资银行;投资银行又将之打包成次级债券——债务抵押债券(collateralized debt obligation,CDO),经保险公司转成信用违约掉期(credit default swap,CDS)后利率优惠地卖给投资银行

---

① 李晓西、董念清:《知识经济时代的知识产权保护战略》,《中国社会科学院研究生院学报》2003年第3期,第28—34,109页。

② 杨云霞:《资本主义知识产权垄断的新表现及其实质》,《马克思主义研究》2019年第3期,第57—66,159—160页。

在全球的大客户。这样,次级贷款的债券,衍生4次后变成了金融衍生品CDS。如此,最初一元钱的贷款可以被放大为几元、甚至十几元的金融衍生品。当时,全球的CDS已高达62万亿美元,其崩盘垮台,岂是几千亿美元能救得了的。美国房贷两大巨头——房利美(即联邦国民抵押贷款协会)和房地美(即联邦住宅贷款抵押公司)股价暴跌,持有"两房"债券的金融机构大面积亏损,引致华尔街投资银行接二连三地倒下,"华尔街投资银行"作为一个历史名词几近消失。美国作为超级大国,其次贷危机的爆发瞬间就影响了全世界的金融中心及一些周边国家。那么,金融衍生品引发的金融风暴的影响到底有多大?金融衍生产品大范围地走向了全世界,其范围也远远不仅仅是次贷危机方面,而是蔓延到整个金融行业,贷款机构纷纷破产、投资基金相继关闭、股市剧烈震荡,破产企业数量巨大。欧盟出台了大规模经济刺激计划,内含扩大公共开支、减税和降息等提振实体经济的三大举措,以防止实体经济崩盘。2017年7月,英国经济政策研究中心(Centre for Economic Policy Research,CEPR)发布的《全球贸易预警》报告中披露,2008年11月至2017年6月,G20的19个成员(不包括欧盟)总计出台了6616项贸易和投资限制措施,相比而言,贸易和投资自由化措施仅为2254项。相关数据显示,金融危机后美国累计出台贸易和投资限制措施1191项,居全球首位,占G20成员贸易保护主义措施总数的18.0%。在投资方面,2008年国际金融危机后全球外商直接投资大幅下滑,增长明显乏力。联合国贸易和发展会议(United Nations Conference on Trade and Development,UNCTAD)数据显示,2008年国际金融危机爆发前的10年间,全球外商直接投资流入额的年均增长率为20.2%,而在2008年至2015年,全球外商直接投资的年均增长率仅为0.8%。据世界贸易组织的数据,1990—2008年全球贸易平均增长7.0%,而2009—2015年平均增长仅为3.0%。跨国公司的发展和国际投资增速也持续放缓。① 由此可知,一场金融危机对正常的经济全球化的影响之大。

五、共同价值与战争行为的矛盾

在人类文明史千年发展过程中,尤其是工业革命以来,逐渐形成了对文明的共同认识,也可称之为共同价值。共同价值中来自工业文明的成果不少,来自欧美国家近代努力的成果也不少。但是,共同价值是人类共同的财富,每一种文明的价值中都隐藏着共同价值的因子,包括农业文明和各类文明。只有从中吸收不同历史阶段生产和生活方式的宝贵营养,才能更有助于人类的生存发展和共同价值的完善。这里要强调的是,西方文明不能完全等同于共同价值,虽然西方先走

---

① 徐秀军:《全球化vs逆全球化:砥砺前行的全球经济》,《环球》2017年第26期,第14—18页。

向了工业化并催生了工业文明,但工业文明是人类文明的一个阶段,是以近代欧洲与北美为代表的文明。只能说,工业文明中包含着较大程度的共同价值。我们看到,虽然在欧美国家,民主、自由、人权、法治等会有各种各样的解释,但这并不妨碍其中存在着共性,共性的一面体现着共同价值。从全球各国先后走向工业化的过程看,工业文明处于普及中和扩散中,但这是与本地区或本国传统文明交融互补的过程,是在增加着共同价值的实用性和广延性。因此,我们既不能否认工业文明在构建共同价值中的重要作用,也不能否认西方国家尤其是民众在创造工业文明进而创建共同价值中的重要作用,同时需要注意不能把西方文明或工业文明等同于共同价值,不能把西方价值或工业文明视为在全人类各地区各国家的唯一正确并可行的价值体系。

下面,简析一下共同价值与战争行为的矛盾,具体有如下三种值得关注的形式。

(一)用文明的方式而不是发动战争来获取资源与市场

工业化史无前例的全球化发展及相应的超级规模的资源需求,使率先实现工业化的国家在世界范围内获取资源的需求爆炸性增长,导致与后实现工业化的国家在保护与获取资源、争夺市场上的矛盾相当剧烈,甚至失控,导致世界大战的发生。一战和二战均是工业化国家间即同为工业文明国家间的战争。在工业化时期发生的战争,大多与经济目的相关。1939年9月到1945年9月的二战是迄今为止人类历史上规模最大的一次全球范围的战争。二战是工业化国家政治、经济发展不平衡的产物,也是各国矛盾不可调和的产物。战争虽有正义与非正义之区别。但是,战争使人员大量死亡,百姓流离失所,引发了移民与反移民、难民与反难民的浪潮,这对于战争的任何一方都是灾难。

用文明的方式来获取资源与市场是完全可能的。事实上,二战后形成的国际秩序,为工业化的正常进行起到了巨大作用。随着经济全球化进程的加快,人类面临困扰自身生存与发展的全球性问题,如气候变化、环境恶化、全球卫生等,产生了全人类的共同利益,人类已经结成了命运共同体。在如何解决人类共同面临的问题、实现人类社会可持续发展的过程中,各国政府和国际组织理应达成某些共识,推动形成人类更具包容性的文明。

(二)不能强行推销自我解释的共同价值

这里涉及的关键问题是如何推广共同价值,同时要清楚推广共同价值的目的。民主、自由、平等、法治是共同价值的重要内容,但借共同价值掩盖资源与市场争夺的不文明之举,试图给战争披上了合法合理的外衣,为争取更大范围的投票支持提供帮助,则是不义的。工业文明及与其相关的共同价值,需要珍惜与发扬,但不能强行推销，应在平等的基础上，通过相互交流来实现。强制性的硬性推广，特别是借推销"共同价值"达到逐利的目的，只会导致冲突，甚至可能会引发战争。《联合国宪章》规定的首要原则就是国家主权平等原则，并由此而引申出以不干涉别国内政、和平解决国际争端等原则为基础的整个现代国际法体系。构建人类命运共同体，就是要走和而不同、求同存异、扬善抑恶之路。力求对话交流，避免国家的对立，才能斗而不破、争而不乱，才能寻找更多的合作点，才是正途。

正如亨廷顿所言，西方文明的价值不在于它是普遍的，而在于它是独特的。因此，西方国家领导人的主要责任，不是试图按照西方的形象重塑其他文明，这是西方力量所不能及的，而是要保存、维护和利用西方文明独一无二的特性。[①]这个重要的结论性观点，确有见地。欧美国家保护西方文明是非常必要的，也是正确的。因为，国际社会希望政治家能够借助工业文明来建设性地改变现实。但是，文明的交流与融合，才能避免冲突的发生。

（三）要控制工业化发展为战争升级提供条件

工业化国家的历史性富裕，向各国彰显了工业文明的历史进步和巨大成就，为工业化的共同价值带来荣誉。另外，工业化为战争的升级提供了条件。我们看到，自从工业革命爆发以来，人类的战争形态随着工业化的发展而不断升级。19世纪末期，努力完成工业革命的各个国家，都以工业化手段来装备军队。凭借铁路带来的战略机动力和标准化军工生产，为战争提供了先进的枪炮和大量的资金；二战时期，飞机、坦克、无线电、导弹、原子弹得以使用，人类由此进入了机械化战争时代；在机械化之后，信息化的需求慢慢变得强烈起来，无线电指挥向以计算机为核心的自动化指挥发展；信息系统、制导系统的使用依赖于电力系统，随着超导电磁投射装置（无火药导弹、炮弹、无人机投射）、航母电磁弹射和拦阻系统、激光武器的使用，实现了使用综合电传动系统，同时进行智能化的电气分配。[②]其结果是现代战争比起以往的战争更为残酷。

共同价值是人类社会发展到现代才出现的一种高度文明，战争是人类史上充满血腥的野蛮行为，这两者本身是对立的。文明的直接反义词是野蛮，而野蛮就是手持刀俎的强者对沦为鱼肉的弱者为所欲为。人类的共识是和平，共同价值与战争行为的最大矛盾就是文明与野蛮的矛盾。

走向绿色文明是历史赋予我们的伟大使命。从工业文明存在的五大矛盾中，

---

① 〔美〕塞缪尔·亨廷顿：《文明的冲突与世界秩序的重建》，周琪、刘绯、张立平，等译，新华出版社2010年版，第284—288页。

② 赵鹏：《可参考战争样态的四个阶段理论：工业化、机械化、信息化和电磁化》，2015年11月10日，https://lt.cjdby.net/ thread-2099897-1-1.html。

我们既感到了工业文明的历史成就，也看到了其内在的矛盾与局限性。在人类面临重大生存与发展危机之时，如何扬其长避其短，值得深思。

在"生产与消耗"矛盾面前，实现"天人和谐""发展可持续"十分必要；在"劳动与资本""垄断与竞争""自由与管制"面前，实施"公正民主"和"科技智慧"十分必要；在"共同价值与战争行为"面前，实行"和平包容"的理念与实践，也十分必要。和平、发展与对话，是文明永续的根本之道。全球化中的各种利益冲突，要力求用人类命运共同体理念来协调之。让我们坚持并完善人类共创的文明，共塑人类未来需要的绿色文明。

第五章 中国工业化进程中经济发展与环境保护的博弈

本章以中国 40 多年的发展经验为例,分析实现可持续发展目标的艰巨性与复杂性。本章从中国 1978—1992 年、1993—2012 年、2013 年以后三个时期展开论述,并测评中国工业化所处的时段,综合介绍和分析中国逐年推出并实施的环境战略与措施。

第一节 1978—1992 年经济增长对环境影响的分析

从 1978 年到 1992 年的 14 年,中国 GDP 以 9% 的速度快速增长,中国的改革开放和现代化建设取得了举世瞩目的成就,现代化建设的第一步战略目标已经实现,国家经济实力显著增强,城乡居民的生活明显改善。14 年间,中国国民生产总值和城乡居民收入翻了一番,成为中华人民共和国成立以来国家经济实力增长较快、人民得到实惠较多的时期。

从 1978 年到 1992 年的这段时期,中国 GDP 的年均增长率在 9% 以上,真正实现了快速增长。

这里先简要分析一下这 14 年中国经济发展的原因与经验,然后分析经济发展对环境的影响。1978 年到 1992 年这一时期,其中,1980—1985 年是国民经济第六个五年计划时期,1986—1990 年是国民经济第七个五年计划时期。这两个时期应是 14 年中最有代表性的 10 年,下文重点分析之。

这一期间取得的各项巨大成就,充分证明了摒弃"以阶级斗争为纲"的错误理论是完全正确的,这提供了国民经济持续、稳定、协调发展的根本保证和重要前提。在经济和社会的发展战略上,从片面追求工业特别是重工业产值产量的增长,开始转向以提高经济效益为中心,注重农轻重协调发展,注重经济、科技、教育、文化、社会的全面发展。在经济体制上,从管得过多、统得过死的僵化体制,开始转向适应在公有制基础上有计划发展商品经济要求的、充满生机和活力的新体制。改革首先在农村取得重大突破,农村经济开始向专业化、商品化、现代化转变。城市的改革,紧紧围绕搞活企业这个中心环节,在政府管理方面进行了程度不同的改革,调动了广大群众的积极性和创造精神,使城市经济生活形成了活跃向上的局面。在对外经济关系上，从封闭半封闭开始转向积极利用国际交换的开放型经济。在利用国内国外两种资源、开拓国内国外两个市场方面，取得了显著成效。当然，这一时期也有很多困难和问题，如对提高经济效益特别是产品质量方面尚缺乏有力的措施和有效的监督，解决增强企业活力和宏观管理的措施有很大不足。1986—1990年，经济继续保持较快增长，完成了各项经济增长指标，但经济波动剧烈。"七五"时期，国民生产总值平均每年增长7.8%，国民收入平均每年增长7.5%，工农业总产值平均每年增长11%[①]。这一时期，体制改革成为中心任务。在重要领域开始推进市场化改革：以价格改革为核心，利用双轨制冲击计划价格，并逐步放开各类商品价格，推动建立市场对资源的配置机制；经济体制改革开始由农村转向城市，以城市为重点的全面经济改革开始推进；鼓励私营经济与外资经济发展，建立多种所有制共同发展的所有制结构；国有企业改革开始起步，试行承包经营责任制与股份制，以增强企业自主权，探索经济运行新体制。这一时期的主要问题是：由于"七五"末期经济发展一度过热，价格闯关助推通货膨胀，国民经济的某些方面比例失调再度凸显，因此，"七五"规划较多方面的完成情况不尽理想。人民生活水平提高趋缓，是改革后城乡居民收入增长较慢的时期。

在由计划经济向市场经济转型的时期，传统的粗放型增长方式成为经济发展的主导模式，许多地方的经济增长都是以破坏生态和牺牲环境为代价的。"20世纪50年代淘米洗菜，20世纪60年代洗衣灌溉，20世纪70年代水质变坏，20世纪80年代鱼虾绝代"，正是这一发展方式对环境造成严重后果的真实写照。粗放型增长方式带来了严重的环境污染和生态破坏等一系列问题，对人民群众的生产生活和经济社会发展的可持续性造成了严重的威胁与危害。例如，制造业率先发展起来的长江三角洲和珠江三角洲地区，环境污染尤为严重。从规划来看，工业布局缺乏环保的考量。从产品消费者来看，最终以垃圾的形式被废弃而影响环境。

下面从中国环保工作资深领导和专家学者两方面的研究成果中，我们选择对1978年到1992年的环境问题进行概述。[②]

（1）空气污染。中国的许多城镇，特别是工业集中区，烟雾弥漫，空气质量较差。全国50多座城市中大气环境质量符合国家一级标准的很少，某些城市总悬浮微粒浓度超过世界卫生组织标准十几倍，个别城市甚至成了"卫星上看不见的

---

① 《"七五"时期国民经济和社会发展的统计公报》，1991年3月13日。
② 曲格平：《工业生产与环境保护（上）》，《环境保护》1980年第2期，第3—6，2页；曲格平：《工业生产与环境保护（中）》，《环境保护》1980年第3期，第4—6页；曲格平：《工业生产与环境保护（下）》，《环境保护》1980年第4期，第3—9，18页；解振华：《中国的环境问题和环境政策》，《中国人口·资源与环境》1994年第10期，第3页。

城市"。除了眼睛看得见的烟尘外,空气中还弥漫着大量飘尘,这种飘尘长时间飘浮在大气中,并且使一些有害物质,如二氧化硫、一氧化碳、二氧化碳、氮的氧化物、苯并芘等附着其上,随人的呼吸进入肺部,对人的生命健康危害很大。

(2) 水污染。随着国民经济的发展,加上环境管理工作的落后,工业生产和人民生活排放的污水越来越多,仅工业污水每天即高达7000多万吨,多数不加处理,任意排放,使水源受到了不同程度的污染。全国27条主要河流中,有15条受到比较严重的污染,有的江河(或其段落)、湖泊成了鱼虾绝迹的"死水"。许多重要的大型湖泊如巢湖、滇池等,其污染程度已影响到了城市的正常供水;在一些农村地区"一个小纸厂污染一条河"的现象时有发生。有些地区以江河为工业水源和饮用水源,由于水质变坏,不得不停产或另找其他水源。受污染的不仅是地面水,许多地方的地下水源也受到了不同程度的污染。据对44个城市地下水源的调查,有41个城市的地下水源受到了污染,许多有害物质的含量超过了饮用水标准。有些地方和行业把废渣用水冲至江河湖海,污染范围更大。例如,火力发电厂每年有1400万吨的粉煤灰直接排入江河湖海,不仅严重污染了水源,而且会淤塞排洪的航道。1987年7月25日,中国长江黄磷污染事故中中毒人数达100人。1989年2月,淮河流域发生第一次重大污染事故,引发了涉及100万人饮用水的危机。①

(3) 森林的破坏。中国自然环境的破坏比较严重,以森林为例,中国森林覆盖率只有12.7%,在世界上约排在第120位,人均林地面积不到世界平均水平的15.0%;再加上乱砍滥伐、毁林开荒,森林资源日趋减少,并导致自然灾害时有发生。例如,甘肃子午岭林区,是陇东主要的水源涵养林,毁林开荒后,林区面积缩小,年降雨量减少了17~42毫米,相对湿度降低了3%~4%,洪水含沙量增大一倍,给农业生产带来了严重危害。乱砍滥伐、毁林开荒的现象在各地时有发生,甚至被誉为"天然植物园"的西双版纳也未能幸免。森林植被破坏造成了严重的水土流失,仅黄河、长江每年带走的泥沙量就达26亿吨,相当于冲走了600万亩良田的表土。

(4) 土壤的退化。全国约有1/3的耕地受到水土流失的危害。草原被毁开荒,破坏了植被,使得草原以每年10多万公顷的速度在退化,沙化严重。据估计,从1978年到1992年,内蒙古的天然草场约有1/3处于退化状态,产草量减少40%~60%。而中国20世纪90年代初排放各类工业废渣达4亿多吨,综合利用效率偏低。仅煤矸石积存量就达10亿吨以上,占用了大量田地。工业废渣经风吹雨淋,还可能会污染周围的环境。

(5) 生态的恶化。中国风景游览区和自然保护区的破坏也很严重,一些地方

---

① 张春霞:《绿色经济发展研究》,中国林业出版社2002年版。

的园林、名胜古迹和自然风景区被侵占、损坏。野生动植物的自然保护区,从1978年到1992年由58处减少到36处,加之乱砍滥猎,野生动植物资源遭到严重破坏,已经有大约10种鸟兽绝迹。珍贵的野牛、大象、老虎、豹、大熊猫等,也濒于灭绝。

综上,改革开放初期,经济增长的同时也付出严重的环境代价,其大小虽难有一个绝对准确的答案,但结合诸多文献和有关领导人讲话,可以说代价是相当大的,因此,不能再沿用传统的经济发展方式。

第二节 1993—2012年经济增长对环境影响的分析

绿色发展离不开一定的经济体制、制度与政策的支撑。1993年至2012年的这段历史时期,我们经历了社会主义市场经济体制的提出、确立与逐步完善,也经历了环境理念的深化与环保治理体制推进的两大阶段[①]。1992年初,邓小平指出:"计划和市场都是经济手段。社会主义的本质,是解放生产力,发展生产力,消灭剥削,消除两极分化,最终达到共同富裕。"[②] 1992年10月,中国共产党召开了第十四次全国代表大会,正式提出了"社会主义市场经济",宣布这是中国经济体制改革的目标。这既是改革理论不断深化的表现,也是对当时中国经济现实和改革成果的客观反映,还是环保体制及其政策不断推进的表现。此后,经历了"科学发展观"和"生态文明"的提出与完善过程,使可持续发展理念逐步深化为具有中国特色决策层的战略思路,并深刻影响到中国生产生活的各领域。

下面,拟分两个时期分析这段时间重化工业高速增长给环境保护带来的巨大压力。

一、1993—2001年的环境形势

自1993年开始,中国工业化进程开始进入新一轮重化工时代,掀起了新一轮的大规模经济建设。在产业结构中,重工业产值比重开始明显超过轻工业,电力、钢铁、机械设备、汽车、造船、化工、电子、建材等产业成为经济增长的主要动力,以此满足居民住行的"大额消费"需求。高增长行业包括:能源和原材料行

---

① 环保体制部分较多内容和主要观点来自国家环保工作的第一位负责人曲格平先生的文章,曲格平先生根据自己的工作经历与经验,把1993—2001年认定为环境污染加剧和规模化治理阶段,把2002—2012年认定为环保综合治理阶段。曲格平:《中国环境保护四十年回顾及思考(回顾篇)》,《环境保护》2013年第10期,第10—17页;曲格平:《中国环境保护四十年回顾及思考(思考篇)》,《环境保护》2013年第11期,第10—12页。

② 《邓小平文选》第3卷,人民出版社1994年版,第373页。

业,如石油及天然气等开采业;基础设施和基础产业,如公路、港口和电力等;家电产品,如彩电、冰箱、洗衣机和空调等。

在此期间,各地上项目、铺摊子热情急剧高涨,加之20世纪80年代全国乡镇企业的无序发展,在城市环境污染加剧的同时,污染向农村蔓延,生态破坏的范围在扩大,致使环境污染问题日益严重。乡镇工业企业污染排放量急剧上升,环境污染形势由"点源"污染变成"面源污染",这种污染集工业污染、城市污染、村镇生活污染和农田化肥、农药污染于一体,加剧了污染防治的难度。以"三河"(淮河、海河、辽河)和"三湖"(滇池、太湖、巢湖)为代表的许多江河湖泊污水横流,蓝藻大暴发,甚至舟楫难行,沿江沿湖居民饮水发生困难。1994年7月,淮河下游又发生特大污染事故,整个流域面临威胁,安徽、江苏等地150万人面临饮水困难。在淮河流域污染企业多达1500家以上。1996年2月,中国福建"安福"号邮轮泄油污染海面,污染持续2年。[①]进入21世纪以来,中国部分流域的水污染已经从局部河段向全流域蔓延,重大污染事件集中爆发,标志着中国因历史上污染累积带来的环境事故已进入高发期。

二、2002—2012年是中国环境保护最为艰难的十年

经济高速增长,重化工业加快发展,给环境保护带来了前所未有的压力。2002—2012年是中国环境保护最为艰难的十年[②]。资料显示,从2001年至2010年的10年,中国GDP增长率较高。特别是从2002年下半年开始,各地掀起了重化工热,纷纷投产钢铁、水泥、化工、煤电等高耗能、高排放项目,致使能源资源全面紧张,污染物排放居高不下。"十五"期末二氧化硫、化学需氧量(Chemical Oxygen Demand,COD)等主要污染指标不降反升,没有完成原定的减少10%的目标,受到了社会各界的质疑。2006年,虽然开始实施节能减排计划,但重化工业扩张的势头仍然不减,污染物上升趋势难以遏制,二氧化硫、氮氧化物、COD、氨氮等主要污染指标排放达到了历史最高点。污染事故时有发生,引发的公众事件也在增多。

2002年到2012年的监测数据显示,全国50多座城市中大气环境质量符合国家一级标准的很少,某些城市总悬浮微粒浓度甚至超过世界卫生组织标准十几倍;全国酸雨区面积有所扩大,局部地区情况比较严重。流经城市的河段,不少遭到比较严重的污染;许多重要的大型湖泊如巢湖、滇池等,其污染程度已影响周边

---

① 张春霞:《绿色经济发展研究》,中国林业出版社2002年版,第23—25页。
② 曲格平:《中国环境保护四十年回顾及思考(回顾篇)》,《环境保护》2013年第10期,第10—17页;曲格平:《中国环境保护四十年回顾及思考(思考篇)》,《环境保护》2013年第11期,第10—12页;解振华:《中国的环境问题和环境政策》,《中国人口·资源与环境》1994年第10期,第3页。

城市的正常供水。同时，城镇噪声超标问题也比较突出。汽车尾气和有毒有害废物的污染问题在局部地区有加重的趋势。

2003年，全国共发生17起特大和重大污染事故，其中造成人员死亡和集体中毒事件10起，水污染影响社会稳定和造成较大经济损失事故7起。这17起污染事故，共造成249人死亡，600多人中毒，波及群众近3万人。2004年7月20日至27日，淮河爆发有史以来最大的污染团，充斥河面的黑色污水带全长130公里，总量超过5亿吨。2005年发生多次环境污染事故，11月松花江发生重大水污染事件，12月广东北江流域发生镉污染事件。2006年8月吉林发生牤牛河水污染，9月甘肃徽县发生铅中毒事件、湖南岳阳发生水源砷污染事件。2007年5月江苏无锡太湖蓝藻、2008年6月云南阳宗海砷污染、2009年2月江苏盐城饮用水污染等水污染事件先后发生。在污染事故高发的同时，群体性事件也呈加速上升趋势，表明环境问题对社会稳定的影响越来越大。

从生态环境的情况看，全国约有1/3的耕地受到水土流失的影响，草原以每年10多万公顷的速度在退化，森林覆盖率人均林地面积不到世界平均水平的15%。海洋近海海域污染和过度捕捞有加重的趋势，1993年发生赤潮19次。总体来看，西北部生态脆弱地区的生态环境问题也相当严峻。

中国环境保护面临的严峻形势还在于人口持续增长和一些地区采用以过度消耗环境和资源为代价的传统经济发展模式。中国人口每年增加1600万左右，对资源的需求压力是巨大的；而一些地方和部门对经济发展速度与产值的追求仍然高于对效益及质量的重视，以大量消耗资源和环境为代价而实现经济增长，使环境问题"雪上加霜"。这些情况说明，中国的环境问题，除了有来自人口压力和自然条件因素的原因外，在很大程度上是由于采用了不适当的发展模式。因此，中国的环境政策必须致力于转变发展模式，加强监督管理，增加投入强度。

2010年以后，生态环境恶化与治理污染困难并存的问题更为突出[1]。中国经济高速增长的同时，环境污染也日益严重。同时，环境污染压缩了社会发展的环境空间。这里简要介绍2010年前后中国的环境情况。中国是世界上荒漠化面积大、分布广、受荒漠化危害最严重的国家之一。全国荒漠化土地总面积达263.62万平方千米，约占国土面积的1/3；沙化土地173.97万平方千米，占国土面积的1/5。一些地区沙化土地仍在增加，因土地沙化每年造成的直接经济损失高达500多亿元，全国有近4亿人受到荒漠化沙化的威胁，贫困人口的一半生活在这些地区。土地荒漠化已成为一个亟待解决的问题[2]。

---

[1] 李晓西、胡必亮，等：《中国经济新转型》，中国大百科全书出版社2011年版，第6—15页。

[2] 佚名：《中国荒漠化土地总面积达263.62万平方公里》，2008年1月24日，http://www.chinanews.com/gn/news/2008/01-24/1145265.shtml。

自然环境有一定的容量,自身能够消除污染的一些负面影响。然而,环境的容量是有限的。全球每年向环境中排放大量的废水、废气和固体废物,这些废物排放到环境中之后,有的能够存在很长时间,甚至是上百年,使得全球的环境发生许多显著的变化,有些变化是很难逆转的,甚至部分变化是不可逆转的。另外,自然资源的补给和再生速度是缓慢的。例如,近年来海洋资源遭到过度利用,使得近海捕捞受到严重影响,人们不得不考虑到越来越远的海域去获得资源,同时,人们也将自己推向了渔业资源匮乏和海洋生态破坏的危机之中。

另外,治理环境具有一定的复杂性和长期性。虽然中国的环保工作取得了积极成效,但环境污染总体尚未得到有效遏制,环境监管能力仍需提高。随着工业、城市及农村的发展,危险废物、微量有机污染物、持久性有机污染物、土壤污染、汽车尾气污染等新的环境问题日益凸显。作为发展中国家,若环保标准过高,发展的成本就承担不起,因此不少地方仍然主张先发展起来再治理。同时,生态环境边建设边破坏,生态破坏范围在扩大;老的环境问题尚未解决,新环境问题又接踵而至。

第三节 2013年以后的污染治理与环境保护

中国的经济发展取得了伟大的成就,但伴随的是资源过度使用和环境污染严重。2014年,全国74个按新的空气质量标准监测的城市中,达标比例仅为4.1%。中国污染物排放总量远远超出了环境容量。包括食品安全、水资源污染和土地污染等严重的环境污染问题,已极大影响了人民的生活质量。中国政府提出的生态文明和生态红线已引起了全世界的高度关注。2012年12月,习近平同志在广东考察时就告诫说:"我们在生态环境方面欠账太多了,如果不从现在起就把这项工作紧紧抓起来,将来付出的代价会更大。"[1]走绿色化道路的中国,就是要通过对传统产业进行改造,使之绿色化;就是要发展新的绿色产业,如环保产业、清洁生产产业、绿色服务业,构建绿色产业体系。绿色产业是指以可持续发展为宗旨,坚持环境、经济和社会协调发展,生产少污染甚至无污染的、有益于人类健康的清洁产品,达到生态和经济两个系统的良性循环,实现经济效益、生态效益、社会效益相统一的产业模式。[2]绿色产业关键要以绿色技术为保障,以整个产业链的绿色化为基础。从产品的设计观念、生产开发的过程、产品的绿色包装、产品的绿色分销到树立产品的绿色品牌等,整个产业链都应该绿色化。在绿色生产

---

[1] 中共中央文献研究室编:《习近平关于社会主义生态文明建设论述摘编》,中央文献出版社2017年版,第7页。

[2] 李晓西:《"绿色化"突出了绿色发展的三个新特征》,《光明日报》2015年5月20日,第15版。

方面，应尽量避免使用有害原料，减少生产过程中的材料和能源浪费，提高资源的利用率，减少废弃物排放量，并加强废弃物处理工作等，只有这样才能树立起企业及产品的绿色形象，推进产业的绿色化发展。

以前，中国多是从节能减排的角度来推进绿色发展，绿色产业的提法相对较少。但在实践中，中国推进绿色产业的措施有很多。节能、节水、集约生产、自然循环利用、低碳发展等，实质上都是绿色产业发展的内容。绿色产品、绿色工厂、绿色供应链、绿色园区等措施，都是绿色产业系统的重要内容。《中华人民共和国国民经济和社会发展第十三个五年规划纲要》指出："全面推进创新发展、协调发展、绿色发展、开放发展、共享发展，确保全面建成小康社会。"《中共中央 国务院加快推进生态文明建设意见》指出："大力推进绿色发展、循环发展、低碳发展，弘扬生态文化，倡导绿色生活，加快建设美丽中国，使蓝天常在、青山常在、绿水常在，实现中华民族永续发展。"《中国制造2025》提出："全面推行绿色制造。"未来，中国必须走绿色产业道路，大力发展绿色经济。

中国工业取得了举世瞩目的成绩，但粗放型发展模式给生态环境带来的影响也触目惊心。作为国民经济重要支柱产业的钢铁、有色、石化、化工、建材、造纸等六大行业，2012年能耗占工业总能耗的64.5%，其污染物排放总量在工业污染排放总量中同样占较高比例。因此，这六大行业应成为中国工业节能减排的重点，以及未来绿色转型发展的重要领域。工业装备运行效率低、效果差，重化工业大量初级产品的出口，大大加重了国内资源、能源和环境的负担；在体制方面也存在障碍，现有的考核机制、制度体系、激励机制等尚不能适应绿色化转型的发展。科技支撑不足，工业污染治理难度增大，绿色发展的工程科技尚不能满足工业发展需求。雾霾围城、水源和土壤被污染等生态环境的恶化严重影响了公众的健康。一些科学家提出，工业绿色发展应与工程科技创新相结合，应推动五大引领性重大工程，具体包括：节能环保系统集成优化工程，绿色工艺改造及产品创新工程，绿色产业生态链接工程，信息化、智能化提升改造工程，工业装备优化提升工程。特别是，应打造工业生态链：在工业系统中，物质流和能量流沿不同节点组成的流程网络，逐级流动，原料、能源、废物和各个环节要素之间与不同类型企业之间形成立体环流结构，资源和能源在其中反复循环利用，即在经济、环保合理的条件下获得最大限度的利用。①

绿色建筑早已深入人心，2006年中国就发布了《绿色建筑评价标准》。《建筑业发展"十三五"规划》指出："城镇新建民用建筑全部达到节能标准要求，能效水平比2015年提升20%。到2020年，城镇绿色建筑占新建建筑比重达到50%，

---

① 张楠专访中国工程院院士殷瑞钰：《工业绿色化：产业升级的重要切入口》，《中国科学报》2015年7月14日，第3版。

新开工全装修成品住宅面积达到30%，绿色建材应用比例达到40%。装配式建筑面积占新建建筑面积比例达到15%。"那么，应如何在城市里把绿色建筑真正推动起来？国务院原参事、住房和城乡建设部原副部长仇保兴提出了建设"立体园林"，一步步构建形成"山水城市"的构想。仇保兴认为，立体园林是通过低能耗建筑技术和可再生能源多角度利用等新技术，把园林与现代城市的多层建筑相结合，形成一种未来城市的新生物圈。换句话说，就是把园林跟高楼大厦融为一体，通过建设立体园林，让城市健康起来。

立体园林体现出了绿色建筑理念，实现了节地、节水、节电、节能。立体园林把工作、休息、娱乐的场所相对集中起来，有助于缓解城市的交通拥堵问题。立体园林可以通过由分布式能源、微电网、电动车储能组成的微能源系统，风能、太阳能、城市有机物发电等与建筑实现一体化；它还能够实现水资源的循环利用，从雨水收集、中水利用到栽苗养鱼，真正做到水的循环利用，形成建筑上的小型生态系统。立体园林的小生态系统跟外部的大生态是相关联的，但小生态是相对独立的。外部空气污染时，可用窗子分隔；外部空气清新时，可接入大生态。

下面再重点分析一下中国近年的水污染、大气污染、固体废弃物的处理防治。[①]

1）水污染治理

2015年，在《水污染防治行动计划》（简称"水十条"）的影响下，水污染治理已成为地方环保治理的重点。"水十条"不再停留于减排量、排放标准等旧的手段上，而是直接将河流等水体的改善程度作为考核指标，包括七大水系的水质标准、地级市以上城市黑臭水体的数量和发达区域的水体断面标准等刚性指标，这是环境管理体制上的重大进展。2015年，住房和城乡建设部等联合发布《城市黑臭水体整治工作指南》，对城市黑臭水体整治工作的目标、原则、工作流程等做出了明确规定，对城市黑臭水体的识别、分级、整治方案及整治技术的选择和效果评估、政策机制保障提出了明确要求。尤其是把人民群众的感受列入主要评判标准中。2015年，在推进环境污染第三方治理方面取得了很大进展，社会资本和海外资本也在积极投入水污染治理领域。中国环境保护产业协会水污染治理委员会的统计数据显示，在环保产业初创时期，水污染治理行业始终以30%～45%的年平均增长率保持着高速增长，行业销售总收入的年平均增长率也未低于过15%。但是，从2010年起呈现发展趋缓的态势。2015年政府工作报告提出："我国节能环保市场潜力巨大，要把节能环保产业打造成新兴的支柱产业。"[②]需要指

[①] 中国环境保护产业协会：《中国环境保护产业发展报告2014》，中国环境出版社2015年版；中国环境保护产业协会：《中国环境保护产业发展报告2015》，中国环境出版社2016年版。

[②] 李克强：《政府工作报告——2015年3月5日在第十二届全国人民代表大会第三次会议上》，2015年3月16日，http://www.gov.cn/guowuyuan/2015-03/16/content_2835101.htm。

出的是，水污染治理产品主要包括水处理专用机械设备、水处理药剂、水处理材料和水污染监测仪器仪表。

近年来，我国开发研制的工业废水处理新技术已得到推广应用，一些技术已达到国际先进水平，如循环式活性污泥法、低速多极离心鼓风机、多功能高效水处理剂等，进展很大，品种增多。但是，在农村面源污染控制技术上，基本还处于试验、试点阶段。其中，涉及的不仅是技术问题，还有体制、机制问题，以及农村发展水平和生活方式等问题。"建不起，维护不起"仍是一个突出的矛盾。

2）大气污染治理

煤烟型污染是二氧化硫、氮氧化物和粉尘产生的主要污染源。根据环境保护部（现为生态环境部，后同）分析，2015年底京津冀重污染中，原煤散烧对近地面污染的影响最大，低矮面源污染对PM2.5的影响最大。与燃煤排放直接相关的有机物、硫酸盐、黑炭等物质，是PM2.5的主要组成成分。废气治理主要是针对二氧化硫。电力行业是燃煤主体。近年来，二氧化硫总排放量有降低势头，电力业的二氧化硫排放有所控制，非火电行业的二氧化硫的排放量相对较少，如钢铁、有色金属、建材、化工、石化等重点行业。但中国尚在使用的工业燃烧小锅炉超过47万台，一年散烧煤约18亿吨，其排放的污染物是大型锅炉处理后排放的10倍，因此，治理散煤污染非常重要。2015年底，国家发展和改革委员会、环境保护部和国家能源局联合下发的《关于实行燃煤电厂超低排放电价支持政策有关问题的通知》指出："推进煤炭清洁高效利用，促进节能减排和大气污染治理，决定对燃煤电厂超低排放实行电价支持政策。"电除尘器、袋式除尘和电袋复合除尘器已是当时中国主要的工业除尘设备，被广泛应用于燃煤电站、建材水泥、钢铁冶金、有色冶炼、化工轻工、造纸、电子、机械及其他工业炉窑等各个工业部门。2015年，电除尘器生产企业超过200家，排名前50家企业的产值占全国电除尘总产值的85%[①]。

有机废气，即VOCs的治理也备受关注。VOCs的治理工作在"十二五"后期开始起步，任务很重。《中华人民共和国大气污染防治法》第二条规定："防治大气污染，应当加强对燃煤、工业、机动车船、扬尘、农业等大气污染的综合防治，推行区域大气污染联合防治，对颗粒物、二氧化硫、氮氧化物、挥发性有机物、氨等大气污染物和温室气体实施协同控制。"美国环保署对挥发性有机化合物的定义是，除一氧化碳、二氧化碳、碳酸、金属碳化物、金属碳酸盐和碳酸铵外，任何参加大气光化学反应的碳化合物。从环保意义上说，具有挥发性和参加大气光化学反应这两点是十分重要的。最常见的有苯、甲苯、二甲苯、苯乙烯、

---

① 佚名：《2015年我国环境保护产业发展状况分析》，2016年10月2日，http://www.ccement.com/news/content/8661030697932.html。

三氯乙烯、三氯甲烷、三氯乙烷、二异氰酸酯等。除甲醛以外，绝大多数挥发性有机化合物一般都不溶于水而易溶于有机溶剂。VOCs 的来源广泛，主要污染源包括工业源、生活源。其中，工业源主要包括石油炼制与石油化工、煤炭加工与转化等 VOCs 原料的生产行业，以及油类（燃油、溶剂等）、农药等以 VOCs 为原料的生产行业。室内建筑材料、室内装饰材料和室外的工业废气、汽车尾气、光化学烟雾等都是常见的 VOCs 主要来源。VOCs 治理的难点在于其成分极其复杂，需要采用多种治理技术的组合治理工艺。2015 年后，这类工艺发展很快，尤其是"吸附浓缩+催化燃烧技术"等。由于 VOCs 的污染涉及众多行业，治理对象清单尚未建立，治理市场大体分为 4 部分：①源头减排市场；②末端治理市场；③检测监测市场；④治理的服务市场。

环境保护部发布的《2015 年中国机动车污染防治年报》指出："我国已连续六年成为世界机动车产销第一大国，机动车污染已成为我国空气污染的重要来源，是造成灰霾、光化学烟雾污染的重要原因，机动车污染防治的紧迫性日益凸显。"根据中国大气污染法的要求，各地从新车环境准入、用车环保管理、"黄标车"淘汰、车用燃料改善等方面采取措施，以降低机动车的尾气污染。同时，我国在大力推动新能源车的生产与使用。

3）固体废弃物处理

一般工业固体废物中主要包含尾矿、粉煤灰、煤矸石、冶炼废渣、炉渣和脱硫石膏等。固体废物处理的目标是无害化、减量化和资源化。2014 年，全国一般工业固体废物产生量为 32.6 亿吨，比上年减少 0.6%；综合利用量为 20.4 亿吨，比上年减少 0.8%，综合利用率为 62%；贮存量为 4.5 亿吨，比上年增加 5.6%。处置量为 8 亿吨，比上年减少 3%；倾倒丢弃量为 59.4 万吨，比上年减少 54.1%。大宗工业固体废物正在实现"以储为主"向"以用为主"的转变。2014 年，除尾矿综合利用率在 30% 以下外，其余工业固体废物即粉煤灰、煤矸石、冶炼废渣、炉渣和脱硫石膏的综合利用率基本上在 70% 或 80% 以上。①

危险废物既有一般工业产生的，也有医疗和实验室产生的。在处理处置方面，中国已经掌握了化学法、固化法、高温蒸煮、焚烧及安全填埋等处理处置手段，并有处理的许可证管理、环保部门的督察考核等。

目前，固体废物处理和利用上还存在不少问题。一是一般工业固体废物处理和利用率偏低，二是处理和利用技术有待提高，三是危险废物处置能力不足，四是综合利用附加值偏低，五是再生资源回收缺乏有效的体制与机制。这些方面需要在体制上、管理上和技术上有新的推进。

---

① 北京智博睿投资咨询有限公司：《"十三五"重点项目节能评估报告（节能专篇）》，2015 年 10 月。

第四节　中国经济发展处于工业化中期是环境问题的大背景

绿色发展不仅与体制政策有非常密切的关系，而且与经济发展所处的阶段有很大关系。换言之，中国绿色发展的背景，从更深的角度看，是因为中国这一时期正处于工业化中期的发展阶段上，快速的工业化对自然环境产生了较大的负面影响。

对工业化进程的研究，国内外较为成熟的理论研究已有很多，本书从实践和理论两个方面分析我国的工业化进程。在实践方面，本书选择了经济发达、同为大国的美国作为参照物，来对比判断我国当前的经济发展阶段；在理论方面，本书参照钱纳里等著名学者的发展阶段理论，通过同类指标对比，来判断我国所处的阶段。

一、我国的工业化程度与美国工业化中期阶段程度相当

经反复研究，本书确定选用以下 4 个指标反映工业化程度，并进而判断经济发展阶段。这 4 个指标具体为：一是第二产业占 GDP 的比重，二是第三产业占 GDP 的比重，三是第二产业就业人数比例，四是第三产业就业人数比例。现将中国 2004 年这 4 个指标与美国同数值的时期进行对照，结果如表 5.1 所示。

表 5.1　中国 2004 年指标与美国同数值的时期对照表

指标	中国		美国	
	年份	数值	年份	数值
第二产业占 GDP 的比重	2004	46.2%	1950—1960	38.0%
第二产业就业人数比例	2004	22.5%	1900	30.0%
第三产业占 GDP 的比重	2004	40.7%	1820	32.0%
第三产业就业人数比例	2004	30.6%	1900	32.0%

资料来源：1）有关中国统计数据来源于《中国统计年鉴 2005》；2）美国第二、第三产业占 GDP 的比重和美国第二、第三产业就业人数比例来自《2005 年中国现代化报告》

由表 5.1 的数据和美国经济发展阶段[①]的划分，可以看出我国第二产业占 GDP 的比重对应于美国 1950—1960 年的水平即美国工业化后期阶段，而其第二产业和

---

① 美国经济发展阶段划分：1987 年以前为农业社会；1870—1910 年为工业化初期阶段；1910—1940 年为工业化中期。其中，1910—1920 年属于工业化初期向工业化中期转型的时期；1940—1970 年属于工业化后期阶段；1970—1992 年属于后工业社会；1992 年进入现代社会。

第三产业就业人数的比重对应于美国1900年的水平即其工业化初期阶段。因此，可认为我国现阶段经济发展处于工业化中期。可见，我们讲中国现阶段经济处于工业化中期的判断并不很精确，也有误差，是一个"区间"的概念。

二、我国的工业化程度指标符合钱纳里多国模型工业化中期阶段判断

在现有的国内外经济发展阶段理论中，钱纳里的工业化阶段理论是目前应用最广泛的理论。他和塞尔昆在《发展的型式：1950—1970》一书中[①]，分析比较了1950—1970年101个国家（地区）经济结构转变的全过程，揭示了收入差异与工业化、城镇化及就业结构之间的互动关系，构建出了经济增长过程中产出结构与就业结构转变的"标准型式"（表5.2）。

表5.2 多国模型中城市化率与工业化率在不同收入水平的标准值表

经济发展时期	工业生产比重	工业劳动力比重
工业化前期	21.5%~27.6%	16.4%~23.5%
工业化中期	27.6%~33.1%	23.5%~30.3%
工业化后期	33.1%~37.9%	30.3%~36.8%

由表5.2得知工业化前、中、后期工业比重分布，我国2004年第二产业占GDP的比重为46.2%，已进入工业化后期；但我国2004年第二产业就业人数比重为22.5%，处在工业化前期，如果考虑加入信息技术发展对就业比重的促降影响，即根据新情况修改截至20世纪70年代的钱纳里模型，那么判断工业化的就业比重就应该有所降低，我国就业指标也就接近工业化中期。总而言之，从钱纳里多国模型的工业化阶段理论看，我国经济处于"工业化中期"的结论是可以成立的。

第五节 中国工业化进程中推出并实施的环境战略与措施

这部分内容非常丰富，本节摘要列出《环境保护的国际合作摘要》等资料供读者参考，剩下内容可参考《绿色抉择——中国环保体制改革与绿色发展40年》

---

① 〔美〕霍利斯·钱纳里，莫伊思·赛尔昆：《发展的型式：1950—1970》，李新华、徐公理、迟建平译，经济科学出版社1988年版。

的大事记①。表 5.3 汇总了 1972—2014 年环境保护的国际合作摘要。

表 5.3　环境保护的国际合作摘要（1972—2014 年）

年份	环境保护的国际合作
1972	中国代表团参加联合国在斯德哥尔摩召开的人类环境会议
1974	联合国环境规划署首届执行主任莫里斯·斯特朗、副执行主任托尔巴应邀访华
1976	国务院批准派国务院环境保护领导小组办公室负责人曲格平为我国驻联合国环境规划署第一任常驻代表
1985	经全国人民代表大会常务委员会批准，我国加入《防止倾倒废物及其他物质污染海洋的公约》
1985	经全国人民代表大会常务委员会批准，我国加入《保护世界文化和自然遗产公约》
1989	联合国国际海事组织颁布了《防止船舶垃圾污染规则》并在我国生效
1991	"发展中国家环境与发展部长级会议"在北京召开并通过了《北京宣言》
1991	中国决定加入经过修订的《关于消耗臭氧层物质的蒙特利尔议定书》
1991	第七届全国人民代表大会决定批准《控制危险废物越境转移及其处置巴塞尔公约》
1992	中国环境与发展国际合作委员会在北京宣告成立
1992	联合国环境规划署授予国家环境保护局局长曲格平"1992 国际环境奖"
1992	联合国环境与发展大会在巴西里约热内卢隆重开幕，大会通过了《里约宣言》、《21 世纪议程》和《关于森林问题的原则声明》3 项文件
1992	我国决定加入《关于特别是作为水禽栖息地的国际重要湿地公约》，6 个自然保护区列入《国际重要湿地名录》
1994	中国政府同意接受《1972 年伦敦公约》缔约国协商会议 1993 年通过的《关于禁止在海上处置放射性废物和其他放射性物质的决议》、《关于逐步停止在海上处置工业废物的决议》和《关于海上焚烧问题的决议》
1994	国务院通过了《中国 21 世纪议程——中国 21 世纪人口、环境与发展白皮书》
2000	中国政府签署了《〈生物多样性公约〉的卡塔赫纳生物安全议定书》
2001	中国政府签署了《关于持久性有机污染物的斯德哥尔摩公约》
2002	可持续发展世界首脑会议在南非约翰内斯堡开幕，通过了《约翰内斯堡可持续发展承诺》和《可持续发展问题世界首脑会议执行计划》。朱镕基总理出席首脑会议并讲话，宣布中国已经核准《联合国气候变化框架公约京都议定书》
2002	全球环境基金第二届成员国大会在北京召开通过了《北京宣言》

---

① 因篇幅有限，内容太多，这里不能全面分析了，有兴趣的读者可以参阅如下文献。解振华：《中国改革开放 40 年生态环境保护的历史变革——从"三废"治理走向生态文明建设》，《中国环境管理》2019 年第 4 期，第 5—10、16 页；王玉庆：《中国环境保护政策的历史变迁——4 月 27 日在生态环境部环境与经济政策研究中心第五期"中国环境战略与政策大讲堂"上的演讲》，《环境与可持续发展》2018 年第 4 期，第 5—9 页；李晓西编著：《绿色抉择：中国环保体制改革与绿色发展 40 年》，广东经济出版社 2017 年版。

续表

年份	环境保护的国际合作
2003	国务院批准我国加入《关于消耗臭氧层物质的蒙特利尔议定书哥本哈根修正案》
2005	全国人民代表大会常务委员会批准《关于在国际贸易中对某些危险化学品和农药采用事先知情同意程序的鹿特丹公约》的决定
2005	我国正式核准《生物多样性公约卡塔赫纳生物安全议定书》
2009	哥本哈根气候变化会议在丹麦举行达成《哥本哈根协议》，温家宝总理出席并讲话
2012	温家宝总理在巴西里约热内卢出席联合国可持续发展大会，并发表《共同谱写人类可持续发展新篇章》的演讲
2014	环境保护部在京宣布《关于持久性有机污染物的斯德哥尔摩公约》修正案对我国生效

从 1972 年,中国就开始并越来越重视与国际社会开展环境保护方面的合作,并取得了重要进展。表 5.4 汇总了 1972—2015 年环境保护重大会议及相关环保机构。

表 5.4　环境保护重大会议及环境保护机构摘要（1972—2015 年）

年份	环境保护重大会议及环境保护机构情况
1973	经国务院批准，第一次全国环境保护会议在北京召开，通过了《关于保护和改善环境的若干规定（试行草案）》
1974	国务院环境保护领导小组正式成立，并召开第一次会议讨论通过了《环境保护规划要点和主要措施》和《国务院环境保护机构及有关部门的环境保护职责范围和工作要点》
1982	国家建设委员会、国家城市建设总局、国家建筑工程总局、国家测绘总局、国务院环境保护领导小组办公室合并组建城乡建设环境保护部
1983	国务院召开第二次全国环境保护会议，将环境保护确立为基本国策
1984	城乡建设环境保护部环境保护局改为国家环境保护局；国务院作出《关于环境保护工作的决定》，成立国务院环境保护委员会
1989	国务院召开第三次全国环境保护会议
1991	首次将环境保护计划纳入中国的国民经济、社会发展年度计划
1996	第四次全国环境保护会议在北京召开，强调必须把贯彻实施可持续发展战略始终作为一件大事来抓
2002	国务院召开第五次全国环境保护（电视电话）会议
2006	国务院在北京召开第六次全国环境保护大会
2015	中共中央政治局召开会议审议通过了《生态文明体制改革总体方案》

多年来，中国强调在发展中保护、在保护中发展，这是处理环境保护与经济

发展的基本原则。但我们看到，在实际执行中，一些单位和个人往往把"发展"置于生态与环境保护之上。面对严峻的环境形势，政府和相关部门试行了一系列的制度、措施和政策。中国环保法律起步虽晚，尚有不完善之处，但在主要方面都实现了有法可依。但"有法不依，执法不严，违法不究"的问题仍然存在，因此，环保效果并不尽如人意。

从 1993 年中国共产党第十四届中央委员会第三次全体会议至 2012 年党的十八大，这 20 年时间里，对环境保护与可持续发展具有决定性意义的方针是 2002 年党的十六大以及其后多次重要会议"科学发展观"的提出及完善。科学发展观强调"统筹人与自然和谐发展"，体现出了保护环境、保护生态、以人为本的现代文明理念。

党的十八大以来，党中央通过全面深化改革，加快推进生态文明顶层设计和制度体系建设，相继出台《关于加快推进生态文明建设的意见》《生态文明体制改革总体方案》，制定了 40 多项涉及生态文明建设的改革方案，从总体目标、基本理念、主要原则、重点任务、制度保障等方面对生态文明建设进行全面系统部署安排。生态文明建设目标评价考核、自然资源资产离任审计、生态环境损害责任追究等制度出台实施，主体功能区制度逐步健全，省以下环保机构监测监察执法垂直管理、生态环境监测数据质量管理、排污许可、河（湖）长制、禁止洋垃圾入境等环境治理制度加快推进，绿色金融改革、自然资源资产负债表编制、环境保护税开征、生态保护补偿等环境经济政策制定和实施进展顺利。京津冀大气污染治理、长江经济带生态环境保护取得阶段性成效，还制定和修改环境保护法、环境保护税法，以及大气、水污染防治法和核安全法等法律。全国人民代表大会常务委员会、最高人民法院、最高人民检察院对环境污染和生态破坏界定入罪标准，加大惩治力度，形成高压态势。一种新时代的文明理念正在形成，即必须树立尊重自然、顺应自然、保护自然的生态文明理念，不断探索生产发展、生活富裕、生态良好的文明发展道路，努力建设美丽中国，实现中华民族永续发展。中国政府高度重视《议程》的落实工作，率先发布落实该议程的国别方案，从 2015 年至 2019 年的 4 年间，两次发布国别进展报告。

第六章 应对气候变化与大气污染的全球公约

本章重点研究"天"的问题。当今时代，人类不仅面临着气候变化的全球性挑战，传统的空气污染问题也在世界范围内困扰着越来越多的人口。本章从"关注气候变化问题的全球新共识""气候问题与资源、环境问题密切相关""经济发展对气候变化的影响""空气污染问题与气候变化问题同等重要""应对大气污染：主抓人类排放系统""应对气候变化过程中发挥中国在南南合作中的重要作用"等方面进行论述。

第一节 关注气候变化问题的全球新共识

2015年11月30日至12月11日，第21届联合国气候变化大会在巴黎举行。本次大会正式通过《巴黎协定》，标志着人类应对全球气候变化治理的努力即将开启新的征程。该协定共12页，作为《联合国气候变化框架公约》的"附件"，共有29个大条目，其中包括目标、减缓、适应、损失损害、资金、技术、透明度、总体盘点等，中文有12 000多字。这次会议的内容包括控制目标、检测机制、透明协议、气候资金和自主贡献等。《巴黎协定》创造了人类历史上多边国际条约不到一年即生效的最快纪录，于2016年11月4日生效。这既表明绿色低碳发展已成为全球共识，也表明气候变化是人类有史以来最具共识的议题之一。

一、《巴黎协定》的意义

《巴黎协定》的生效是全球气候治理多边合作的新起点，将引领全球进入绿色低碳发展的新阶段。《巴黎协定》较好地平衡了全球气候治理体系中发达国家和发展中国家的协商沟通机制，在国际减排责任的分摊上体现了多因素的公平性，提出了达成共识的长期目标，即加强对气候变化威胁的全球应对；把升温控制在2℃之内，并为1.5℃目标努力；尽快达到排放峰值，并在21世纪下半叶实现净零排放。《巴黎协定》还通过了动态评估机制，以推动各国实现"国家自主贡献"目标。"国家自主贡献"方案不是强制性分配温室气体减排量，而是由各国自己提出减排目标。

二、中国在达成和落实《巴黎协定》中发挥的作用

《巴黎协定》的达成和落实，中国发挥了重要作用。中国政府积极参与制定《联合国气候变化框架公约》，坚持了"共同但有区别的责任"原则、各自能力原则、预防原则、可持续发展原则和国际合作原则。作为应对气候变化的积极行动者，习近平在巴黎气候大会开幕式上发表题为《携手构建合作共赢、公平合理的气候变化治理机制》的重要讲话，全面阐释了全球气候治理的中国方案，提出了中国的控制目标，为《巴黎协定》的达成发挥了重要作用。①

2016年11月7日至18日，第22届联合国气候变化大会在摩洛哥马拉喀什举行，主要围绕《巴黎协定》落实涉及的多个议题展开讨论。中国政府遵循公开、透明、包容原则，积极推进各议题谈判，同时重视各国2020年前采取行动应对气候变化，达成落实《巴黎协定》的一系列规划、安排。大会既是《巴黎协定》的落实，也是对中国提出的全球气候治理方案的深化。

三、应对气候变化的挑战是中美外交合作的重要成果

中美元首于2014年11月、2015年9月和2016年3月三度发表气候变化联合声明，并在G20杭州峰会期间共同发表中美气候变化合作成果文件。《巴黎协定》正式生效，中国迎来了新的机遇，但也面临着严峻的挑战。在2030年或更早时间实现温室气体排放达标，需要做出更大的努力。②

第二节 气候问题与资源、环境问题密切相关

本节拟将气候问题对资源环境的影响进行简单的概括分析。

一、气候变化引发严重自然灾害

气候变化引发了严重的自然灾害，使得自然灾害的频率和程度都有所上升，科学家对此有很多的成果与结论。2006年，世界银行首席经济学家斯特恩牵头做出的《斯特恩报告》指出，气候变化对全球有较大威胁。由于人类活动排放二氧化碳、甲烷等气体，全球气温正在上升，若不采取措施，全球平均温度50年后上升速度每年将超过2℃，世界地理将发生灾难性变化。《斯特恩报告》还指出，

---

① 习近平：《携手构建合作共赢、公平合理的气候变化治理机制》，2015年11月30日，http://theory.people.com.cn/n1/2018/0104/c416126-29746011.html。

② 张雁、张俊杰、王克，等：《全球气候治理：从中国方案到中国行动》，《光明日报》2016年11月23日，第15版。

气候变化的原因及后果都是全球性的，只有采取国际集体行动，才能在所需规模上做出有实效的、有效率的和公平的回应。不断加剧的温室效应将会严重影响全球经济发展，其严重程度不亚于世界大战和经济大萧条。

首先，气候变化使得洪涝灾害频发。全球气候变暖以后，海水温度的变化影响到整个大气环流，造成旱灾、水灾、涝灾等时有发生。以中国为例，由于中国属于典型的季风气候，降水在时间和空间上都分布不均，而气候变暖加重了这种不均匀性。突发性暴雨极易引发洪涝灾害，给生态环境和经济发展带来了负面影响。

其次，气候变化造成海平面上升，制约了沿海地区的经济持续稳定发展。随着气候的变化，冰川融化和海水的热膨胀将导致海平面逐渐上升。海平面上升是一种渐进性的灾害，在其上升过程中将伴随风暴潮频发、洪涝灾害加剧、农田盐碱化、海岸线后退等自然灾害，给中国经济特别是给沿海地区的经济发展带来了深远的影响[1]。

二、气候变化改变了某些地区原有的资源禀赋

据科学工作者的分析，气候变暖使中国某些地区的资源禀赋状况发生了变化。气候变暖对资源禀赋的改变主要表现在对水文资源、自然植被资源及生物物种的变化。气候变化对自然植被覆盖及生物多样性也将产生重要影响。在气候变化过程中，物种的改变和植被的改变将会使森林土地分布格局发生变化。随着全球气候变暖，很多物种赖以生存的生态环境发生改变，一些物种由于不能适应新环境而面临灭绝的危险，可能造成生物多样性减少等[2]。

三、环境污染进一步加剧气候问题

科学家的研究发现，全球气候变化主要是大气温室气体浓度的日益增加引起的，而空气污染主要是悬浮于空气中的大气气溶胶粒子造成的，它们主要由矿物燃料的燃烧排放形成[3]。同时，空气污染使臭氧逐渐减少，影响到地球的变暖。臭氧层对人类生活至关重要，它能够吸收几乎全部的紫外线。由于大量的废气污染，大气中的臭氧正在以每年1%的速度减少。臭氧的减少意味着将会有更多的太阳紫外线辐射到地面，给人类的生存环境带来极大的威胁。由于偏重工业化的战略，

---

[1] 孙岗：《"全球气候变暖"与当前我国经济社会的发展》，《中共四川省委省级机关党校学报》1999年第2期，第30—32页。

[2] 曾琳：《气候变暖对生态环境与经济社会发展带来的消极影响》，《宿州教育学院学报》2008年第5期，第151—153页。

[3] 丁一汇、李巧萍、柳艳菊，等：《空气污染与气候变化》，《气象》2009年第3期，第3—14，29页。

经济发展方式粗放和环境保护滞后，各国均没能摆脱"先发展后治理"的传统模式，环境污染严重。

总之，气候变化对中国乃至世界的农业、城市、交通、基础设施、水利工程、电网等能源设施等均产生了不利影响，未来水安全、生态安全、粮食安全、能源安全等在气候变化影响下会进一步复杂化。

第三节　经济发展对气候变化的影响

气候问题源于经济发展，其解决方案中也应该大力运用经济手段。

一、工业化过程直接影响了气候的变化

引起全球气候变暖的原因很多，但是工业化带来的大气污染无疑是全球气候变暖的重要原因之一。在工业化过程中，大气中污染物的种类和浓度都将随之增加。烟尘、硫的氧化物、氮的氧化物、有机化合物、卤化物、碳水化合物等众多大气污染物中，二氧化碳对气候变化的影响最大。工业化过程中排放的大量二氧化碳，约有50%留在大气里，二氧化碳能吸收来自地面的长波辐射，使近地面层空气温度升高，造成温室效应[①]。

随着工业化程度的不断加深，人类活动比较密集的区域，频繁的人类活动会对气候变化产生重要的影响。就中国而言，经济在相当长的一段时间里对土地开发利用的依赖性较强，带来自然植被破坏、绿地减少、局部地区干旱等现象明显，这些都会影响到气候[②]。

二、过度追求 GDP 导致的环境和资源代价

中国的经济发展取得了伟大的成就，但是在经济快速发展的过程中，过度追求 GDP 是以资源过度使用和环境污染为代价的。目前，第二产业仍旧是中国 GDP 增长的重要推动力。但第二产业特别是"两高一资"行业导致资源需求压力不断加大，环境恶化程度日趋严重。同时，中国对外贸易中，资源密集型、劳动密集型产品是推动中国出口量持续快速增长的主要品类之一。依靠出口这些资源消耗大、环境污染大的产品，加剧了中国的资源短缺和环境恶化问题。发达国家普遍比较重视环境质量，环境政策和标准比较严格；而发展中国家面临解决贫困和发

[①] 谢高地：《全球气候变化与碳排放空间》，《领导文萃》2010年第8期，第15—31页。
[②] 陈星：《人类活动使森林变荒漠直接影响气候变化》，2010年9月2日，http://sr.yuanlin.com/Html/SrNews/Detail/2010-9/10724.html。

展经济的首要问题，所以环境政策和标准相对比较宽松，从而吸引了大量国际产业尤其是资源环境污染密集型产业移入中国①。

三、缓解经济活动对气候变化的影响

人类的经济活动是造成目前以全球变暖为主要特征的气候变化的主要因素。应对气候问题，需要合理运用经济手段。运用经济手段的核心在于调整有关各方的经济利益关系，把环境保护的目标与企业及社会公众的行为有机结合起来，防止企业通过转嫁污染治理成本获取额外利润，增强公众自费保护环境的意识，最终形成污染者付费、利用者补偿、开发者保护、破坏者恢复的良好格局。

国际上采用缓解气候变化的经济手段是1997年世界银行在对联合国环境与发展大会上总结提出的政策框架。该政策框架从自然资源管理、污染预防和减轻的角度，将政策分为四类，即利用市场、创建市场、实施环境法规和鼓励公众参与等。②

目前，为了促进自然资源的可持续利用和环境保护，中国已制定一系列环境经济政策。例如，排污收费、排污许可证制度、加大环境保护投资、减少对以煤炭为主的能源补贴等措施。此外，还将自然资源的核算纳入国民经济核算体系中，用可持续发展指标体系评价中国的发展成就等。2019年中国卫生健康管理部门发布了《大气污染人群健康风险评估技术规范》，规定了进行大气污染健康风险评估的基本原则、工作流程、评估方法和要求、评估结果的应用及评估报告框架。③经济手段是解决资源环境问题的一个重要手段，在以后的发展过程中，中国应予以更多重视。

第四节 空气污染问题与气候变化问题同等重要

空气的污染问题也必须高度关注，这对所有人的生存来说都具重要意义，也是"天、地、人"中的"天"字号的内容。

一、大气污染问题严重

2016年9月27日，世界卫生组织发布了全球空气质量地图。卫星测量、大气输送模型和全球100多个国家、3000多处城乡点的监测数据显示：全球92%的

---

① 薛惠锋、卢亚丽、张强：《中国资源环境问题与社会经济问题的作用机理分析》，《环境保护》2008年第2期，第4—7页。
② 薛小荣：《解决环境经济问题的政府政策与经济手段》，《理论导刊》2002年第11期，第15—17页。
③《大气污染人群健康风险评估技术规范》，2019年7月22日。

人口居住在 PM2.5 超过联合国标准的地区。①城市室外空气污染的主要来源包括机动车、小型制造商和其他行业、做饭和取暖时的固体燃料燃烧、燃煤电厂等。据气候和清洁空气联盟秘书处主任瓦德斯（Helena MolinValdés）在第十七届世界清洁空气大会上介绍，短期气候污染物主要来源于柴油发电机尾气、低效炉灶和传统制砖生产排放的烟尘、石油和天然气产品的泄漏和燃烧、固体废弃物中的排放。排放中的可吸入颗粒物是指悬浮在空中的有机和无机复杂混合物，有固体和液体两种形态，被认为是最具破坏性的空气污染物。大气颗粒物污染具有严重的健康危害，对呼吸系统、心血管系统、生殖系统等均有负面影响。长期暴露于含有大量可吸入颗粒物的环境中会导致心血管和呼吸道疾病，甚至可能会引发肺癌。每年约有 820 万人死于室内和室外空气污染所引起的非传染性疾病，环境所引起的疾病正在侵害越来越多人的健康。在非洲，城市和特大城市的快速发展需要燃烧更多的化石燃料和传统生物质，导致空气污染物的排放量增加。据悉到 2030 年，非洲排放量将占全球排放量的 50%。在欧洲，交通所造成的空气污染成本为每年 1370 亿美元，而由 10 000 台大型污染设施产生的污染成本约为 1400 亿～2300 亿美元。地表臭氧是另一个主要的空气污染物，其能损害人类健康和农作物生长。据悉，截至 2030 年，全球每年因地面臭氧污染造成大豆、玉米和小麦作物的损失可能高达 170 亿～350 亿美元。②

二、室内空气污染问题严重

当前，世界各国根据各自国情建立了比较完善和具有借鉴意义的污染物标准，被称为室内空气质量（Indoor Air Quality，IAQ）。国外以美国的 ASHRAE 标准和英国的 CIBE 室内空气质量和通风标准为代表，中国以《室内空气质量标准》（GB/T18883-2002）和《民用建筑工程室内环境污染控制规范》（GB 50325-2010）为代表都对室内空气污染物标准做了严格的规定。全球约有 30 亿人用固体燃料做饭和取暖，室内烟雾会对人体造成严重危害，5 岁以下感染肺炎而过早死亡的儿童中，超过 50%是由于家中的可吸入颗粒物③。2016 年 5 月，中国测试技术研究院化学所和四川省弗里曼环境科技有限公司以四川省作为调查研究样本，通过 6482 个室内点位的实际测量数据分析，形成了《2019 中国室内空气污染状况白

---

① 佚名：《全球 92%人口生活在 PM2.5 超标区，每年损失 5 万亿美元》，2016 年 9 月 28 日，https://www.thepaper.cn/newsDetail_forward_1535619。

② 佚名：《联合国发布：空气污染、绿色经济、气候变化成本》，2016 年 5 月 25 日，http://www.gooootech.com/news/detail-10271570.html。

③ 佚名：《全球空气污染/绿色经济/气候变化大数据分析》，2016 年 5 月 25 日，https://ecep.ofweek.com/2016-05/ART-93008-8420-29100271.html。

皮书》。该报告以2018年3月至2019年3月为分析周期,对我国城市室内空气污染现状、污染物来源、可能引发的危害、当前存在的室内空气净化误区等进行了详细的分析。以装修完成3年的房屋为研究对象,测量在16~38℃的温度下进行,在检测的6482个点位中,不合格率为74%,合格者仅为26%,解决室内空气污染问题,还需要下相当大的功夫。[①]

第五节 应对大气污染：主抓人类排放系统

如何通过环保体制机制和管理方式的创新解决大气污染问题,相关的研究很多、思路很多、措施很多,这里特别强调要重视系统性、整体性和协同性[②]。据此,本节结合中国环境治理的正反两方面经验,提出并归纳了一个人类排放系统管理问题,包括排放的主体、客体、途径、排放管理与吸纳排放等五个相互关联的子系统。

一、抓排放主体

以绿色发展为目标,加快能源和产业结构调整。在行业层面,推动火电、钢铁、建材、化工、石化、有色金属冶炼等重点行业的转型升级；针对水泥、玻璃、陶瓷等建材行业,发展多污染物协同控制新技术；增强天然气供应能力,全力保障国内天然气供应；大力发展非化石能源,加快发展风电和太阳能,推动核电安全发展；积极推动地热能、生物质能发展；加快重点输电通道的建设。

在企业层面,应推进燃煤电厂超低排放和节能改造,淘汰落后小火电机组,限期完成"散乱污"企业的清退工作,提高煤炭清洁化开发利用水平；鼓励建设工业园区,统一企业的环境管理；加大燃煤电厂超低排放改造、散煤和"小散乱污"企业治理、中小锅炉淘汰等工作力度等。

在微观个体层面,应通过多种方式,打牢防治大气污染的微观基础,形成人人自愿维护环境与生态的氛围,从根本上杜绝不爱惜环境、数据造假或大气质量保护上博弈等问题。

二、抓排放客体

能源是有关大气污染的源头问题,大气污染主要来自燃烧的能源。为此,必

---

① 中国测试技术研究院：《2019 中国室内空气污染状况白皮书》,2019年6月25日,http://www.sohu.com/a/322881405_211518。

② 《生态文明体制改革总体方案》开宗明义讲：为加快建立系统完整的生态文明制度体系,加快推进生态文明建设,增强生态文明体制改革的系统性、整体性、协同性,制定本方案。

须全面推进能源革命,加快推进能源供给侧结构性改革,优化能源结构,努力构建清洁低碳、安全高效的现代能源体系。从全世界看,化石能源占比高达86%。目前中国煤能占比61%,因此要大力推动煤炭清洁化利用,加快推进清洁能源替代。① 抓排放客体还需要调整主要污染物指标种类,纳入约束性指标,全面治理工业中挥发性有机物、氮氧化物、元素碳、氨气、甲烷、氢氟碳化物和带排放性的多种工业原料或涂料,综合整治施工粉尘、渣土垃圾、餐饮油烟,以及农牧业中氨气、施用化肥、燃烧秸秆等导致空气污染的各类客体。为此,中国政府在"十三五"期间还组织实施国家清洁柴油机行动计划,开展成品油质量升级专项行动,重点开展道路柴油车、工程机械、农业机械、船舶等关键柴油机领域的清洁化专项工程。

三、抓排放途径

排放的主要途径是致污客体如能源的燃烧。在解决排放客体的结构与清洁化的同时,对燃烧过程的排放也要格外关注。具体包括:煤电节能改造以实现煤炭清洁化利用,提升机动车船排放标准和燃油品质,鼓励使用清洁燃料和绿色出行,排放量低的优质能源的替代如气电对煤的替代,提高柴油中硫含量排放标准等。加大挥发性有机物减排工作力度,规划挥发性有机化合物与氮氧化物的协同减排。对重点源排放实施季节性排放限值,减少农村和城乡接合部大气污染物排放。

四、抓排放管理

这是一个非常关键且非常复杂的环节。解决大气污染的管理问题,首先要落实中央和地方的权责,形成有效的层级监管体系,确保区域和城市空气污染治理措施落实。确保有效的监督、执行、评估和宣传。健全环境保护的法律法规,完善生态环境监管制度。其次,应进一步完善相关的排放标准、法规。完善经济政策,健全价格、财税、金融等政策,激励、引导各类主体积极投身生态文明建设。将高耗能、高污染产品纳入消费税征收范围。基本形成源头预防、过程控制、损害赔偿、责任追究的生态文明制度体系。全面促进资源节约循环高效使用,推动利用方式根本转变。强化环境执法的手段工具,提高执法效率,加大执法力度。禁止无证排污和超标准、超总量排污。违法排放污染物、造成或可能造成严重污染的,要依法查封扣押排放污染物的设施设备。建立实施空气质量季度预警制度,明确空气质量改善的时间表和路线图。实施工业污染源全面达标排放计划。重点

---

① 张玉卓:《创新煤炭的清洁利用方式》,2017年3月18日,http://finance.ce.cn/rolling/201703/18/t20170318_21134822.shtml。

行业要满足特别排放限值要求，率先完成排污许可证发放工作。制定工程机械、农业机械和海洋船舶排放削减的法规。

加快淘汰落后产能和分散燃煤小锅炉，促进城市及周边地区燃煤热电厂、锅炉房的超低排放改造。结合城中村、城乡接合部、棚户区、小散商业网点改造，扩大城市无煤区范围，加强分散燃煤治理，严禁劣质散煤的销售和使用。结合建筑应用、分布式能源和智能电网，提高城市可再生能源利用水平。因地制宜地推动分布式太阳能、风能、生物质能、空气能、地热能等在城市供电、供热、供气、交通和建筑中的多元化、规模化应用。鼓励大型公共建筑、工业园区等建设屋顶分布式光伏发电。积极推广城市可再生能源建筑规模化应用示范、分布式光伏发电和新能源城市示范，大力发展低碳生态城市和绿色生态城区。加快发展清洁能源、小排量等环保型汽车，加快充电站、充电桩、加气站等配套设施建设。推动建筑节能和绿色建筑发展，减少城市建筑用能排放。进一步提高新建建筑节能标准水平，推进绿色建筑规模化发展。抓好散煤治理，在农村大力推行"以电代煤""以气代煤"。

五、抓排放吸纳

解决大气污染的关键在于绿色生态文明的建设。我们要尊重自然、顺应自然、保护自然，保护森林、草原、河流、湖泊、湿地、海洋和生物多样性，打造山水林田湖的生命共同体，增强生态系统循环能力，建设天蓝、地绿、水净的美好家园，只有这样才能永久获得人类生存最需要的清新空气。①

随着新技术的问世，人类有望以更廉价、更安全的方式实施碳捕捉和碳封存。近年提倡的"碳汇林"，是比较有影响的一种排放吸纳的办法。另外，还有其他的途径来促使我们解决大气问题。比如，在地下封存二氧化碳排放，而不再需要储存气体形式的二氧化碳。冰岛实验项目将二氧化碳用泵灌入地下，并使之迅速石化，这是一种应对气候变化的全新方式，也是一种更廉价安全的方式。②

第六节 应对气候变化过程中发挥中国
在南南合作中的重要作用

气候变暖会直接导致淡水资源的减少，还可能导致海平面上升和农业的减产。由于产业结构的差异，受冲击相对较大的是发展中国家。近年来，南南环境合作

---

① 《生态文明体制改革总体方案》，2015年9月22日。
② 驻冰岛经商参处：《冰岛新技术可成功钙化二氧化碳》，2016年6月17日，http://www.mofcom.gov.cn/article/i/dxfw/jlyd/201606/20160601342484.shtml。

的地区性机制不断涌现,发展中国家的区域主动性不断增强,绿色发展逐渐成为区域合作的主要议题。中国和其他广大发展中国家面临着相似的环境挑战,对全球可持续发展进程持有相近的看法和立场,对于环境合作有着共同的利益。中国虽然没有向发展中国家提供资金和技术支持的法定义务,但中国把应对气候变化视为南南合作和中国对外援助的新领域。①中国坚持以可持续发展为基本导向,倡导南北合作与南南合作"共存并进",确保平等互信、包容互鉴、合作共赢。作为南南环境合作的积极倡导者和支持者,中国一直积极参与全球层面的多边南南环境合作,在国际谈判中与77国集团协调立场,与发展中大国联合发声,与国际组织发展南南环境合作伙伴关系。

2015年9月,习近平同志访美期间,中美两国发表了《中美元首气候变化联合声明》,此后不久中方宣布出资200亿元人民币建立"中国气候变化南南合作基金",帮助其他发展中国家提高应对气候变化的能力。在巴黎气候变化大会上中方宣布,中国将于2016年在发展中国家开展合作项目,包括10个低碳示范区、100个减缓和适应气候变化项目及1000个应对气候变化培训名额合作项目。②2015年12月,在约翰内斯堡举行的中非合作论坛峰会上,中方提出愿在未来3年内同非方重点实施"十大合作计划",向非盟提供总额6000万美元无偿援助。上述倡议均将环境合作和可持续发展作为支持的重要内容。③

近年来,中国在应对气候变化领域积极开展南南合作,帮助发展中国家提高应对气候变化的能力,如提供沼气技术、小水电等清洁能源的利用,帮助亚非发展中国家利用当地水力资源,修建中小型水电站及输变电工程,在清洁能源、环境保护、防涝抗旱、水资源利用、森林可持续发展、水土保持、气象信息服务等领域,积极开展与其他发展中国家的合作,为58个发展中国家援建了太阳能路灯、太阳能发电等可再生能源利用项目64个,向13个发展中国家援助了16批环境保护所需的设备和物资,与格林纳达、埃塞俄比亚、马达加斯加、尼日利亚、贝宁、马尔代夫、喀麦隆、布隆迪、西萨摩亚等9个国家签订了《关于应对气候变化物资赠送的谅解备忘录》,与南非、摩洛哥、埃及、安哥拉、肯尼亚签订了双边环境保护协定,为120多个发展中国家举办了150期环境保护和应对气候变化培训班,培训官员和技术人员4000多名。从2011年至2016年,中国政府除对外援助外,累计安排了7.2亿元开展应对气候变化的南南合作。

---

① 高翔:《中国应对气候变化南南合作进展与展望》,《上海交通大学学报(哲学社会科学版)》2016年第1期,第38—49页;周国梅、李霞、解然:《打造中国南南环境合作共同体》,《中国环境报》2014年7月7日,第2版;李霞、刘婷、卢笛音:《推动南南合作 实现绿色发展》,《中国环境报》2016年5月19日,第3版。

② 李霞、刘婷、卢笛音:《推动南南合作 实现绿色发展》,《中国环境报》2015年5月19日,第3版。

③ 习近平:《习近平在中非合作论坛约翰内斯堡峰会开幕式上的致辞》,2015年12月4日,http://www.xinhuanet.com/world/2015-12/04/c_1117363197.htm。

第七章　土地污染及其治理是人类的共同难题

本章从"全世界遇到的共同难题——土壤污染""中国土壤污染及现状""中国对土壤污染治理的重视程度的提升过程""应对土壤污染：大地神圣，保修并举""台湾地区新北市垃圾焚化处理调研"等方面，分别进行了论述。

土壤是经济社会可持续发展的物质基础，关系人民群众的身体健康，关系美丽中国和世界可持续的发展。土壤保护也是国际性的问题，2016年6月16日联合国防治荒漠化和干旱世界日提出，要"护土复田，依靠人民"，实现土地退化零增长。

第一节　全世界遇到的共同难题——土壤污染

联合国粮食及农业组织编写的《世界土壤资源状况》汇集了来自60个国家的200名土壤科学家的研究成果，报告长达650页。该报告的出版恰逢11月4日的世界土壤日。2015年被联合国定义为国际土壤年，这也是第一个国际土壤年。《世界土壤资源状况》得出的重要结论是，世界上大多数土地资源状况仅为一般、较差或很差，而且很多实例显示，土壤条件恶化的情况超过其改善的情况。《世界土壤资源状况》指出，生产性土壤的进一步流失将严重损害粮食生产和粮食安全，并加剧粮价波动，有可能使数百万人陷入饥饿和贫困。

《世界土壤资源状况》重点论述了土壤功能面临的十大威胁：土壤侵蚀、土壤有机碳丧失、养分不平衡、土壤酸化、土壤污染、水涝、土壤板结、地表硬化、土壤盐渍化和土壤生物多样性丧失。土壤侵蚀造成谷物年产量损失约760万吨。如果不采取行动减少土壤侵蚀，预计到2050年谷物总损失量将超过2.53亿吨。土壤养分匮乏是土壤退化地区提高粮食产量和恢复土壤功能的最大障碍。在非洲，除三个国家外，几乎所有其他国家每年从土壤中提取的养分都超过其通过使用化肥、作物秸秆、粪便等有机物返回土壤的养分。土壤中盐分的积累导致作物减产，甚至部分地区颗粒无收。土壤酸度是影响全球粮食生产的重要因素。世界上表土盐渍化程度最高的地区是经历了森林砍伐和集约化农业的南美洲。水土流失、养分枯竭、土壤有机碳丧失、土壤板结等威胁导致全球土壤状况迅速恶化。

土壤条件变化的主要原因是人口增加和经济增长，而这些因素预计将在未来几十年里继续存在。《世界土壤资源状况》论述了在地球无冰陆地面积的35%已转用于农业用地的情况下,如何养活现已增至大约73亿的人口。其结果是,自然植被遭到清除后用于作物和畜牧生产的土壤很快受到侵蚀,而且土壤碳储存、养分和生物多样性急剧减少。城市化也是土壤条件变化的主要原因之一。城市和工业的快速增长致使越来越多的土地退化,其中污染因素包括过量的盐、酸和重金属,重型机械使土壤板结,沥青和混凝土使土壤永久性密封。气温升高及相关极端气候事件,如干旱、洪水和风暴从不同方面对土壤的质量和肥力造成影响,包括减少土壤水分和破坏营养丰富的表土,而且加速了土壤侵蚀和海岸线后退。

《世界土壤资源状况》确定了四项行动重点:尽量减少最贫困地区的土壤进一步退化并恢复已退化土壤的生产力;稳定全球土壤有机质储量,包括土壤有机碳和土壤生物;稳定或减少全球氮、磷肥的使用量,同时增加养分缺乏地区化肥的使用;提高人们对土壤条件状况和趋势的认识。这些行动需要得到针对性政策的支持,具体包括:支持开发土壤信息系统,以监测和预报土壤变化;加强土壤方面的教育和认识,将土壤问题纳入国民教育和整个教学大纲;投资研发和推广,开展测试,传播可持续土壤管理技术和做法;采取适当有效的管理和鼓励措施,其中包括旨在遏制破坏性做法(如过度使用化肥、除草剂和杀虫剂)的税收。

《世界土壤资源状况》认为,土壤对于富有营养作物的生产至关重要,它们的水过滤和净化能力达到每年数千万立方米。作为碳的主要储库,土壤还有助于控制二氧化碳和其他温室气体的排放,从而对气候调节起到重要作用。《世界土壤资源状况》最后强调:诸多证据表明,土地资源和功能的丧失是可以避免的。只要各国积极推广可持续管理做法和采用适当技术,这种趋势是可以逆转的。让全球共同促进以妥善治理土壤和健全投资为基础的可持续土壤管理,让人类的生命基础——土壤永葆健康。

2019年7月9日,联合国粮食及农业组织助理总干事Rene Castro博士向中国生物多样性保护与绿色发展基金会介绍了联合国粮食及农业组织于2019年6月发布的《肥料可持续使用和管理国际行为规范》(International Code of Conduct for the Sustainable Use and Management of Fertilizers)。2019年6月22日至29日举办的联合国粮食及农业组织第41届会议上,成员同意通过了《肥料可持续使用和管理国际行为规范》。《肥料可持续使用和管理国际行为规范》旨在协助利益相关方就肥料的生产、配送(包括销售)、质量、管理和使用建立监测系统,促进实现农业可持续发展和可持续发展目标,为此提倡综合、高效、有效使用优质肥料,尽量减少使用肥料产生的环境影响,包括水土污染、氨挥发、温室气体排放和其他养分流失机制;避免在肥料中加入会对土壤、土壤生物多样性等。[①]

---

① 中国绿发会:《联合国粮农组织发布〈肥料可持续使用和管理国际行为规范〉》,2019年7月13日,https://www.sohu.com/a/326627913_100001695。

第二节 中国土壤污染及现状

中国土壤环境总体状况堪忧,部分地区污染较为严重,已成为全面建成小康社会的突出短板之一①。因此,要全面落实《土壤污染防治行动计划》,推动制定和实施土壤污染防治法。突出重点区域、行业和污染物,实施分类别、分用途、分阶段治理,强化土壤污染管控和修复,严控新增污染、逐步减少存量,形成政府主导、企业担责、公众参与、社会监督的土壤污染防治体系,促进土壤资源永续利用。②

土壤污染物大致可分为无机污染物和有机污染物两大类。无机污染物主要包括:酸、碱、重金属,盐类、放射性元素铯、锶的化合物、含砷、硒、氟的化合物等。有机污染物主要包括有机农药、酚类、氰化物、石油、合成洗涤剂,以及由城市污水、污泥带来的有害微生物等。若土壤中含有害物质过多,超过土壤的自净能力,就会引起土壤的组成、结构和功能发生变化,微生物活动受到抑制,有害物质或其分解产物在土壤中逐渐积累通过"土壤→植物→人体",或通过"土壤→水→人体"间接被人体吸收,达到危害人体健康的程度,就是土壤污染。土壤污染可能比空气和水污染更为复杂,空气和水的污染会汇集到土壤中。

2008年8月1日,国家环境保护总局决定,在全国组织开展土壤污染状况调查。2012年10月31日,国务院常务会议专门研究部署土壤环境保护和综合治理工作。2013年1月28日,国务院办公厅印发的《近期土壤环境保护和综合治理工作安排》指出:"到2015年,全面摸清我国土壤环境状况,建立严格的耕地和集中式饮用水水源地土壤环境保护制度,初步遏制土壤污染上升势头,确保全国耕地土壤环境质量调查点位达标率不低于80%;建立土壤环境质量定期调查和例行监测制度,基本建成土壤环境质量监测网,对全国60%的耕地和服务人口50万以上的集中式饮用水水源地土壤环境开展例行监测;全面提升土壤环境综合监管能力,初步控制被污染土地开发利用的环境风险,有序推进典型地区土壤污染治理与修复试点示范,逐步建立土壤环境保护政策、法规和标准体系。力争到2020年,建成国家土壤环境保护体系,使全国土壤环境质量得到明显改善。"2005年4月至2013年12月,环保部与国土资源部(现为自然资源部,后同)开展了全国首次土壤污染状况调查。2014年4月17日公布了全国首次土壤污染状况调查结果,这是中国政府首次发布全国土壤污染调查数据。此次全国土壤污染调查覆

---

① 陈吉宁:《我国当前生态环境保护面临五方面挑战》,2016年4月19日,http://env.people.com.cn/n1/2016/0419/c1010-28287924.Html。

②《国务院土壤污染防治行动计划》,2016年5月31日。

盖了31个省区市中的全部耕地、部分林地、草地、未利用地和建设用地。

根据《全国土壤污染状况调查公报》调查结果，全国土壤环境状况总体不容乐观，部分地区土壤污染较重，耕地土壤环境质量堪忧，工矿业废弃地土壤环境问题突出。全国土壤总的点位超标率为16.1%。其中，轻微、轻度、中度和重度污染点位比例分别为11.2%、2.3%、1.5%与1.1%。从污染分布情况看，南方土壤污染重于北方；长江三角洲、珠江三角洲、东北老工业基地等部分区域土壤污染问题较为突出，西南、中南地区土壤重金属超标范围较大。该公报显示，在点位超标的耕地中，轻微、轻度、中度和重度污染点位比例分别为13.7%、2.8%、1.8%与1.1%。耕地土壤的主要污染物为镉、镍、铜、砷、汞、铅、DDT和多环芳烃。公报还特别指出，在此次土壤污染调查所涉及的55个污水灌溉区中，有39个存在土壤污染。在1378个土壤点位中，超标点位占26.4%，主要污染物为镉、砷和多环芳烃。

从污染类型看，以无机型为主，无机污染物超标点位数占全部超标点位的82.8%，有机型次之，复合型污染比重较小。从污染物超标情况看，镉、汞、砷、铜、铅、铬、锌、镍等8种无机污染物点位超标率分别为7.0%、1.6%、2.7%、2.1%、1.5%、1.1%、0.9%、4.8%；六氯环己烷、DDT、多环芳烃3类有机污染物点位超标率分别为0.5%、1.9%、1.4%。

在调查的690家重污染企业用地及周边5846个土壤点位中，超标点位占36.3%，主要涉及黑色金属、有色金属、皮革制品、造纸、石油煤炭、化工医药、化纤橡塑、矿物制品、金属制品、电力等行业。在调查的81块工业废弃地的775个土壤点位中，工业废弃地超标点位占34.9%。在调查的146家工业园的2523个土壤点位中，工业园区超标点位占29.4%。

2001年至2016年，全国有超过10万家企业关停运转，产生了大量被遗弃的、高风险的污染场地。这些老工业基地包括金属冶炼厂、电镀厂、机械加工厂、钢铁厂、化工厂、农药厂等大量排放危险废弃物的企业，其中包括北京、沈阳等大城市。我国受采矿污染的土地面积大概200余万公顷，并且每年以3.3万~4.7万公顷的速度递增。[①]

土壤污染不仅事关老百姓舌尖上的安全，而且关乎民众的身体健康。土壤的污染物最终都会通过食物进入人体，如农药、重金属等。残留的农药转移到人体内，这些有毒有害物质在人体内不易被分解，经过长期积累会导致内脏机能受损，使肌体的正常生理功能失调，造成慢性中毒，影响人们的身体健康。

这里列举一个2019年的例子。为发展经济，浙江某县某村将面积约41亩的土地引进了两家化工企业，后因企业的多种环境违法行为被处罚并关停，这一地

---

① 刘晓慧：《土壤污染修复：需要准备什么？》，《中国矿业报》2016年4月27日，第4版。

块后被征用于防洪堤坝和道路建设。但调研发现，场地土壤和地下水也均受到了严重的污染。后招标治污，有国内极具实力的环保修复企业中标，金额达 1.32 亿元。调查数据显示，这片场地内的主要污染物为氯苯类和硝基苯类化合物，两者都是难以降解的持久性有机物，最大污染深度达到 15 米。更严重的是：污染物不仅污染土壤，还会随着雨水径流或利用自身的流动性进入更深的地下水中，造成双重污染。经过严格论证后，实施单位采取化学降解与高温热脱联合技术，原地与异地协同处置。①

第三节 中国对土壤污染治理的重视程度的提升过程

2016 年 3 月，环境保护部决定修订《土壤环境质量标准》，第三次征求意见。2016 年 5 月，国务院办公厅印发的《关于健全生态保护补偿机制的意见》指出："建立以绿色生态为导向的农业生态治理补贴制度，对在地下水漏斗区、重金属污染区、生态严重退化地区实施耕地轮作休耕的农民给予资金补助。"，2016 年 5 月，国务院印发《土壤污染防治行动计划》（简称"土十条"）。2016 年 6 月，农业部（现为农业农村部，后同）印发《耕地质量调查监测与评价办法》。2016 年 8 月，财政部、环境保护部联合发布《土壤污染防治专项资金管理办法》。2016 年 11 月，中央全面深化改革领导小组会议审议通过了《建立以绿色生态为导向的农业补贴制度改革方案》。2016 年 11 月，环保部将《污染地块土壤环境管理办法（征求意见稿）》《农用地土壤环境管理办法（试行）（征求意见稿）》公开征集意见。2016 年 11 月，农业部在贵州省召开耕地轮作休耕制度，600 万亩先行试点。2016 年 11 月，由全国人大环境与资源保护委员会牵头起草的《土壤污染防治法》草案目前已拟定完成，将对外征求意见。2016 年 12 月，国务院批复的《全国土地整治规划（2016—2020 年）》指出："'十三五'时期全国共同确保建成 4 亿亩、力争建成 6 亿亩高标准农田……经整治的基本农田质量平均提高 1 个等级。"②环境保护部、财政部、国土资源部、农业部、国家卫生和计划生育委员会在强化顶层设计的基础上，共同组织编制了《全国土壤污染状况详查总体方案》。该方案经国务院同意后，已于 2016 年 12 月 27 日联合印发。这表明全国土壤污染状况详查工作已经启动，并要在 2018 年底前查明农用地土壤污染的面积分布及其对农产品质量的影响，2020 年底前要掌握重点行业企业用地中的污染地块

---

① 王索妮、李展明：《41 亩被污染土地耗资 1.3 亿修复》，2019 年 4 月 29 日，http://epmap.zjol.com.cn/jsb0523/201904/t20190429_10017990.shtml。

② 生态环境图书馆：《盘点 2016 年值得回顾的 15 个土壤新闻》，2017 年 8 月 4 日，http://www.gov.cn/xinwen/2017-08/04/content_5215997.htm。

分布及其环境风险情况。①

2017年1月，环境保护部发布《污染地块土壤环境管理办法（试行）》，该办法自2017年7月1日起施行。《污染地块土壤环境管理办法（试行）》规定了污染地块土壤环境治理与修复的实施路径，设立了地块土壤环境调查与风险评估制度、污染地块风险管控制度、污染地块治理与修复制度，明确了相关责任主体，提出了诸多具体的监管措施。第九条规定："土地使用权人应当按照本办法的规定，负责开展疑似污染地块和污染地块相关活动，并对上述活动的结果负责。"第十条规定："按照'谁污染，谁治理'原则，造成土壤污染的单位或者个人应当承担治理与修复的主体责任。责任主体发生变更的，由变更后继承其债权、债务的单位或者个人承担相关责任。责任主体灭失或者责任主体不明确的，由所在地县级人民政府依法承担相关责任。土地使用权依法转让的，由土地使用权受让人或者双方约定的责任人承担相关责任。土壤污染治理与修复实行终身责任制。"

2017年3月，十二届全国人大五次会议新闻中心在梅地亚中心多功能厅举行记者会，环保部部长陈吉宁就"加强生态环境保护"的相关问题回答中外记者的提问，介绍了环保部规划的"2233"工作部署。"第一个'2'是两大基础。一是摸清家底，开展土壤污染的详查。现在我们对土壤的污染底数不清，已经公布的一些土壤污染超标率，这些超标率是点位超标率，并不代表着土壤污染的分布和状况。二是要建立健全法规标准体系，这是目前正在推动的一项工作。全国人大已经把土壤污染防治法列入了今年的立法计划，我们也正在抓紧制定相关标准。第二个'2'是两大重点，一是农用地分类管理，二是建设用地的准入管理。怎么管，我们最近发布了污染地块环境管理办法，这个办法明确了从风险管控的角度，监管什么，各方的责任是什么，是一个全过程的管理方案。目前我们正在跟农业部制定关于农用地的管理办法。第一个'3'是三大任务，对未污染、正受污染和已污染的土壤实施防治和风险管控措施。第二个'3'是加大三大保障，加大科技研发力度、发挥政府主导作用和强化目标考核。目前我们已经建立了工作机制，有12个部门参加，形成了国家各部门和地方各省的工作方案。"②

第四节 应对土壤污染：大地神圣，保修并举

从古至今，人类把大地都视同为"母亲"。今天，到了人地系统面临危机之

---

① 环保部：《全国土壤污染状况详查工作已经启动》，2017年2月14日，http://www.legaldaily.com.cn/Finance_and_Economics/content/2017-02/14/。

② 陈吉宁：《土壤污染防治法已经列入今年的立法计划》，2017年3月9日，http://www.dzwww.com/2017/lh/zbhz/cjn/tt/201703/t20170309_15644354.htm。

时，人类才开始反思对"母亲"的关爱太少，报恩更欠。相比对空气的关联程度，似乎关注度减弱了不少。进一步分析，我们发展其中的深层原因是：与水体和大气污染相比，土壤污染具有滞后性，感官往往难以直接察觉。通过土壤样品分析、农作物检测，甚至人畜健康的影响研究来确定，需要敏锐的感觉与判断，更需要时间。土壤污染具有累积性，污染物很难自动地迁移、扩散和稀释，而会在土壤中不断累积。正因为如此，土壤污染具有很强的隐蔽性。在应对土壤污染并进行治理上，环保体制机制和管理方式已公布了很多新规，这里我想强调的是"尊重自然，双脚落地"。

一、尊崇大地，保护土壤

要减少对大地的伤害，先是要知道"大地母亲"已经生病了。这就需要调研并使信息公开，让所有人、所有机构都来关心"大地母亲"。这方面的信息不是没公开过，而是需要将信息持续制度化的公开。我们高兴地看到，生态环境部在这方面有了非常明确和具体的规定。土壤污染调研结果的公开不仅对后期修复治理至关重要，而且对民众关爱土地和保护健康非常重要。建立一本标识何处有污染、有怎样的污染、是否需要治理、治理到何种程度的"土壤污染档案"意义重大。

保护土壤，必须严格控制新增土壤污染。加大环境执法和污染治理力度，确保企业达标排放；严格环境准入，防止新建项目对土壤造成新的污染。完善垃圾处理设施防渗措施，加强对非正规垃圾处理场所的综合整治。科学施用化肥，禁止使用重金属等有毒有害物质超标的肥料，严格执行国家有关高毒、高残留农药使用的管理规定等。

保护土壤，必须强化被污染土壤的环境风险控制。对已被污染的耕地实施分类管理，加强土壤污染治理与修复，确保耕地安全利用；污染严重且难以修复的，应依法将其划定为农产品禁止生产区域。经评估认定为对人体健康有严重影响的污染地块，不得用于住宅开发。

保护土壤，必须确定土壤环境保护优先区域。应将耕地和集中式饮用水水源地作为土壤环境保护的优先区域。治理土壤污染技术复杂，成本高昂，立即实施大面积的土壤修复比较困难，对于暂时无法修复的区域，应以禁止开发等控制方法为主。

保护土壤的同时，还应考虑提升土壤的质量。如果地球上所有耕地以有机的方式耕作，就能吸收大气中41%的温室气体，而牧地能吸收大气中71%的温室气体。保护土壤，应明确权责利关系。实践中，需要责任主体将内在动力与外在压力相结合，不能以博弈来减轻甚至逃脱责任。

二、孝敬"母亲",修复土壤

土壤修复是我们这一代人的责任。为了可持续的发展,为了人民群众的健康福祉,我们必须要承担起这个艰巨任务。尽管大家知道,土壤修复工作难度大,土壤污染途径多,原因复杂,重金属难以降解,许多有机化学物质的污染需要较长的时间才能降解,这些使得土壤治理成本高、周期长、见效慢、难度大。我国有待修复的土壤约有3.83亿亩[1],需要修复的土壤规模巨大。

土壤修复具有相当程度的公益性,需要政府投入资金,建立土壤污染防治投入机制。地方政府也应加大土壤污染防治投入,在本级预算中安排一定资金用于土壤污染防治保证投入;中央集中的排污费等专项资金安排一定比例用于土壤污染防治。事实上,自2010年起中央财政就已设立重金属污染防治专项资金,2010年为10亿元,2014年为20亿元,2015年为37亿元,2016年增至90亿元,但是仍存在项目分散、资金额度小、效益不明显等问题。比如,2015年中央下达37亿元专项资金用于30个修复项目,平均每个项目资金额约1亿元。[2]

土壤修复需要政府与市场配合高点目标协调结合,实现供给侧的结构均衡。目前,国内污染土壤修复项目主要集中在城市中地段较好的建设用地上,即可规划再进行商业开发或住宅建设的储备土地。商业价值不高的农村污染土壤及矿山污染土壤,土壤修复进展缓慢。[3]

三、当务之急,善除垃圾

2019年,国务院办公厅印发《"无废城市"建设试点工作方案》指出:"开展'无废城市'建设试点是深入落实党中央、国务院决策部署的具体行动,是从城市整体层面深化固体废物综合管理改革和推动'无废社会'建设的有力抓手,是提升生态文明、建设美丽中国的重要举措。"《"无废城市"建设试点工作方案》提出:"通过'无废城市'建设试点,统筹经济社会发展中的固体废物管理,大力推进源头减量、资源化利用和无害化处置,坚决遏制非法转移倾倒,探索建立量化指标体系,系统总结试点经验,形成可复制、可推广的建设模式。"

住房和城乡建设部发布的规划指出,到2020年,我国还将新建住宅300亿平方米,届时,建筑垃圾产生量将达到峰值,预计会突破30亿吨。如遇严重地震灾害,建筑垃圾的产生量会更多。目前,我国建筑废弃物资源化率不足5%,而欧盟

---

[1] 生态环境部、国土资源部:《全国土壤污染状况调查公报》,2014年4月17日,http://www.gov.cn/foot/2014-04/17/content_2661768.htm。

[2] 刘晓慧:《土壤污染修复:需要准备什么?》,《中国矿业报》2016年4月27日,第4版。

[3] 刘晓慧:《土壤污染修复:需要准备什么?》,《中国矿业报》2016年4月27日,第4版。

国家每年资源化率超过90%,韩国、日本建筑废弃物资源化率甚至高达95%以上。随着建筑垃圾处理技术的进步,其资源价值逐步显现,中国的建筑垃圾处理业孕育着无限商机。

第五节 台湾新北市垃圾焚化处理调研

如何处理好城乡垃圾,是土地保护、修复、再生的重要一环。现在看来,这个问题已越来越突出了。下面介绍一个典型案例。

2013年5月28日,我在当地某研究院几位博士的陪同下,到台湾新北市八里垃圾焚化厂进行了考察访问;同时,与有关专家就台湾市容环境方面的近况进行了交谈,此次访问使我获益匪浅。[①]

一、高水平的垃圾处理

八里垃圾焚化厂,位于台北西南方新北市八里区。土地面积约3.5公顷,厂房建筑面积有18 000平方米。主要处理八里区等6个区20万人的家庭生活垃圾和一般事业废弃物,每日垃圾处理量达1350吨。

工厂负责人带领我们至现场厂区进行考察,了解了垃圾处理流程与厂内设备,后由导览领至掩埋现场参观,对垃圾处理有了一个全貌的认识。垃圾处理的流程是:先经由各乡镇清洁队垃圾车收集→进厂过磅→至垃圾倾卸区→倾倒垃圾至垃圾储存坑。吊车控制室人员借由操作吊车将垃圾投入焚化炉内燃烧→燃烧后产生热能加热锅炉产生蒸汽→推动汽轮机组发电。与此同时,垃圾燃烧结束后形成稳定状态的底灰物质→输送机构送至工厂灰烬储坑暂存→许可之废弃物清除厂商运至最终处置场处理。而垃圾焚化所产生的废气→工厂设置之废气处理设施处理→符合排放标准的气体送至烟囱入口→于高度150米的高空中再行排放。从这个流程中可以看到,垃圾处理的重点是废气、废水和臭味防治。

考察中我感受到这个厂在垃圾处理上水平很高,设备先进,效果良好。首先是废气处理:这里共有三套具旋风集尘器、半干式洗涤塔、袋滤式集尘器等完整的废气处理装备,完全可以去除焚化垃圾过程中所产生的酸性气体及悬浮微粒,并经由多道处理程序确保气体合规排放,机械混烧式炉体焚化24小时连续运转,每天每套可处理450吨垃圾。其次是废水处理:垃圾储存坑中的垃圾渗水经收集

[①] 2013年5月24日至5月29日受台湾中华经济研究院邀请,我参加了"中国大陆经济转型与政府角色"的国际研讨会。5月28日该院刘柏定博士和吴明泽博士陪同我考察了新北市八里垃圾焚化厂,受到了该厂领导的热心接待。我的学生徐妍在台湾攻读MBA第二硕士学位,也陪同前往,在此一并表示感谢。

喷入炉内燃烧以去除其中的有机物及臭味，同时设置了废水处理系统，对所有废水再度处理，再生水送入回收水槽，工厂达成废水零排放。最后说一下臭味防制：垃圾贮坑所生臭气及沼气经由一次风扇抽入焚化炉内燃烧，同时借助该风扇的抽力使贮坑内的压力略小于大气压力，以控制臭味外溢。同时，在垃圾倾卸平台上设计除臭系统，以消除垃圾车所带来的臭味。

随后，我们实地考察了垃圾填埋场。一层层填埋的垃圾被一层层纱网覆掩，填埋场谷地在一年年形成小山。据介绍，这里还能填埋垃圾20年。经过多年努力，先期的填埋场已成为鸟语花香、郁郁葱葱、没有异味的生态园区，与淡水、十三行博物馆、台北港区、观音山等风景区连接成观光风景区，取名为"碳中和乐园"。园中还建了三座绿色环保小屋，市民可以进行预约，来免费居住，享受低碳生活。八里厂生态环保园区同时将产生沼气用于发电，已可满足园内用电所需。园中废水经过物理、化学处理后，成为中水，每天大约产生150吨中水，既用于园内植物浇灌，还灌入洒水车用于新北市的马路冲洗。

二、台湾有关方面的相关措施

台湾相关部门高度重视垃圾与污水处理，推出了很多政策措施，这里简介如下几项。

（1）垃圾费随袋征收。台湾垃圾不落地的做法已为人熟知，这里介绍一下其垃圾费随袋征收政策及其效果。相关法规要求回收垃圾必须使用统一的含垃圾费用的垃圾袋。台北市的垃圾专用袋售价是每升0.45元。随袋征收就是民众自行掌握垃圾费交纳机制，垃圾丢得越少，需用的垃圾袋越少，垃圾费支出也就越少。这项政策对减少垃圾量效果明显。以新北市为例，全面实施随袋征收政策后，百姓大包小包丢垃圾现象大为减少。

（2）黄金里资收站。黄金里资收站政策，是指民众可用资源回收物兑换专用垃圾袋，回收物变卖所得再由里（区政府下设的一级行政组织）办公室反馈当地居民。资收不仅使垃圾减量，更可减少垃圾费支出。新北市先期成立的127个黄金里资收站，回收物已达3591吨，回馈市民约17万包专用垃圾袋，折合市值约1100万元；而里长将回收物变卖所得，多用于里内各项建设、活动及奖助学金、急难救助等公务用途。2012年底已建立了200处资收站。里民来换资收物时，还有义工辅导民众进行垃圾的正确分类，根据相关部门估算，新北市民每户一年买专用袋费用约429元，若落实垃圾分类及资收政策，一年可获得440元，实现了不花分文处理垃圾。

（3）减并垃圾车清运路线。新北市为了降低垃圾处理成本，垃圾清运拟从每周5天减为4天，同时把现有383条清运路线整合为250条，预计可降低清运成本5%，累计约4亿元。降低清运成本，垃圾袋费率就能跟着下降。整合清运路线后，新北市还力求落实垃圾不在市区转运、直接运进焚化厂处理的环保新政策。过去乡镇市公所各自设立令人嫌恶的垃圾转运站、堆积场，随着相关政策的落地落实，今后将逐步拆除。

（4）节能减污。新北市拟在垃圾处理上采取"垃圾焚化厂转型生质能源中心"及"垃圾掩埋场挖除活化"两大措施。垃圾焚化厂转型生质能源中心是指增加垃圾中残存资源物再分选和回收利用的空间，提高转化为热能的基础来源。如果能转型生质能中心，发电量的产能产值将更高，电价将更便宜。垃圾掩埋场挖除活化，是指将掩埋物挖除分选回收再利用。例如，可燃物焚化、玻璃、金属等资源回收物可以回收再利用，土石可以回填、覆土或运至土资场运用。垃圾掩埋场实施此计划将改善或消除掩埋场的负面环境影响，促进掩埋场土地循环利用，解决掩埋容积不足、新辟不易的困境。当然，此政策仍存有异议，担心重新挖除活化，恐造成扬尘，工程车大量进出有噪声的二次公害。

三、几点启示

（1）相关机构与民间组织相结合的经营体制。台湾的垃圾机构有多种类型，有公办公营，也有公办民营。八里垃圾焚化厂属于公办民营机构。1992年中兴工程顾问股份有限公司通过竞标取得监督顾问公司资格，为期5年。1996年至今，由新北市环保部门委由中兴工程顾问股份有限公司拟定操作管理合约计划，并经由发包作业由达和环保服务股份有限公司取得营运权，合约为期15年。达和环保服务股份有限公司是由台湾水泥股份有限公司与拥有150年悠久历史的法国Veolia Environment集团旗下专营废弃物管理的Veolia Environmental Services公司合作，于1992年合资设立的。达和环保服务股份有限公司自成立以来，积极参与国内环保工作，秉持"质量保证、永续经营、服务社会"的理念经营，建立了良好的品牌形象。这种政府投资建厂，民营企业经营的模式，值得我们借鉴。

（2）废物资源化的经济效益。据座谈会上介绍，八里垃圾焚化厂近三年来开始盈利。盈利主要是靠焚烧垃圾发电和售电，这个厂为每年预估可输售给台电科技集团2.6亿千瓦时电，按20世纪90年代的消费水平，这个电量可供4万户家庭使用。此外，还有按量收取事业单位垃圾费，出售垃圾制成的产品如空心砖等。

（3）高度重视并实现污染处理类企业的敦亲睦邻。参观八里垃圾焚化厂留下最深的印象是，污染处理类企业或称"嫌恶设施"应如何与周围的民众建立良好关系。台湾有关部门要求，焚化厂、掩埋场及污水处理厂，要从原来"邻避"场所转型为受欢迎的"邻庇"场所。为此，台湾有关部门在投资建八里垃圾焚化厂时，就委托了国际知名设计师贝聿铭团队来规划设计主体建筑，仅此投入了3亿台币。全厂采取铝帷幕玻璃设计，前面高耸着 150 米的正方形烟囱，非常美观，远看如同一只大天鹅。而八里垃圾焚化厂为与附近居民建立良好关系，也做了大量有益的工作。例如，建设环保公园和生态湿地，利用废热水处理后建成达标的温水游泳池，将自己做的再生砖做成"登山健行步道"，以及建设环保形象馆、听海小木屋、香草温室等。与此同时，工厂还每年出资来回馈当地居民，如提供采购专用垃圾袋、看病的挂号费、学童营养、农民买肥料补助、水电费补助、意外保险、丧葬补助、免费小区巴士等。这些做法，深受当地民众欢迎，原来反对建厂的民众现在变成了工厂的坚定支持者了。

第八章　水体污染及其治理
——水文明的怀念

本章研究的重点是"水"的问题，下面从"全世界的共同课题——水安全""中国水污染现状与治理""应对水污染：构建水安全体系目标""新加坡治水和以色列推动节约用水的案例"等，分析了水的利用与保护问题。

第一节　全世界的共同课题——水安全

地球上的水是有限的，随着地球人口的增加，水是偏少甚至稀缺的。水安全已成为制约经济社会发展乃至国家安全的重要因素。为让人类牢记水的重要性，每年3月22日被定为世界水日。[①]

一、世界水资源分析

（一）水资源短缺压力持续增大

2019年3月19日，联合国发布《2019年世界水资源发展报告》。《2019年世界水资源发展报告》指出，自20世纪80年代开始，由于人口增长、社会经济发展和消费模式变化等因素，全球用水量每年增长1%。随着工业和社会用水的增加，到2050年全球需水量预计还将保持同样的增速，相比目前用水量将增加20%～30%。将有超过20亿人生活在水资源严重短缺的国家，约有40亿人每年至少有一个月的时间遭受严重缺水的困扰，且将会有22个国家面临严重的水压力风险。随着需水量不断增加及气候变化影响日益显著，世界水资源面临的压力还将持续增大，将会影响水资源的可持续利用，还可能增加使用者之间的潜在风险冲突。

（二）供水饮水上存在不公平现象

《2019年世界水资源发展报告》指出，全球诸多地区的妇女和女童在享有安全饮用水与卫生设施方面经常会遭受歧视及不公。贫民窟和非贫民窟家庭在获取水与卫生设施方面存在不平等。富有人群通常能花更少的钱享受到更高水平的服

---

① 联合国：《世界水日》，2019年3月22日，https://www.un.org/zh/observances/water-day。

务，但贫困人群则要花更多的钱才能享受到质量相似甚至更差的服务。水基础设施在贫困农村地区数量十分稀少，因而无法确保农村人口都能获得水与卫生服务。资金不足和缺乏有效融资机制，对实现弱势和边缘化群体的水、卫生设施和个人卫生目标造成了障碍。

（三）众多国家存在水资源上的供求缺口

《2019 年世界水资源发展报告》指出，从地区视角看，由于人口增长和气候变化，阿拉伯地区的人均水资源短缺将继续加剧。在冲突地区，水基础设施遭到破坏、损毁或成为摧毁目标，确保人们在缺水条件下获得供水服务面临的挑战更加严峻。2016 年，亚太地区 48 个国家中有 29 个国家因缺水和地下水超采而成为水不安全地区。欧洲和北美洲许多国家特别是农村地区，获得安全管理的卫生服务仍然是一项挑战。尽管对于东欧、高加索和中亚地区大部分人口来说获取卫生设施的情况不甚乐观，但西欧、中欧及北美地区的许多人口仍缺乏足量或无法平等地获得水与卫生设施服务。拉丁美洲和加勒比海地区数亿人口仍无法获得充足的饮用水源，而受缺乏安全、体面的排泄物处理设施之苦的人数则更多。撒哈拉以南非洲农村人口约占总人口的 60%，其中许多人仍然生活在贫困之中。2015 年，该区域 3/5 的农村居民获得了最基本的供水，只有 1/5 人口获得了最基本卫生设施。约有 10%的人口仍然饮用未经处理的地表水，许多农村地区的穷人，特别是妇女和女童，每天花费大量时间取水。获取安全的饮用水和卫生设施被认可为基本人权，因为这对保障人类健康不可或缺，是维持全人类尊严的基本条件。"不让任何人掉队"是《议程》所做承诺的核心，旨在让各国所有人都能从社会经济发展中受益，并全面保障人权。

二、海洋污染问题不可忽视

美国南佛罗里达大学 2019 年 7 月 4 日宣布，它们借助美国国家航空航天局的卫星观察到了世界上最大的海藻群，重量达到 2000 万吨，超过 200 艘满载的航空母舰。这是一种名为马尾藻的褐色大海藻，范围横跨整个大西洋，从非洲西海岸一直覆盖到墨西哥湾。这对热带大西洋、加勒比海、墨西哥湾和佛罗里达东海岸的海岸线包括多米尼加共和国、波多黎各、牙买加、佛罗里达群岛、迈阿密海滩和棕榈滩，造成生态破坏与经济损失。近年来，由于森林砍伐和化肥施用，亚马孙河里的营养物质含量上升。这些营养物质在春夏季随着亚马孙河进入海洋，随后在冬季被西非海岸的上升流带到海洋表面，滋润了马尾藻。当太多的海藻塞满整个海岸时，就会阻碍一些物种的移动和呼吸。当它们大量死亡并沉入海底，会使珊瑚和海草窒息。散落在海滩上的马尾藻尸体释放出臭鸡蛋气味的硫化氢，这些物质对人们的身体健康会造成影响。从 2011 年开始，马尾藻变得失控。它们入侵新的海域，呈爆炸式增长，在中大西洋等海域堵住了整条海岸线。巴巴多斯就曾在2018年因马尾藻重创当地旅游业而宣布国家进入紧急状态。而这与2011年以来，亚马孙流域的森林砍伐和化肥施用不断增长有关。[①]海洋生态环境损害，有时也称为海洋生态损害或海洋环境损害，是指人类活动如围海造地或向海域排入污染物质直接或间接改变海域自然条件，造成对海洋生态系统及其生物因子、非生物因子的有害影响。国家海洋局出台的《全国海洋生态环境保护规划（2017—2020年）》提出："推进海洋环境治理修复，在重点区域开展系统修复和综合治理，推动海洋生态环境质量趋向好转；构建海洋绿色发展格局，加快建立健全绿色低碳循环发展的现代化经济体系；加强海洋生态保护，全面维护海洋生态系统稳定性和海洋生态服务功能，筑牢海洋生态安全屏障；坚持'优化整体布局、强化运行管理、提升整体能力'，推动海洋生态环境监测提能增效；强化陆海污染联防联控，实施流域环境和近岸海域污染综合防治；防控海洋生态环境风险，构建事前防范、事中管控、事后处置的全过程、多层级风险防范体系。"

三、珍惜和科学利用地下水资源

分析水安全问题，还不能不谈及地球的地下水，尤其是若地球的地下水抽完了该怎么办？地球水中绝大部分是海水，而人类和许多其他生命形式生存需要淡水。有文章指出，地球上淡水资源包括地下水、湖泊、河流和沼泽水。地球上淡水资源中有99%都是地下水，其中绝大部分我们都无法获取……地球上的水很多，淡水尽管相比很少，由于它始终在循环，总体上淡水是用不完的。问题在于在地表水资源的分布并不均衡，有些地方水量充沛，有的地方却没有淡水可用，人们不得不挖地三百尺，从地下寻找淡水……过量开采地下水的危害：地下含水层能够得到及时有效的补充，那么开采地下水就是可持续的，否则将造成危害甚至是严重的灾害。[②]因此，我们不仅要珍惜地表有限的淡水资源，还应该珍惜和科学利用地下水资源。

第二节 中国水污染现状与治理

一、中国水资源问题严重

中国是一个水资源短缺、水旱灾害时有发生的国家，如果按水资源总量考虑，

---

① 虞涵棋：《巨型海藻群横跨大西洋》，2019年7月5日，https://news.sina.com.cn/o/2019-07-05/doc-ihytcerm1614971.shtml。

② 佚名：《地球的地下水抽完了怎么办？》，2019年7月24日，https://www.sohu.com/a/329092028_727409。

水资源总量居世界第六位,但是中国人口众多,若按人均水资源量计算,人均占有量只有 2500 立方米,约为世界人均水量的 1/4,在世界排第 110 位,已经被联合国列为 13 个人均水资源短缺的贫水国家之一。[①]中国水利水电规划设计 2016 年 10 月完成了一份《中国水行业发展研究——中国水行业发展经验与挑战》报告,本部分内容除特别注明的外,主要摘引自这份报告[②]。按水利水电规划设计总院水利专家的测算,全国年均缺水量约 500 亿立方米,具有可靠供水水源的城市比例仅为 65%,人均水资源量为 2026 立方米,仅为世界平均水平的 27%。

中国经济虽得到了快速的发展,与此同时,水问题也越来越突出,如水资源短缺、水生态损害、水环境污染、水风险加剧等。一些地区水资源开发已经接近或超过水资源承载力上限,污染负荷超出水体纳污能力,水生态空间挤占和生态功能退化,人为加剧的水风险问题突出。

二、中国水污染 2015 年后的治理措施

本书第五章已分析了截至 2015 年中国对包括水污染治理在内的环境保护所做的努力,这里重点从 2016 年开展介绍与分析。需要强调的是,2015 年 4 月 16 日国务院印发了《水污染防治行动计划》,该计划的出台意义重大。2016 年,在党中央、国务院领导下,围绕解决生态文明建设和环境保护重大瓶颈制约,关于健全生态保护补偿机制、设立统一规范的国家生态文明试验区、全面推行河长制、生态文明建设目标评价考核办法等一系列重要改革制度先后出台。2016 年 3 月,环境保护部发布的《关于上报〈重点流域水污染防治"十三五"规划〉优先控制单元名单的函》指出:"在全国 1800 多个控制单元中选择水质不达标、生态和供水功能突出、存在事故风险和水环境下降风险的控制单元作为优先控制单元,进行重点治理和保护,优先控制单元的数量约占总数的 1/4 至 1/3。"水利部、环境保护部等十部门联合召开视频会议,动员部署《关于全面推进河长制的意见》贯彻落实工作。2016 年 10 月,国务院印发《关于开展第二次全国污染源普查的通知》指出:"国务院决定于 2017 年开展第二次全国污染源普查。"2016 年 11 月国务院印发的《"十三五"生态环境保护规划》提出:"以提高环境质量为核心,实施最严格的环境保护制度,打好大气、水、土壤污染防治三大战役,加强生态保护与修复,严密防控生态环境风险,加快推进生态环境领域国家治理体系和治理能力现代化,不断提高生态环境管理系统化、科学化、法治化、精细化、信息化水平,为人民提供更多优质生态产品,为实现'两个一百年'奋斗目标和中华民族伟大复兴的中国梦作出贡献。"2016 年 11 月,最高人民法院、最高人民检

---

① 佚名:《地球水资源》,2019 年 7 月 24 日,https://baike.so.com/doc/6568704-6782466.html。
② 这里特别感谢水利水电规划设计总院副院长、水资源政策专家组长李原园先生的全力支持。

察院、公安部、环境保护部在北京联合召开新闻发布会，通报《最高人民法院、最高人民检察院关于办理环境污染刑事案件适用法律若干问题的解释》。2017年2月6日，水利部下发《关于开展2016年度实行最严格水资源管理制度考核工作的通知》考核指标增加了万元国内生产总值用水量降幅和重要水功能区污染物总量减排量两项，要求考核建立或推进的水资源管理制度包括河长制度、取水许可与水资源论证等9项制度。截至2018年底，全国97.4%的省级及以上工业集聚区建成污水集中处理设施并安装自动在线监控装置。同时，全力保障水生态环境安全。推进全国集中式饮用水水源地环境整治，5.5亿居民的饮用水安全保障水平得到提升。全面建立河（湖）长制，全国共明确省、市、县、乡四级河长30多万名、湖长2.4万名。[①]

三、2019年6月全国地表水质量

根据中国生态环境部向媒体公布的2019年6月全国地表水环境质量状况，近几年水资源问题仍然严重，但有一定的好转。根据生态环境部的统计资料，2019年6月，1940个国家地表水评价断面中，水质优良（Ⅰ-Ⅲ类）断面比例为70.8%，同比上升0.1个百分点；劣Ⅴ类断面比例为5.4%，同比下降0.3个百分点。主要污染指标为化学需氧量、总磷和高锰酸盐指数。2019年6月，长江、黄河、珠江、松花江、淮河、海河、辽河等七大流域及西北诸河、西南诸河和浙闽片河流Ⅰ-Ⅲ类水质断面比例为73.7%，同比上升0.3个百分点；劣Ⅴ类为5.1%，同比下降0.7个百分点。2019年6月，监测的109个重点湖（库）中，Ⅰ-Ⅲ类水质湖库个数占比为68.8%，同比上升2.7个百分点；劣Ⅴ类水质湖库个数占比为8.3%，同比下降0.7个百分点。[②]

第三节　应对水污染：构建水安全体系目标

中国水利科学家从生活水安全、生产水安全、环境水安全、生态水安全和水旱灾害防治等五方面概括地提出了中国水行业的主要发展指标。[③]

[①] 生态环境部：《生态环境部公布2018年度〈水污染防治行动计划〉重点任务实施情况》，2019年7月23日，https://baijiahao.baidu.com/s?id=1639849348194608253&wfr=spider&for=pc。

[②] 佚名：《上半年水质优良断面比例为74.5%》，2019年7月16日，http://www.xinhuanet.com/energy/2019-07/16/c_1124758137.htm。

[③] 中国水利水电规划设计总院发布的《中国水行业发展研究——中国水行业发展经验与挑战》研究报告成果，2019年。

一、生活水安全

到 2030 年，城乡居民用水安全保障程度进一步提高，城镇自来水普及率达到 95%，城乡集中式饮用水水源地水质达标率达到 95%，城市多水源保障率达到 60%，安全及符合标准的农村自来水普及率达到 90%。

二、生产水安全

到 2030 年，全国用水总量控制在 7000 亿立方米，用水效率基本达到国际平均水平，万元 GDP 用水量降至 49 立方米，农田灌溉水有效利用系数达到 0.60。

三、环境水安全

到 2030 年，力争水环境质量总体改善，点源 COD 入河量控制比例降为 99%，点源氨氮入河量控制比例降为 92%，达到或优于Ⅲ类河比例达到 75%，工业废水处理率、城镇污水处理率、农村废污水收集与处理率分别达到 100%、93% 和 50%。

四、专家提出解决中国水问题的思路

霍有光教授的《策解中国水问题》一书对 21 世纪中国面临的水问题做了分析，并对几大调水工程提出了自己的主张。他认为中国水问题可分两大类：一是水荒，即缺水；二是水害，即水分布不均引发的洪水和干旱。他提出解决中国水问题的基本思路是：一是把水害治理好，二是把水资源利用好，三是把生态建设好。解决中国水问题的基本途径是：一要开源，二要节流，三要保护。应对水荒与水害，具体地讲，第一是要节约用水。工农业用水要节约，社会一切用水要节约。第二要治污，减少污水排放，增加可用水量。第三要养水，要环境保护，涵养水源。第四要合理配置水资源，搞好余水区向缺水区的调配工程。第五要利用价格杠杆，促进水资源高效利用。第六要加强水资源管理的法制建设。

第四节　新加坡治水和以色列推动节约用水的案例

一、新加坡应对水短缺的经验

这里先简要介绍新加坡解决水资源方面的创新[①]。新加坡作为一个水资源有限

---

① 赵峥主编：《亚太城市绿色发展报告》，中国社会科学出版社 2016 年版。

的国家，现在成功地实现了水资源的供给自足，堪称运用生态文明理念解决水资源的奇迹。它的水资源供应有以下四个来源：当地的集水区、进口水、再生水和脱盐水。通过几十年的努力及开创性地水处理和管理技术的广泛使用，新加坡已经大大减少了对马来西亚水资源的依赖。

（1）扩大水来源。新加坡国土面积有限，所以维护水资源安全的重中之重是最大限度地从当地集水区收集雨水。新加坡年降雨量为2400毫米。现在，新加坡2/3 的土地已经实现了对这些雨水进行高效的收集和储存。近年来，新加坡在市区修建了一片一万亩的集水区，现取名为滨海堤坝集水区，相当于新加坡国土总面积的1/6。滨海堤坝集水区不仅仅是新加坡最大的、最城市化的集水区，还成了每年吸引大量游客的旅游景点。

（2）节约水支出。为节省水资源，新加坡最低限度地干涉生态系统中固有的水循环模式。城市布局紧凑，旨在减少渗透性土壤的场地。新加坡充分利用溪流和水库，完善了水循环系统。

（3）创新水技术。新加坡利用创新的技术成果和反渗透膜的成本优势，使淡化水切实可行、更加经济。即使用 16 英寸的反渗透膜系统，将预处理的海水进行反渗透处理，再往纯净水中添加矿物质。目前，淡化水能满足新加坡25%的用水需求。对一个面临大海的国家，这意味着饮用水资源短缺从根本上得以缓解。

二、以色列"绿色国会"及节水项目的考察及启示[①]

2014 年 11 月 6—12 日，笔者率课题组赴以色列实地考察了"绿色国会"和相关的环保项目。

以色列能在绿色发展方面取得显著成绩首先是来自客观生存条件的压力，这也是促使政府下大力气全方位地推进可持续发展的主因。以色列国土狭小，随着人口增长、生活质量的提高，能源和污染越来越严重。以色列也是一个自然资源极其贫乏的国家，仅以水资源为例，其 2/3 的国土是沙漠，人均水资源不足 200 吨，仅为世界人均水资源的 1/50，中国的 1/12。因此，在这个国家里，走绿色发展之路、保护资源是生存之本。[②] 以色列政府不断探索绿色经济发展之路，在建国之初就制定了土地、资源开发战略，特别是在节能减排方面，通过制定污染税、环境许可证制等市场经济手段，鼓励绿色消费。经过多年的努力，以色列在推动环保与可持续发展方面成效显著。

---

① 李晓西、朱兆一、荣婷婷：《以色列"绿色国会"项目考察及其它》，《全球化》2015年第6期，第104—112，133页。

② 陈克勤：《以色列的"绿色国策"》，《光明日报》2012年7月7日，第5版。

"绿色国会"项目第一阶段共包含 13 个分项目，涉及节水、节电、节气、太阳能发电等方面。沙姆博士是以色列"绿色国会"项目的协调员，不仅是以色列研究环境方面的专家，同时在绿色建筑与环保方面有着丰富的实践经验。沙姆博士自家住房的设计理念就体现了节能减排的思想，从门前的绿地到屋后的草坪，从房子的采光到室温的调节都有所体现。这里简要介绍沙姆博士设计的循环用水系统。这个系统联结着地下室的水管与屋旁四大储水罐。这一体系包括水的收集、处理、分流和循环使用等几个部分。首先，有效收集水，包括雨水和废水，随后通过不同的带有净化设备的水罐，有效处理雨水和废水，分离出生活用水和生产用水，通过两根管道输出：生活用水用于饮用和洗漱等，生产用水则用于灌溉农田、花园等，真正实现了雨水加工储用和废水循环利用，达到了节水的目标。为了节水，沙姆博士住房前后花园和菜圃均采用滴灌技术。通过这一体系的运行，沙姆博士自己储用处理的水，可基本满足自家的用水需求。在以色列这个严重缺水的沙漠国家，节水的意义是不言而喻的。这所住房实现了绿色生活、生态小农业和节能节效的有机结合，还实现了人与自然的和谐统一，可谓"天人合一"的节能节水绿色建筑。

这里，还想补充介绍一下以色列节水先行的生态农场。以色列在 20 世纪 50 年代末期，发展了滴灌和其他微量灌溉技术，大大提高了水资源的利用率。节水成为其农业管理的中心任务，单位土地面积和单方水最大的经济效益是节水农业研究和管理的主要目标。农作物、绿树、草地、鲜花几乎全用滴灌。滴灌按时按量地把水及营养直接输送到植物的根部，避免了水的流失，可以以少量的水达到最佳的灌溉效果，水、肥利用率高达 80%～90%，节水 50%～70%，节约肥料 30%～50%；同时，防止了土壤次生盐渍化的发生，避免了传统灌溉沟渠占地问题，使单位面积产量成倍增长。此外，以色列还重视研究利用废水进行农田灌溉的再循环利用。他们将废水通过不同的过滤装置，降低其污染物质和细菌含量，使废水变为适宜灌溉的水。灌溉时，综合考虑水质、土壤质地与状态，制定出合理的灌溉策略与方式，并选定适宜的作物，以利于水中物质的分解和避免地下水质的污染。借助科技手段，以色列特色节水农业不仅保证了农产品的质量和产量，还提高了农业生产全过程机械化、集约化、规模化程度。达到以水为中心的田间水—土壤—作物—大气系统的协调关系，提高了水源到作物产量转化环节的水分利用率，实现了对农业生态环境的最大程度的优化和利用。

回顾历史，是水养育了人类，造就了文明。两河流域兴起了古巴比伦文明，尼罗河创造了古埃及文明，黄河是中华文明的发源地，海洋使古希腊文明一度辉煌。亨廷顿说，无论威特福格尔的水利文明的论点具有什么样的全面优点，依赖于大规模灌溉系统的建造和操作的农业，确实促进了中央集权的和官僚的政治权威的产生。^①这段话既提到了"水利文明",还指出大规模灌溉系统的建造和操作的农业促进了中央集权的形成。这符合中国农耕文明发展的事实。兴修水利,改善农业生态,是农业可持续发展的关键。夏商时代已设立治水官吏——司空;战国时代,秦国蜀都太守李冰修建都江堰,成为"天府"的富庶源泉;汉以来,朔方、河西、酒泉皆引河及川谷以溉田[②],利用自然的能力不断提高。清代设有专管水利的官员,并设堡专门保护水道、河堤。有人也意识到兴建水利工程带来的负效应,如许多内陆河流越来越细,流量越来越小,干旱风沙肆虐,加之人地比例失衡之后迫于生存压力的"毁林开荒、围湖造田",亦将生态赤字留给了后人。因此,统筹协调、辩证思考水问题意义重大。

---

① 〔美〕塞缪尔·亨廷顿:《文明的冲突与世界秩序的重建》,周琪、刘绯、张立平,等译,新华出版社2010年版,第48页。

② (西汉)司马迁:《史记·河渠书》卷29,中华书局1959年版,第1405页。

第九章　森林与生物多样性的展望

《议程》明确将保护森林、湿地、荒漠生态系统和生物多样性作为独立完整的目标之一；2015年，联合国森林论坛讨论了未来15年全球森林政策，就森林在消除贫困及应对气候变化方面的关键作用达成共识。本章从"全球关注森林与生物多样性""中国保护生物多样性与发展林业面临的挑战""森林与生物：法自然之道，守人类之本""中国保护生物多样性与发展林业的新进展"等方面进行分析。

第一节　全球关注森林与生物多样性

生物多样性是指生物（动物、植物、微生物）与环境形成的生态复合体及与此相关的各种生态过程的总和，包括生态系统、物种和基因三个层次。生物多样性是人类赖以生存的条件，是经济社会可持续发展的基础，是生态安全和粮食安全的保障。[①]

作为世界上生物多样性最为丰富的国家之一，中国拥有森林、灌丛、草甸、草原、荒漠、湿地等地球陆地生态系统，以及黄海、东海、南海、黑潮流域大海洋生态系；拥有高等植物34 984种，居世界第三位；脊椎动物6445种，占世界总种数的13.7%；已查明真菌种类10 000多种，占世界总种数的14.0%。[②]

如果没有极为丰富的健康的生物多样性，生计、生态系统服务、自然环境和粮食安全就有可能受到严重影响。以毁林为例，虽然停止毁林有可能带来失去农业和伐木机会的代价，但森林提供生态系统服务带来的惠益将远远超过这些代价。联合国粮食及农业组织发布的《2015世界森林资源评估报告》指出，伴随着全球人口数量增长和经济发展，1990年至2015年的25年间，世界森林覆盖率下降1个百分点，森林面积减少1.29亿公顷。2015年全球森林面积39.99亿公顷，森林覆盖率30.6%，其中天然林面积37.09亿公顷，人均森林面积0.60公顷。全球67%的森林集中在10个国家，中国排在俄罗斯、巴西、加拿大和美国之后，位居第五。[③]

《全球生物多样性展望》估计，降低毁林率将产生每年1830亿美元的生态系统服务惠益。此外，发展中国家特别是亚洲国家中的很多家庭每年50%～80%的家庭

[①]《中国生物多样性保护战略与行动计划（2011—2030年）》，2010年9月17日。
[②]《中国生物多样性保护战略与行动计划（2011—2030年）》，2010年9月17日。
[③] 方军：《中国生态文明建设2016年鉴》，中国社会科学出版社2016年版，第862—863页。

收入来自非木材的森林产品。采取行动减轻对生物多样性的消极影响，能够带来广泛的社会效益，并为向更加可持续和包容的发展模式转型奠定基础。有学者认为，按照目前的趋势，至少在 2020 年之前，生物多样性的压力将持续增加，生物多样性状况将持续下降，尽管事实上社会各界对保护生物多样性采取积极的行动。

世界自然基金会发布的《2016 地球生命力报告》指出，在对超过 3700 个物种中的 14 000 余个脊椎动物种群进行跟踪调研发现，在 1970 年到 2012 年，鱼类、鸟类、哺乳类、两栖类和爬行类动物种群数量已经减少了 58%，人类活动将会造成全球野生动物种群数量在 1970 年到 2020 年的 50 年间减少 67%。报告还指出，对动物种群影响最大的因素均与人类活动直接相关。这些威胁因素包括栖息地减少、环境质量下降及过度猎杀野生动物。

重视森林、保护生态已经成为国际社会的广泛共识和各国发展的重要战略，成为维护全球生态安全、推进全球生态治理的必然选择。2020 年是实现《巴黎协议》承诺的一年，同时是检验在新的全球可持续发展目标下采取环境行动成果的时刻。如果践行承诺并采取行动，达成 2020 年全球生物多样性目标，将推动世界食物和能源体系改革，从而进一步加强全球野生物种保护。

第二节　中国保护生物多样性与发展林业面临的挑战

全球生态治理带来了林业发展和生物多样性保护的新机遇。但不能不看到，中国的生态空间仍面临着威胁。城镇化、工业化、基础设施建设、农业开垦等开发建设活动占用生态空间；交通基础设施建设、河流水电水资源开发和工矿开发建设，割裂了生物生境的整体性和连通性。这使得中国生态资源稀缺，生态系统退化严重，偿还欠债、守住存量、扩大增量的任务十分艰巨。生物多样性退化的总体趋势尚未得到根本遏制，动植物栖息地大量丧失和碎片化，外来物种入侵危害严重等问题依然存在，资源过度利用、工程建设及气候变化严重影响着物种生存和生物资源的可持续利用。水土流失、土地沙化等问题依然严重，流域生态破坏、自然岸线丧失、野生动植物自然栖息地减少等问题也在加剧。生态安全形势依然严峻，生态系统较为脆弱。

一、生物多样性受威胁现状

让我们从中国环境保护部的报告来了解基本的情况[①]。

[①] 中华人民共和国环境保护部：《中国履行〈生物多样性公约〉第五次国家报告》，中国环境出版社 2014 年版；《中国生物多样性保护战略与行动计划（2011—2030 年）》，2010 年 9 月 17 日。

（1）气候变化。气候变化使生物物候、分布和迁移发生改变，使一些物种在原栖息地消失。近年来，青海湖地区气候呈现暖干化趋势，与 20 世纪中期相比，豆雁等 26 种鸟从湖区消失。气候变化使海洋生物的群落结构发生改变。中国黄海主要冷水动物种数和种群密度随水温的升高正在下降，黄海冷水底栖生物区系多样性较半世纪前显著降低。

（2）环境污染。环境污染物能产生多种毒性，影响生物的正常生长发育，使生物丧失生存或繁衍的能力。化肥、杀虫剂、除草剂的使用，也造成日趋严重的面源污染。中国管辖海域水环境状况总体较好，但近岸海域海水污染依然严重。海洋环境污染对海洋生物多样性造成严重损害，引起赤潮等多种海洋生态灾害。

（3）外来物种入侵是生物多样性丧失的主要原因之一。中国幅员辽阔，跨越近 50 个纬度、5 个气候带，多样化的生态系统使中国更易遭受外来物种的侵害，来自世界各地的大多数外来物种都可能在中国找到合适的生境。中国是世界上遭受外来入侵物种危害最严重的国家之一，目前有外来入侵物种 500 余种，松材线虫、湿地松粉蚧、松突圆蚧、美国白蛾、松干蚧、稻水象甲、美洲斑潜蝇、非洲大蜗牛等外来入侵物种对农林业生产、环境和生物多样性造成了不利影响。

（4）部分生态系统功能不断退化。我国人工林树种单一，抗病虫害能力差。90%的草原出现不同程度退化。野生动物濒危程度不断加剧，有 233 种脊椎动物面临灭绝，约 44%的野生动物呈数量下降趋势，非国家重点保护野生动物种群下降趋势明显。内陆淡水生态系统受到威胁，部分重要湿地退化。海洋及海岸带物种及其栖息地不断丧失，海洋渔业资源减少。大约 500 种淡水鱼类、57 种濒危水鸟中的 31 种受到湿地消失的威胁。

（5）生物多样性加速下降的总体趋势尚未得到有效遏制。资源过度利用、工程建设及气候变化影响物种生存和生物资源可持续利用。我国高等植物的受威胁比例达 11.0%，特有高等植物受威胁比例高达 65.4%，脊椎动物受威胁比例达 21.4%；遗传资源丧失和流失严重，60%～70%的野生稻分布点已经消失。物种濒危程度加剧。据估计，我国野生高等植物濒危比例达 15%～20%，其中，裸子植物、兰科植物等高达 40%以上。

（6）遗传资源不断丧失和流失。一些农作物野生近缘种的生存环境遭到破坏，栖息地丧失，野生稻原有分布点中的 60%～70%正在消失或萎缩。部分珍贵和特有的农作物、林木、花卉、畜、禽、鱼等种质资源流失严重。一些地方传统和稀有品种资源正在丧失。

二、林业生态保护面临的挑战①

（1）生态修复难度增大。低质量生态系统分布广，森林、灌丛、草地生态系统质量为低差等级的面积占全国总林地分布面积的比例分别高达43.7%、60.3%、68.2%。经过30多年大规模造林绿化，可造林地的结构和分布发生了显著变化。全国宜林地、疏林地及需要退耕的坡耕地、严重沙化耕地等潜在可造林地4946万公顷，在其中的3958万公顷宜林地中，约有67%分布在华北、西北干旱、半干旱地区，有12%分布在南方岩溶石漠化地区，自然立地条件差，造林成林越来越困难，土地已经成为加快林业建设的主要制约因素；加之传统的劳动力、土地等投入要素优势逐步丧失，造林抚育用工短缺，劳动力和用地成本不断上涨，一些地方甚至出现了造林任务分解难、落实难等问题。同时，林业发展方式较为粗放，重面上覆盖、轻点上突破，重挖坑栽树、轻经营管理，重数量增长、轻质量提升，重单一措施、轻综合治理，造成森林结构纯林化、生态系统低质化、生态功能低效化、自然景观人工化趋势加剧。全国森林单位面积蓄积量只有全球平均水平的78%，纯林和过疏过密林分所占比例较大，森林年净生长量仅相当于林业发达国家的一半左右。

（2）资源保护压力增大。随着经济社会发展和城镇化推进，一些地区林业资源破坏严重，保护的压力持续增加，出现了森林破碎化、湿地消失、物种灭绝等生态问题。2009—2013年违法违规侵占林地年均200万亩，2004—2013年湿地面积年均减少510万亩，沙化和石漠化土地约占国土面积的20%，有900多种脊椎动物、3700多种高等植物受到生存威胁，2005—2015年年均发生森林火灾7600多起，森林病虫害发生面积1.75亿亩以上。全面保护天然林的任务十分繁重。生态空间受到严重挤压，生态承载力已经接近或超过临界点。生态危机不仅导致越来越多的健康问题、经济问题，还成为引发社会矛盾的导火索。生态破坏严重、生态灾害频繁、生态压力巨大已成为全面建成小康社会的最大瓶颈。

（3）体制机制缺乏活力。体制不顺、机制不活、产权界定不清是制约林业发展的深层次问题。国有林区和国有林场改革起步不久，面临困难较多，历史包袱沉重，改革动力不足，融入当地经济社会发展进程滞后，存在职工收入偏低、社会保障薄弱、产业转型困难等问题。集体林权制度改革存在经营权落实不到位、处置权设置不完整等问题，规模经营和新型经营主体发育迟缓，集约化、专业化、组织化、社会化程度不高。产权模式落后，投融资机制不活，社会资本进入困难，改革红利远未释放。环保部门统一监管的管理体制不健全，全社会共同监督的机制尚未建立。

---

① 《关于印发〈全国生态保护"十三五"规划纲要〉的通知》，2016年10月。

（4）林业产品供给能力不足。森林、湿地等自然生态系统的生态产品供给和生态公共服务能力，与人民群众期盼相比还有很大差距。生态空间、生产空间、生活空间错配突出，人口密集区生态承载力不足，人们对身边增绿、社区休憩、森林康养的需求越来越迫切。生态体验设施缺乏，森林湿地难以感知，生态资源还未有效转化为优质的生态产品和公共服务，生态服务价值未充分显化和量化，我国生态服务与发达国家相比还有一定差距。木材作为国家经济社会发展和人民生活不可或缺的战略物资，国内供应能力严重不足，对外依存度高，木本油料、森林食品、道地林药等非木林产品供需矛盾突出，高附加值产品比重偏低，林业巨大的生产潜力尚没有充分发挥出来。

（5）基础设施装备落后。我国相对集中连片的林区多位于老少边穷岛等地区，林区道路、供电、饮水、通信等基础设施建设和公共事业长期落后，尚未纳入当地经济社会发展规划及投资计划，相关扶持政策难以落实，自我发展和更新能力较弱。林业生产机械化程度低，森林防火、野生动植物保护、资源管理、林业执法、有害生物防治等现代装备手段落后，协同创新平台和国家重点实验室严重缺乏，高新实用技术成果推广应用不足，品种创新和技术研发能力不高，科技进步贡献率远低于林业发达国家水平，林业人才队伍薄弱，基层站所基础设施落后。

（6）管理服务水平不够高、林业治理体系尚不健全。该政府办的没有办到位，该放给市场的没有放到位，林业自然资源保护、公共资源配置、生态效益补偿、损害责任追究等制度尚不健全。长期以来，资源管制、营造林管理较为粗放，森林、湿地、荒漠、野生动植物等资源监测、保护修复等没有落在"一张图"和山头地块上，难以做到精准保护、精准建设。信息化建设滞后，林业大数据融合度低，互联网等现代先进技术应用不足，运用现代信息技术的主动性、融合性、创新性不够，服务林农群众的手段落后。

第三节　森林与生物：法自然之道，守人类之本

如何护林养林、保护生物多样性，相关法规已较为健全。本节从绿色文明角度即人与自然和谐共处角度，提出一个思路，就是"法自然之道，守人类之本"，并由此提出环保体制机制和管理方式的新思路。天地万物，均有其存在发展的规律和权利。以自然之友角度看人类的行为，就会有正确的定位理念与和规范行动。

按此思路，本节提出人与自然尤其是与生物相处的"三不"原则：不抢占空间，不污染环境，不伤害生命。这是底线。更进一步的，扩展生物生存空间，改善生物生存环境，提供生物更好的生存条件。这个思路不仅来自中国的古老哲学，也可从最新的国际环境组织报告里找到。我们看到，联合国环境规划署2016年发

布的《全球环境展望》中,在"森林与生物多样性"一节中,专门列出了4个指标来判断森林和生物多样性进展:一是森林覆盖率,二是在安全生态环境范围内的鱼类资源比例,三是受保护的陆地和海洋面积比例,四是濒临灭绝物种的比例。① 显然,森林覆盖率和受保护的陆地与海洋面积比例,关系到生物的生存空间;濒临灭绝物种的比例和鱼类资源比例,则关系到水生动物的保护或说不受伤害。"不受伤害"是一定意义上讲,也是对生存环境的要求。

下面,我就从三个方面来分析。因为相关资料很多,这里主要用的是三份生物多样性的法规和三份林业保护与发展的法律法规,可以说是用权威的行动规划来观察中国在此问题上的回答。②

一、不应抢占而应扩展生物生存空间

生物生存需要的第一条件是生存空间。人与生物和谐共处,最重要的是要为生物提供空间。下面,根据保护的形式与功能的区别,本书把各种保护的区域简单归类为四类。

1)自然保护区

这里强调的是生物在天然条件下的生活与成长,这也是人类干预生物最少的一片区域。《中华人民共和国野生动物保护法》第二条规定:"在中华人民共和国领域及管辖的其他海域,从事野生动物保护及相关活动,适用本法。本法规定保护的野生动物,是指珍贵、濒危的陆生、水生野生动物和有重要生态、科学、社会价值的陆生野生动物。本法规定的野生动物及其制品,是指野生动物的整体(含卵、蛋)、部分及其衍生物。"

需要指出的是,自然保护区中,有一些是因特殊物种而设立的。例如,在东北山地平原区,建设沼泽湿地和珍稀候鸟迁徙地、繁殖地自然保护区,保护东北虎豹;新疆地区野生果树资源遗传多样性,以及四合木、沙地柏等荒漠化地区特有物种的保护;在青藏高原高寒区,重点保护冬虫夏草和藏羚羊、藏野驴、藏原羚、雪豹、岩羊、盘羊、黑颈鹤等高寒荒漠动物;在西南高山峡谷区,重点保护横断山地区的森林生态系统、大熊猫和羚牛等物种,以及松口蘑和冬虫夏草等;在中南西部山地丘陵区,重点保护桂西、黔南等石灰岩地区的动植物;在华东华中丘陵平原区,重点保护长江中下游沿岸湖泊湿地和局部存留的古老珍贵植物,以及珍稀濒危的鱼类资源等;在华南低山丘陵区,重点保护滇南西双版纳地区和

---

① 联合国环境规划署:《全球环境展望》,2019年3月13日。
② 中华人民共和国环境保护部:《中国履行〈生物多样性公约〉第五次国家报告》,中国环境出版社 2014年版;《中国生物多样性保护战略与行动计划(2011—2030年)》,2010年9月17日;《林业适应气候变化行动方案(2016—2020年)》,2016年7月1日;《全国森林经营规划(2016—2050年)》,2016年7月6日。

海南岛中南部山地特有灵长类动物、亚洲象、海南坡鹿、野牛等野生动物及热带珍稀植物。

2）国家公园保护区

国家公园保护区也是非常重要的一类生物保护区。比较有代表性的国家公园有三大类：一是国家森林公园，现约有 3000 处，国家级与省级约为 1∶2；二是国家湿地公园，现约有试点 100 余处；三是国家地质公园，现约有 140 余处。[①]完善国家公园归属与管理体制是一项重要的任务，是处理好保护性与公益性的关键。

3）生物资源保护基地

近年来，我国在保护野生生物种质资源和海洋生物遗传资源上均取得很大进展。植物园是实施植物物种资源迁地保护最主要的基地。据不完全统计，目前已建有各级各类植物园 200 个，引种保存作物遗传资源，已收集保存了占中国植物区系 2/3 的 2 万个物种。为建立和完善国家植物园体系，我国建立了野生植物种质资源保育基地 400 多处。全国建立了 240 多个动物园和 250 处野生动物拯救繁育基地，对 138 个珍贵、稀有、濒危的畜禽品种实施重点保护。[②]

4）多元化的小区保护

对生物多样性保护的另一个方面，是加强对自然保护区外分布的极小种群野生植物就地保护小区、保护点的建设，开展多种形式的民间生物多样性就地保护。自然保护小区至少有 5 万多处，国家级农业野生植物保护点近 200 个[③]。此外，风景名胜区也承担着保护生物多样性的责任。还有一种动物的迁跨国界保护，如乌苏里江、内蒙古呼伦湖、内蒙古乌拉特、新疆阿尔泰、新疆夏尔西里、新疆红其拉甫山口等地区都在尝试建立跨国界保护区。

总之，依托自然保护区、国家公园、多元化的生物资源保护点、自然博物馆等，广泛宣传生物多样性保护知识，促进人与生物的和谐共处。

二、不应污染而应改善生物生存环境

加强对开发建设活动的环境管理，将生物多样性保护纳入国家和地方人民政府相关规划，减少环境污染对生物多样性的影响。

1）林区保护

森林健康稳定，才能保护和丰富生物多样性。要禁止和停止采伐天然林，封育管护好天然林区。健全和落实天然林管护体系，形成远山设卡、近山巡护的合理布局。保护天然林实行省级人民政府负总责。森林总量和质量持续提高，使全

---

① 《国家林业和草原局关于 2019 年试点国家湿地公园验收情况的通知》，2019 年 12 月 25 日。
② 《国家林业和草原局关于 2019 年试点国家湿地公园验收情况的通知》，2019 年 12 月 25 日。
③ 《国家林业和草原局关于 2019 年试点国家湿地公园验收情况的通知》，2019 年 12 月 25 日。

国森林覆盖率达到23%以上，并向1/4的国土面积覆盖目标努力。森林生态系统稳定性显著增强，森林的生态服务能力和碳汇能力明显提升。继续实施退耕还林、退牧还草、"三北"防护林及长江流域等防护林建设。制定破坏林地和森林责任追究细则。

2）湿地管好

实行湿地资源总量管理，任务逐级分解落实到各地；把国际重要湿地、国家重要湿地和湿地公园纳入禁止开发区域，对江河源头、水源涵养区及滨海湿地、高原湿地、鸟类迁飞网络湿地给予重点保护。继续实施京津风沙源治理、水土流失综合治理等重点生态工程，启动生物多样性保护重大工程。

制定湿地等生态损害责任追究标准和管理办法，加大生态环境损害赔偿和生态破坏处罚力度。

3）污染力排

扎实推进环境污染减排，显著减少主要污染物排放总量作为经济社会发展的硬性约束性指标。继续实施"三河三湖"、三峡库区、长江上游、黄河中上游、松花江、珠江、南水北调水源地及沿线的水污染治理工程。深入推进江河湖泊污染治理，提高我国七大水系水质。

4）外侵严防

提高应对生物多样性新威胁和新挑战的能力。制定国家重点管理外来入侵物种名录和对外来入侵物种应急预案。建立外来入侵物种监测预警及风险管理机制，构建外来物种风险评估技术体系，积极防治外来物种入侵。跟踪新出现的潜在有害外来生物，制定应急预案，开发外来入侵物种可持续控制技术和清除技术，组织开展危害严重的外来入侵物种的清除。开展外来入侵物种清除活动。

5）项目限控

严格建设项目环评，采取"区域限批""行业限批"等措施，拒批涉及高污染、高能耗、消耗资源性、低水平重复建设项目。严格防止对自然保护区域、野生动物迁徙洄游通道产生影响的建设项目启动。负责环境影响评价的审批部门，对涉及国家重点保护野生动物的项目，必须征求国务院野生动物保护主管部门意见；当环境影响对野生动物造成危害时，野生动物保护主管部门应当会同有关部门进行调查处理；国家或者地方重点保护野生动物受到自然灾害、重大环境污染事故等突发事件威胁时，当地人民政府应当及时采取应急救助措施；外国人在我国对国家重点保护野生动物进行野外考察或者在野外拍摄电影、录像，应当经省、自治区、直辖市人民政府野生动物保护主管部门或者其授权的单位批准。进一步提高对自然保护区、森林公园、风景名胜区、自然遗产地、重要湿地、水产种质资源等生物多样性丰富区域的管护能力。

三、不应伤害而应保护生物和拯救生物的生命

根据中国生物多样性保护战略与行动计划，国家设立了生物安全管理办公室，成立了跨部门的动植物检疫风险分析委员会。

1) 拯救生命

开发濒危物种繁育、恢复和保护技术，优先实施极度濒危野生动物和极小种群野生植物保护工程，继续实施虎、藏羚羊、普氏原羚、扬子鳄、长臂猿、苏铁、兰科植物等珍稀濒危野生动植物的拯救工程，科学进行珍稀濒危野生动植物再引入。防病控源，加强有害病原微生物及动物疫源疫病监测预警体系建设，从源头控制其发生和蔓延。优化全国野生动物救护网络，完善布局，并建设一批野生动植物救护繁育中心。开展人工种群回归自然的试点示范，在哺乳动物、爬行动物、鱼类、鸟类及极度濒危野生植物中选择3~5种实现自然回归，加强珍稀濒危野生动植物救护繁育和野化放归。防火防害，森林火灾受害率控制在0.9‰以下，主要林业有害生物成灾率控制在4‰以下，国家重点保护野生动植物保护率达到95%。

2) 禁猎禁渔

在相关自然保护区域和禁猎（渔）区、禁猎（渔）期内，禁止猎捕及其他妨碍野生动物生息繁衍的活动，禁止猎捕、杀害国家重点保护野生动物；禁止以野生动物收容救护为名买卖野生动物及其制品；人工繁育国家重点保护野生动物不得虐待野生动物。

3) 禁食禁售

禁止出售、购买、利用国家重点保护野生动物及其制品；禁止为食用非法购买国家重点保护的野生动物及其制品；建立防范、打击野生动植物及其制品的走私和非法贸易的部门协调机制；进出口野生动物或者其制品的，由海关、检验检疫、公安机关、海洋执法部门依照法律、行政法规和国家有关规定处罚；构成犯罪的，依法追究刑事责任。濒危物种进出口管理办公室根据《进出口野生动植物种商品目录》与海关联合确定管制范围，在强制性的许可证系统之外，有效利用行政许可及物种的技术性管控需求，建立了一套行之有效的"物种证明"管理体系。同时，新种或未定名种较多的昆虫，分布地狭小、种群数量小的两栖爬行类等需要纳入管理之中。继续深化与美国、俄罗斯、印度、蒙古国、越南、老挝、印度尼西亚、泰国等周边国家的执法合作。同时，倡导有利于保护生物多样性的消费方式和餐饮文化。

为实现人与自然尤其是与生物相处的"三不"原则，需要不断完善相关法规。2018年，《中华人民共和国野生动物保护法》修正通过，但在生物多样性保护当中，野生动物保护只是很小的范畴。一些学者建议，我国应制定一部生物多样性保护法。以全方位、系统性地保护我国动植物、微生物及其赖以生存的生态环境，

以及保护生物多样性。①

第四节　中国保护生物多样性与发展林业的新进展

多年来尤其近几年，中国发布了一系列保护生物多样性的相关法律，主要包括《中华人民共和国野生动物保护法（2018年修正版）》《中华人民共和国森林法》《中华人民共和国草原法》《中华人民共和国畜牧法》《中华人民共和国种子法》《中华人民共和国进出境动植物检疫法》等；同时，颁布了一系列行政法规，实施了一系列生物多样性保护规划和计划，成立了中国履行《生物多样性公约》工作协调组和生物物种资源保护部际联席会议，出版了《中国植物志》《中国动物志》《中国孢子植物志》《中国濒危动物红皮书》等物种编目志书，对生物多样性保护与可持续利用项目给予价格、信贷、税收优惠。这些做法，对保护生物多样性与发展林业起到了重要作用。②

在生态环境状况方面，森林覆盖率在稳步提高，2016年全国完成造林678.8万公顷，森林抚育836.7万公顷。国家林业局（现为国家林业和草原局，后同）介绍，2016年，我国天然林资源保护工程完成造林25.6万公顷，中幼龄林抚育175.3万公顷，后备森林资源培育12.1万公顷，有效保护森林1.15亿公顷。全面停止天保工程区外所有天然林商业性采伐。国家林业局公布的大数据显示，2016年，全国城市建成区绿地率达36.4%；人均公园绿地面积达13.5平方米。③联合国粮食及农业组织发布的《2015年世界森林资源评估报告》指出，2010—2015年，中国是世界上净增森林面积最多的国家，年均增加154.2万公顷。该报告还评论说，到2030年，中国和印度、俄罗斯的森林面积将持续增长，其余多数国家的森林面积则保持相对稳定或有所减少。④根据国家林业局的调查，中国已有46个国际重要湿地和173个国家级重要湿地。同时，中央和地方人民政府积极开展增殖放流工作，在水生生物多样性保护方面起到了重要作用。中国具有丰富的水生生物多样性，包括4220种水生植物、2312种脊椎动物。大熊猫从濒危已经降为易危，朱鹮从极危降到濒危。⑤

---

① 佚名：《环保组织呼吁出台〈生物多样性保护法〉 将于年底形成建议稿》，2016年8月22日，http://chla.com.cn/htm/2016/0824/253321.html。
② 《中国生物多样性保护战略与行动计划（2011—2030年）》，2010年9月17日。
③ 佚名：《国土绿化大数据：城市绿地率36.4%人均公园绿地13.5平方米》，2017年3月12日，http://www.ailab.cn/finance/575780.html。
④ 方军：《中国生态文明建设年鉴2016》，中国社会科学出版社2016年版，第862—863页。
⑤ 佚名：《国土绿化大数据：城市绿地率36.4%人均公园绿地13.5平方米》，2013年3月12日，http://www.ailab.cn/finance/575780.html。

2018年，中共中央印发的《深化党和国家机构改革方案》指出："加快建立以国家公园为主体的自然保护地体系，保障国家生态安全，将国家林业局的职责，农业部的草原监督管理职责，以及国土资源部、住房和城乡建设部、水利部、农业部、国家海洋局等部门的自然保护区、风景名胜区、自然遗产、地质公园等管理职责整合，组建国家林业和草原局，由自然资源部管理。国家林业和草原局加挂国家公园管理局牌子"。2019年，中共中央办公厅、国务院办公厅印发的《关于建立以国家公园为主体的自然保护地体系的指导意见》指出："牢固树立新发展理念，以保护自然、服务人民、永续发展为目标，加强顶层设计，理顺管理体制，创新运行机制，强化监督管理，完善政策支撑，建立分类科学、布局合理、保护有力、管理有效的以国家公园为主体的自然保护地体系，确保重要自然生态系统、自然遗迹、自然景观和生物多样性得到系统性保护，提升生态产品供给能力，维护国家生态安全，为建设美丽中国、实现中华民族永续发展提供生态支撑……建成中国特色的以国家公园为主体的自然保护地体系，推动各类自然保护地科学设置，建立自然生态系统保护的新体制新机制新模式，建设健康稳定高效的自然生态系统，为维护国家生态安全和实现经济社会可持续发展筑牢基石，为建设富强民主文明和谐美丽的社会主义现代化强国奠定生态根基……按照自然生态系统原真性、整体性、系统性及其内在规律，依据管理目标与效能并借鉴国际经验，将自然保护地按生态价值和保护强度高低依次分为3类。"

2019年7月，中共中央办公厅、国务院办公厅公布的《天然林保护修复制度方案》指出："天然林是森林资源的主体和精华，是自然界中群落最稳定、生物多样性最丰富的陆地生态系统。全面保护天然林，对于建设生态文明和美丽中国、实现中华民族永续发展具有重大意义……到2020年，1.3亿公顷天然乔木林和0.68亿公顷天然灌木林地、未成林封育地、疏林地得到有效管护，基本建立天然林保护修复法律制度体系、政策保障体系、技术标准体系和监督评价体系。"国家林草局天然林保护工程管理办公室介绍，我国天然林保护工程从1998年试点起步，2000年到2010年完成了第一期建设任务，目前正在进行的第二期实施期限从2011年到2020年。天保工程累计完成公益林建设任务2.75亿亩、后备森林资源培育1220万亩、中幼林抚育2.19亿亩。2016年，经国务院批准，全面取消了"十三五"期间天然林商业性采伐限额指标，10.58亿亩国有天然林全部停伐，每年减少森林采伐量约900万立方米，彻底扭转了天然林过量采伐消耗的局面。《天然林保护修复制度方案》提出："坚持全面保护，突出重点。采取严格科学的保护措施，把所有天然林都保护起来……地方各级政府承担天然林保护修复主体责任，引导和鼓励社会主体积极参与，林权权利人和经营主体依法尽责，形成全社会共抓天然林保护的新格局。"

2019年9月3日，中国生态环境部部长李干杰与《生物多样性公约》执行秘书克里斯蒂娜·帕斯卡·帕梅尔共同发布《生物多样性公约》第十五次缔约方大会（COP15）主题："生态文明：共建地球生命共同体"（Ecological Civilization: Building a Shared Future for All Life on Earth）。2020年《生物多样性公约》第十五次缔约方大会将在中国昆明举行，大会将审议"2020年后全球生物多样性框架"，确定2030年全球生物多样性新目标。①《生物多样性公约》是联合国三大环境公约之一，由158个国家于1992年签订，其宗旨是制定国际规则来保护生物多样性。相信在中国与世界各国的共同努力下，在联合国协调与指导下，实现保护生物多样性的目标会有新的进展。

---

① 佚名：《〈生物多样性公约〉第十五次缔约方大会主题发布》，2019年9月4日，http://www.gov.cn/xinwen/2019-09/04/content_5427066.htm。

第十章 筑建绿色文明的产业基础

绿色文明是经济发展到一定历史阶段的产物，是工业文明基础上的人类共同的文明形态。既然如此，绿色文明一定是建立在某种经济发展阶段或是产业发展更高水平即绿色产业的基础上的。本章重点从"绿色产业内涵及发展的意义""传统工业绿色化""促进能源产业绿色发展""大力发展生态农业""带着绿色文明色彩的文化产业"等方面来论述。

第一节 绿色产业内涵及发展的意义

一、发展绿色产业对实现绿色文明具有重大意义

2018年，世界人口总数超过75亿人，世界经济耗用已经超出了多个地球极限，如温室气体的排放、臭氧层的枯竭、化学的污染、淡水的消耗、悬浮微粒负荷及生物多样性的损失等。人类与地球的关系正面临着危机，因此，处理好人与地球的关系事关大局，事关全球。在新一轮产业革命背景下，新一代信息技术、能源技术、材料技术等的创新发展和渗透融合正在加快绿色发展技术与绿色制造业的形成。工业更加低碳环保，能源利用更加绿色高效，产业更具发展潜力。根据欧盟委员会关于信息通信技术对能源效率影响的分析，到2020年，信息通信技术可以使欧洲的计划能耗节省32%。世界自然基金会提出，通过信息网络技术，如智能交通出行、电子商务、智能建筑、工业节能等，可以将二氧化碳排放量减少10亿吨以上。对于正面临应对全球气候变化挑战的各国来说，以绿色技术创新和实现经济绿色增长已成为时代潮流。[①]

绿色产业是指在经济、金融、建设、交通、物流等方面高效利用资源的产业形态。绿色产业的发展，能使全球总资源使用量绝对减少，尤其是对拥有经济实力的发达国家来说，更应力求达到这一点。对于发展中国家来说，资源利用增长率若能低于GDP增长率，就可以降低经济活动中的资源耗用强度，实现"相对减少"。绿色产业发展，就是使经济增长不以自然资源能源的过度使用和消耗为代价，而是实现"物"半功倍，即以更小的环境代价和更大的生态经济效益创造更

---

① 中国国务院发展研究中心：《以创新和绿色引领新常态：新一轮产业革命背景下中国经济发展新战略》，中国发展出版社2015年版，第27页。

多的价值。例如，建筑节能、减少厨房垃圾、减少市政渗漏水量、提高钢铁行业能源利用效率、提高运输燃料效率、提高终端用钢效率、提高发电厂效率等。

二、从传统产业绿色化与发展新兴绿色产业入手

发展绿色产业有两大途径。第一，把原来不够绿色的产业升级成绿色产业，如钢铁、化工、水泥、电力等一系列传统产业。第二，发展新兴绿色产业，并用新的绿色产业来支撑未来经济，如节能环保产业、环保工程、重大节能工程、核电、风电、太阳能等新兴的能源、新装备、生物质发电、沼气地热、智能电网。联合国环境规划署基于绿色投资的倡导，曾经定义了八大绿色产业，包括可再生能源、清洁技术、生态环境设施、生物多样性商业利用、废物化学品的管理、绿色城市、绿色建筑、绿色交通等。中国政府部门对绿色产业有过不少规定，最新的界定是6大类212个子项。大类具体包括：节能环保产业、清洁生产产业、清洁能源产业、生态环境产业、基础设施绿色升级和绿色服务。①

下面，拟先分析传统（制造）工业绿色化，然后分析能源、农业和文化等产业的绿色化问题。

第二节 传统工业绿色化

制造业、农业、能源是传统实体产业中对环境影响较大的重点产业，也是绿色化任务最急迫、绿色发展空间潜力最大的产业。对于传统工业绿色改革路径，其本质是激活传统产业的绿色产品需求，实现清洁高效生产。

一、清洁生产，发展绿色工业

绿色工业是指积极采用清洁生产技术，采用无害或低害的新工艺、新技术，大力降低原材料和能源消耗，实现少投入、高产出、低污染，尽可能把对环境污染物的排放消除在生产过程之中的工业。绿色工业要求高效利用材料、能源和水，减少废物产生和排放，对化学制品、可再生原材料进行安全可靠的管理，逐步淘汰毒性物质，以可再生能源替代化石燃料，产品和过程绿色再设计，发展可提供环保产品和服务的新兴工业。

从全球视野看，制造业活动是全球经济发展的引擎，工业对于消除贫穷和创造就业机会能起到重要作用，在发展中国家效果尤其明显。但是，以制造业为主体的工业部门使用的能量，占世界总供给能量的1/3。尤其是因为沿用过时、低效

---

① 《绿色产业指导目录（2019年版）》，2019年2月14日。

的技术方法，许多行业使用的材料和能源超过生产工艺实际需求量。受人口增长和富裕水平的驱动，不可持续性的生产和消费模式正挑战着全球资源和污染排放承载力的极限。制造业承担了全球近 1/3 的二氧化碳排放、20 % 的用水量和大部分的原材料使用。每年在全球范围内只有 1/4 的制造业废料被回收或再利用。同时，工业发展带来了气候变化、生物多样性锐减、土地退化和荒漠化、大气污染、地表水和地下水污染、化学污染等一系列严重后果。因此，当前的工业生产模式是不可持续的，这是一种贪当世之功、断后世之路的工业发展模式。目前，传统工业的绿色化已变得十分重要和紧迫。发展绿色工业是发展绿色经济的关键。

二、废物利用，发展循环经济

20 世纪 90 年代末，英国环境经济学家皮尔斯在其《自然资源和环境经济学》一书中首次使用"循环经济"一词，提出循环经济的目是建立可持续发展的资源管理原则，使经济系统成为生态系统的组成部分。[①]

循环经济反映人类对资源利用方式的提升。循环经济在物质的循环、再生、利用的基础上发展经济，是一种建立在资源回收和循环再利用基础上的经济发展模式。它以资源的高效利用和循环利用为核心，以"减量化、无害化、资源化"为原则。这是对"大量生产、大量消费、大量废弃"的传统增长模式的根本变革。

为实现废物再生再利用，我们需要构建"废物管理框架"。这个管理框架的主要程序就是先预防，再利用，后进行其他处理，最后是实行处置。预防就是要减少废物产生，提高资源利用效率，延长产品寿命；再利用就是要修护和翻新部分或全部产品，变废物为新的原材料，通过焚烧产生热量和电能以回收能量；处置就是把不能进行能量回收的焚烧、填埋或生物分解。传统的"废物管理框架"概念主要用于固体废弃物。在循环经济中，这一概念也适用于水污染和大气污染的再处理。比如，水的循环就是提高水资源利用率，防止污染物进入水体，清洁水再利用，废水处理后排放到河流等。再如，大气的循环就是提高热效率，防止污染物进入大气，用热气流加热实现能量回收，废气处理后排放到大气中。

"内部"循环经济是指一个工厂利用相同工业区或工业园区的（或者至少是附近的）固体废弃物、废水和废物能量流作为原料进行再利用和再循环。"外部"循环经济是指一个工厂利用地区内或国内乃至全球范围的固体废弃物，作为原材料进行再利用和再循环。

同样，发展循环经济也需要管理体制的建设与完善。政府必须制定相关的法律法规，如建立废渣、废水、废气的质量标准，建立相应的执法机制（监察、审

---

① 付允、林翎：《循环经济标准化理论、方法和实践》，中国标准出版社 2015 年版，第 1 页。

计等）与程序，建设相应监管基础设施，从关税、补贴等政策方面对循环经济执行者予以支持，而对于污染者要进行严厉的惩罚。

三、节能减排，发展低碳经济

随着全球人口数量的增加和经济规模的不断增长，化石能源等常规能源的使用数量急剧增加，造成的环境问题及后果不断地为人们所认识，随着废气污染、光化学烟雾、水污染和酸雨等的危害，以及大气中二氧化碳浓度升高带来的全球气候变化，已被确认为人类破坏自然环境、不健康的生产生活方式和常规能源的利用所带来的严重后果。在全球气候变暖的背景下，以低能耗、低污染、低排放为基础的低碳经济已成为全球热点。工业、交通与能源，在实现低碳化方面具有重要意义。《斯特恩报告》指出，从2000年的全球数据看，这三项合计占到碳排放总量的54%以上。

低碳经济有助于推进世界实体经济结构转型。从产业结构看，低碳农业有助于降低对化石能源的依赖，走有机、生态和高效的新路；低碳工业将减少对能源的消耗，高碳产业如以化石能源为原料的工业，高耗能的有色金属冶炼等产业的发展将受到抑制；新兴可再生能源产业、低耗能产业及能源节约产业等将得到更大发展。从社会生活看，低碳城市建设将更受重视，燃气普及率、城市绿化率和废弃物处理率将得以提高；在家居与建筑方面，节能家电、保温住宅和住宅区能源管理系统的研发将受重视，并向公众提供碳排放信息；在交通运输方面，将更加注重发展公共交通、轻轨交通，提高公交出行比率，严格规定私人汽车碳排放标准，企业减排的社会责任也将受到更多关注。

在全球气候变暖的背景下，欧美发达国家大力推动以高能效、低排放为核心的"低碳革命"。着力发展低碳技术，并对产业、能源、技术、贸易等政策进行重大调整，以抢占先机和产业制高点。英国作为工业革命的发源地，深刻认识到自己在气候变化过程中应该承担的历史责任，所以率先在世界上高举发展低碳经济的旗帜，成为发展低碳经济最为积极的倡导者和实践者。低碳经济最早见诸政府文件是在2003年的英国能源白皮书《我们能源的未来：创建低碳经济》。

第三节 促进能源产业绿色发展

在全球能源资源紧张、全球气候变暖的背景下，倡导和落实能源的绿色战略意义重大。无论是解决经济发展与环境污染之间的矛盾，实现人类社会的可持续发展，还是积极应对全球气候变化，防止全球变暖，抑或是实施节能减排政策，加快经济发展方式转变，能源绿色发展战略具有重要意义。本节专门就能源产业绿色发展进行分析。能源的绿色生产是指能源在研发、采掘、转化等过程中，减少污染排放，避免生态破坏，同时对能源作业环境进行修复，以实现能源生产中的环境友好。[①]

这里，需要明确能源绿色化与绿色能源的区别。能源绿色化可理解为能源在生产、消费过程中的清洁、低碳与可持续，其是一种方法与途径，既包括煤、石油、天然气等传统能源的绿色化问题，又包括太阳能、风能等新能源的绿色化问题。而绿色能源则仅是较之于传统能源的一种分类，现多理解为新能源，如太阳能、风能、生物能等，而新能源在能源结构中所占的比重不超过10%。基本思路是：人类不应该通过减少绿色来获取能源，而应该通过增加绿色来获取能源。能源问题涉及多个方面，下文主要从能源的绿色生产进行分析。

一、煤炭的绿色开采

研究表明，煤炭开采往往会剥离地表覆盖层，导致地表坍塌、土地和植被破坏、水资源污染、空气污染等问题，还可能严重破坏生态环境。煤炭开采中的水资源污染主要体现在两个方面：一方面是矿区的挖掘破坏地表和地下水系结构，导致地表和地下水水位下降、干涸、改道等；另一方面是矿区排出的废水往往含有高浓度的颗粒、重金属、放射性物质、矿物质等，这些物质具有非降解性和酸性较强的特点，对地表和地下水的污染严重，将直接影响矿区的工业和生活用水。煤炭开采中的空气污染主要是指矿区瓦斯排放、煤矸石自燃、粉尘污染等。煤矿瓦斯不仅会造成严重的瓦斯爆炸，其还是含碳高的温室气体，温室效应远高于二氧化碳。煤矸石自燃会产生大量的温室气体和有毒气体，如二氧化碳、一氧化碳、二氧化硫等，既会造成空气污染，又会引起温室效应。

一般情况下，煤炭开采的环境成本主要有：一是土地资源成本，包括采煤水土流失、煤矿区土地复垦、地表坍塌恢复、采煤占地成本；二是水资源成本，包括采煤水体破坏、采煤漏水、水质污染、矿井排水；三是大气资源成本，包括人体健康成本、农业损失、矿尘清洗费用。[②]

二、石油的绿色开采

随着人类对石油依赖程度的增强，石油开采中暴露出来的绿色问题也越来越突出。近年来，石油开采引起的海洋污染、环境破坏等时有发生，给人类生活带来了严重的灾难。石油开采中的绿色问题主要分为三类，即石油开采造成的水体

---

① 李晓西、林卫斌：《"五指合拳"——应对世界新变化的中国能源战略》，人民出版社2013年版；李晓西主编：《中国传统能源产业市场化进程研究报告》，北京师范大学出版社2012年版。

② 中国能源中长期发展战略研究项目组编：《中国能源中长期（2030、2050）发展战略研究——电力·油气·核能·环境卷》，科学出版社2011年版，第258页。

污染、土壤污染和大气污染。石油开采水体污染包括海洋污染、江河湖泊污染及地下水污染。造成石油开采水体污染的原因主要有以下几种：炼油厂含油废水直接注入或渗入水体；油船泄漏、恶意排放或发生事故；海底油田在开采过程中的溢漏及井喷等。进入21世纪以来，全球重大漏油事故发生多起。石油开采土壤污染多指石油生产中油罐或输油管道泄漏，或含油废水随意排放，导致石油进入土壤，造成土壤盐碱化、毒化等。石油中的有毒物质一旦通过农作物等进入食物链，将会给人类健康带来严重的后果，使人类患上多种疾病。石油开采大气污染则是指石油生产中产生的碳氢化合物、硫氧化合物等形成酸雨和光化学烟雾，刺激人的呼吸系统、诱发呼吸道疾病等。

石油的绿色开采，即要解决石油开采中的这些环境污染和生态破坏问题。在开采过程中，减少废油废气的排放，提高油气的利用效率。同时，在石油的运输及存储中，以切实有效的措施防止油田溢漏、油船泄漏，避免重大漏油事故发生。此外，修复石油污染造成的土壤破坏，降解土壤中的重金属、有毒物质等，减少油气对人类身体健康的影响。

三、二次能源的绿色转化

二次能源是由一次能源经过加工转换而得到的能源，如电力、汽油、柴油等。二次能源在由一次能源转化的过程中会出现资源浪费、环境污染等情况，其中最为突出的是电能的转化。

电力、热力的生产和供应中需要排放大量的工业废水，尤其是直接排放入海的工业废水问题较为突出。同时，工业废气排放尤其是由煤等燃料燃烧产生的废气排放问题也是相当严重的。电力、热力的生产和供应的工业固体废弃物产生量在各行业中居首位。[①]

除了电能生产时的环境污染以外，电厂在建设时的绿色问题也值得我们重视。以水电为例，水力发电所需的大坝通常会截断河流，由此会影响河流原有的水环境、动植物环境等，甚至会改变水电厂所在区域的小气候，对周围的生态造成不可逆的影响。同时，水电厂的建设还会淹没库区土地，造成土壤盐碱化，使有限的耕地进一步减少。另外，大型水电厂建设造成的移民问题也越来越突出，大量原住民被迫搬离原居住地，由此可能带来较为严峻的社会问题。

实现二次能源的绿色转化，应该实施节能减排政策，加大煤炭清洁发电技术的研发力度，严格电厂建设时的环境规划要求，加强对我国各电厂污染物排放的监督与管理。

---

① 中华人民共和国环境保护部：《2010中国环境统计年报》，中国环境科学出版社2011年版，第157—172页。

四、新能源的绿色研发与生产

传统能源的紧张与稀缺，刺激了人们对新能源的追求。无论是缓解能源的供需矛盾，还是调节能源生产与消费结构，新能源都有着重大的意义。然而，在我们目前所拥有的新能源中，是否所有新能源都是绿色的？是否所有新能源的生产和消费过程都是绿色的？这值得我们探讨。本身是绿色环保的太阳能，在现有的技术条件下其生产却伴随着高污染与高能耗，这警示我们在使用新能源的过程中应更加慎重。未来，在技术水平提高的前提下，我们期待太阳能的生产和消费均实现清洁无污染。实践中，核能、潮汐能、风能等新能源的生产与消费也存在一定的环境风险。例如，核燃料放射性对环境会有影响，风能发电厂若占有耕地农田也对经济发展有影响等。在新能源的研发与生产中，我们应该尽量做到绿色环保，不要为了换取绿色能源而伤害原有的绿色，要防止"以绿伤绿"。我们要努力提高新能源开发水平，降低环境成本，让新能源成为真正的绿色能源。

五、能源生产中的减排与废弃物处理

煤炭、石油、天然气等能源在生产过程中会产生诸多含有重金属、有毒气体、温室气体的废水、废气，以及煤矸石、炉渣、粉煤灰等固体废弃物，有效处理这些生产垃圾是能源绿色生产的重要内容。对能源生产中的废水、废气和固体废弃物进行无害化处理固然是绿色的，但如果能够将其转化为资源加以利用，则更符合能源绿色战略的要求。随着技术的进步，在不断提高对煤炭瓦斯、煤矸石、煤矿井水等重复利用率的同时，将其作为其他行业中的原材料进行使用，已收到了较好的效果。此外，不断研发与完善将农作物、生活垃圾等转化为生物能源的技术，使这些废弃物变废为宝，既能保护环境，又能提高资源利用率。

发达国家在新能源立法方面已有很大进展，不仅制定了不同时期国家能源绿色化转型的战略，还具体规定了新能源发展的中长期目标和实施政策等。新能源立法应加强体制和机制设计，如德国的《能源经济法》等。日本、德国、英国等从法律角度详细规定了新能源的发展目标，并在电力企业新能源利用、可再生能源电力上网等方面做出了强制性规定。法国特别重视用法律来调控新能源的转型，如 1963 年出台的《重要核设施法令》在 1973 年、1990 年、1993 年、1997 年相继做出了修订。这些经验值得发展中国家借鉴。

新能源关乎经济社会和人类生存发展的未来，应从长远利益考虑，大力支持绿色能源的开发和利用。经验告诉我们，新型产业发展的初始阶段离不开政府和社会的支持，发达国家大都建立了具体有效的新能源发展支持体系，支持体系大概包括法律支持、财政支持、税收支持，还有在市场经济条件下的金融支持如贷款担保、低息补贴和贸易支持等，必要时，可加大政府投资力度，启动国家重点新能源科研项目。从多方面确保新能源产业能够在宽松、适宜的环境中发展壮大。

第四节 大力发展生态农业

生态农业就是指协调发展与环境、资源利用与保护关系的农业，是原始农业和传统农业之长期发展基础上的新型农业。生态农业是一个农业生态经济复合系统，是把农林牧副渔业综合起来的大农业，又是将农业种植、养殖、加工、销售、旅游结合起来的大农业。生态农业强调既不失传统农业的精耕细作、间作套种和施用有机肥等，又强调有机农业与无机农业相结合。

一、生态农业的探索

生态农业思想起源于古老的中国，中国自春秋时期就懂得用地养地的道理，以及物理杀虫、人工除草等做法。近代的生态农业是于 1924 年在欧洲兴起的，20 世纪三四十年代在瑞士、英国、日本等得到发展。英国是最早进行有机农业试验和生产的国家之一，有机农业是生态农业的重要组成部分。自 20 世纪 30 年代初英国农学家霍华德提出有机农业概念并组织试验和推广以来，有机农业在英国得到了广泛发展。20 世纪 60 年代欧洲的许多农场转向生态耕作。

20 世纪 70 年代以来，自《寂静的春天》一书的科学预警后，越来越多的人认识到，现代农业在给人们带来高效的劳动生产率和丰富的物质产品的同时，也带来了生态危机，如土壤侵蚀、化肥和农药用量上升、环境污染、生物多样性锐减。此后，各国开始探索农业发展的新途径和新模式，生态农业便是世界各国共同的选择。20 世纪 70 年代末，东南亚地区开始研究生态农业，走可持续发展的道路成为世界各国农业发展的共同选择。20 世纪 70 年代后，西欧发达国家相继开展了以保护农业生态环境为主有机农业运动。1972 年，在法国成立了国际有机农业运动联盟（International Federation of Organic Agriculture Movements，IFOAM）。英国在 1975 年国际生物农业会议上，肯定了有机农业的优点，使有机农业在英国得到了广泛的接受。至 20 世纪 90 年代，世界各国的生态农业均有了较大发展。建设生态农业，走可持续发展的道路已成为世界各国农业发展的共同选择。在生产过程中，国际可持续农业发展要求生态产品所采用的原料必须是生态的。所使用的附加料，如在生产过程中必须使用，则允许部分附加料来自传统农产品，但不得高于 25%。一旦使用了传统农业附加料，就应在产品中标明使用的比例。只有 95% 以上的附加料来自生态的，才可作为纯生态产品出售。20 世纪 90 年代后，特别是进入 21 世纪以来，实施可持续发展战略得到全球的共同响应，可持续农业的地位也得以确立，生态农业作为可持续农业发展的一种实践模式和一支重要力量,进入了蓬勃发展的新时期,无论是在规模、速度还是在水平上都有了质的飞跃。

二、发达国家发展生态农业的经验

为发展生态农业,发达国家普遍推行了基本不用人工合成的肥料、农药、生长调节剂和畜禽饲料添加剂而采用有机肥满足作物营养需求的有机农业,同时为发展生态农业制定了相应的法律法规[①]。以美国为例,美国是世界上最发达的国家,也是世界上第一大农产品出口国。据了解,美国农业劳动力约200万人,仅占全国劳动力总量的2%左右,以高度商业化的家庭农场为基础模式。早在1914年,美国就很大程度上实现了种植的专业化,农业产销也实现了"从田间到餐桌"的一体化。在美国,替代农业的主要形式是有机农业,最早进行实践的是罗代尔,他于1942年创办了第一家有机农场,并在扩大农场和过去研究的基础上成立了罗代尔研究所,成为美国和世界上从事有机农业研究的著名研究所,罗代尔因此也成为美国有机农业的先驱。

美国对保护农业后备资源和农业生态建设无论是在规模上,还是在水平上都是名列世界前茅的。这与其完善的法律体系和有力的财政支持是分不开的。美国的生态农业发展有完善的法律法规体系作为保障。早在1990年,美国颁布的《污染预防法》中就对生态农业做了明确规定,《1990年食品、农业、资源保护和贸易法》通过立法形式选择研究和教育途径来建立一种可持续的、有利可图的与保护资源的农业生产体系。为了实施低投入发展模式,美国还对农药、化肥等投放量标准制定了专门的法律规定。如果说完善的法律体系是生态农业发展的前提,那么有力的财政扶持就是生态农业持续壮大的基础。目前美国已有上万个生态农场,从20世纪90年代起便开始对农业进行"绿色补贴",要求受补贴农民必须检查自身环保行为。除此之外,还暂行减免农业所得税。在生态农作制度改革过程中,为了引导农场采用休闲方式降低生产成本与保持水土,美国政府制定了休种补贴政策,对农户进行直接的补助补贴。

三、发展中国家发展生态农业的经验

在生态立县的过程中,中国浙江省安吉县的农业一直成效显著。但安吉县的农业早已超出了传统第一产业的概念,与第二、第三产业相融合,在第一、第二、第三产业上同时发挥联动作用。农业发展主要依托当地的两大资源,一是毛竹,

---

[①] 佚名:《世界生态农业典范——这6个国家的生态农业做绝了》,2018年4月18日,http://www.sohu.com/a/228694719_294959。

二是白茶。限于篇幅，这里重点介绍毛竹产业的发展情况。安吉竹产业经过多年的发展，从卖原竹到进原竹、从用竹竿到用全竹、从物理利用到生化利用、从单纯加工到链式经营的四次跨越，形成了8大系列3000多个品种的竹产业产品格局。竹产业链下游则是以竹制品的销售、品牌运营为中心，包括以生态、环保、低碳、绿色为核心理念的竹产业文化与理念的推广。安吉县每年产生竹节、竹屑等加工废料高达20万吨。安吉县加大竹废料的开发利用，相继研制出竹屑板、重组竹胶合板等变废为宝的新产品。安吉县现有竹产业企业超过2000家，竹产业为全县农民平均增收接近1万元，占农民总收入的近60%。总之，安吉县充分利用优势资源，创造性地延伸产业链，从而使生态资源成为富民强县的依托。2012年9月，安吉获得"联合国人居奖"。[①]

需要指出的是，发展生态农业，同样需要加快推动农业产业化进程，需要在工业化、现代化进程中来发展，需要规模化、专业化、商品化。种植养殖的规模逐渐扩大，商品率不断提高，使农民的劳动生产率和纯收入不断提高；农村的种植业、养殖业走上了专业化发展道路，为科技扎根于农业提供了条件，为商品化生产奠定了基础。进一步讲，还要支持农业开拓新领域，支持农村劳动力从种植业转向非农产业，支持农村的非农产业不断发展，提高劳动者素质和开阔其眼界，积累资金和技术发展农业。

第五节 带着绿色文明色彩的文化产业

在讨论筑建绿色文明的产业基础时，会涉及许多种类的产业，如环保产业、高科技产业、绿色海洋业、荒漠化治理产业、绿色建筑业、健康产业、城镇绿化产业、绿色服务业等，但文化产业与文明密切相关，因此，这里重点讨论文化产业的发展。

如何理解文化产业？"文化产业"的英语名称为"culture industry"，可以译为文化工业，也可以译为文化产业。联合国教育、科学及文化组织关于文化产业的定义如下："文化产业就是按照工业标准，生产、再生产、储存以及分配文化产品和服务的一系列活动。"[②]2003年，文化部制定下发《关于支持和促进文化

[①] 背景：2013年4月19—26日，在安吉县科技局的大力支持下，中国绿色发展指数课题组赴安吉县进行了实地考察。课题组由张生玲为组长，成员有邵晖、王颖、白瑞雪、周晔馨等。调研报告"走绿色发展道路，建中国美丽乡村——浙江安吉调研"。北京师范大学科学发展观与经济可持续发展研究基地、西南财经大学绿色经济与经济可持续发展研究基地、国家统计局中国经济景气监测中心：《2013 中国绿色发展指数报告：区域比较》，北京师范大学出版社2013年版。

[②] 梁建生：《联合国教科文组织报告：文化创意产业正在成为各国战略性资产》，2016年3月7日，http://shcci.eastday.com/c/20160307/u1a9245756.html。

产业发展的若干意见》，将文化产业概念正式界定为："从事文化产品生产和提供文化服务的经营性行业。"①

各国在发展文化产业及产品上，都会努力挖掘本区域或本民族的优秀文化，进行工业化的生产和营销。文化产业一般是某种文明的体现。从产业角度看，文化可以说是具有发散型的、可具体化的，而文明则是抽象、聚型的。因此，当讲到文化产业时，我们可以列出许多具体产品来。2014年，国家统计局把文化产业分三大类：第一类是围绕文化产业内容生产、文化传播及为文化内容生产传播提供服务的行业，如生产与销售图书、报刊、影视、音像制品等行业；第二类是支撑文化生产和再生产的文化制造业，如书报刊印刷机、印刷设备、电影机械、广播电台或电视台装备、舞台设备等；第三类是文化创意和设计。三大类又包括非常多的具体产品。当然，世界各国对文化产业并没有一个统一的说法。美国没有文化产业的提法，他们一般只说版权产业，主要是从文化产品具有知识产权的角度进行界定的。日本政府则认为，凡是与文化相关联的产业都属于文化产业。

下面，就文化产业相关问题对多位专家的意见进行一些概括分析。②

（1）文化产业发展的意义。文化产业同绿色发展相联系，对环境保护与发展有重要作用和意义，将文化产业同绿色发展相联系，是对文化产业定位和认识的重大转变与提高。文化产业作为典型的知识型产业、无烟产业是未来经济朝绿色方向发展的重要选择，是实现经济无污染增长的绿色增长点。同时，文化产业不仅是绿色产业，还是国民经济的重要支柱性产业。国际经验表明，文化消费与经济发展水平呈显著正相关关系，当人均GDP接近或超过5000美元时，文化消费会进入"井喷"时期；当人均GDP超过10 000美元时，文化消费将会在居民消费结构中稳定下来并随着收入的增长而"水涨船高"。从宏观经济层面来看，文化产业总量的增长将推动经济实现绿色转型升级，既能促进现代服务业的发展，也有助于通过文化提升传统产业的附加价值。从发展趋势看，文化产业内部结构也在优化，文化制造业占比可能会相对下降，文化服务业占比可能会相对提升。各国通过知识产权保护、产业融合发展、创意人才扶持、财税土地政策和文化金融对接等方式支持文化产业发展，近年来已取得良好成效。

（2）理性看待文化产业的公益性和经营性问题。两者关系在概念上似乎比较

---

① 《关于支持和促进文化产业发展的若干意见》，2003年4月4日。

② 本节内容主要根据2016年3月26日我在北京金帝雅宾馆主持的"绿色发展——'十三五'时期文化产业政策与前景分析"研讨会上国家有关部门的领导专家和清华大学国家文化产业研究中心、北京大学文化产业研究院的领导的发言整理摘编。专家有高书生、杨书兵、董兆祥、来有为、陈建祖、祁述裕、赵卫东、李永新、何奎、熊澄宇、向勇等。

清楚,但一旦同实际工作结合起来,二者的边界划分和交叉范畴就会出现问题。文化与文明的相关性较高,由此引发的一种误解是,文明就是精神产品,不应有利润的追求。这种观点显然是片面的。文化产业是需要投入的,且需要持续的投入,只有有收入、有积累,才能持续发展下去。当然,按中国文化说法,文化产业应多强调"义","义是当头,利就在其中了"。需要指出的是,社会有必要发展文化产业的社会型企业。社会型企业是以社会事业为经营目标,以企业组织形态的企业,既有非营利因素又有营利因素。总之,对于文化企业既不能单纯从经济效益角度看待,也不能拿社会效益作为捆绑,文化产业发展效益的评价标准之一就是,要坚持社会效益和经济效益相统一的双效益原则。文化产业可分为传统、现代和新兴文化产业。以传统文化为例,包括像工艺美术、文化旅游等这些都是对物质文化依赖性比较高、投入较大的行业,往往容易重点考虑其经济价值,那么其社会价值如何实现问题,还需要经济学家和社会学家进行深入思考。

(3)文化产业的多元融合发展。文化产业与相关业态的融合发展有很大的潜力,需要进一步深化。文化同科技、制造业、旅游、金融等融合发展的趋势日益明显。例如,移动互联网、云计算、大数据等与文化产业结合,构建"互联网+文化"的新生态,融合领域可为数字内容、智能终端、信息媒体、应用服务等领域。特别是以移动互联网为代表的新一代信息技术已经渗透到文化创意产品的创作、生产、传播、消费等各个层面和关键环节,成为文化创意产业发展的核心支撑和重要引擎。文化产业还可与相关产业合作形成创新平台、公共服务平台、产权交易平台等,探索建立平台等资源共享机制,引导人才、资本、技术等创新要素集聚,推动文化科技企业的资源整合和协同创新。文化产业与相关产业(科技、旅游)的融合,传统媒体和新兴媒体的融合,网上文化产品和网下文化产品的融合,这些趋势均已打通。优秀的中华传统文化,是发展文化产业的重要历史资源,文化已经开始带动制造业、农业、旅游业相关的产业,提升了相关产业的附加价值。以产业融合为突破口,引导文化企业协同进行创新发展,也是未来的发展趋势之一。

(4)文化产业与旅游业的融合发展[①]。发展旅游产业对可持续发展具有重要意义。旅游业自身的可持续发展及其对全球可持续发展的重要影响,正引起国际社会的高度关注。旅游业是世界公认的资源消耗低、就业机会多、综合效益高的产业,是现代服务业的重要业态,也是许多国家产业结构调整的重要方向。旅游业对全球经济发展贡献已超过10%,对全球就业贡献也超过10%,早已成为世界重要产业。联合国世界旅游组织公布的数据显示,自2012年起,中国连续多年成为

---

① 国家旅游局:《"从景点旅游走向全域旅游,努力开创我国'十三五'旅游发展新局面"》,2016年1月29日,http://www.china.com.cn/travel/txt/2017-11/27/content_41949176.htm。

世界第一大出境旅游消费国，对全球旅游收入的贡献年均超过 13%。2015 年，中国出境旅游人数、境外旅游消费继续位列世界第一。2015 年 9 月，第 70 届联合国大会正式通过《议程》。旅游业与这 17 个目标都有着直接和间接的联系，能够为之做出贡献。2015 年 12 月 4 日，联合国大会通过决议，将 2017 年定为国际可持续旅游发展年。特别要指出的是，中国把文化产业与旅游业高度结合在一起。中国 2019 年，国务院办公厅出台的《关于进一步激发文化和旅游消费潜力的意见》指出："以习近平新时代中国特色社会主义思想为指导，顺应文化和旅游消费提质转型升级新趋势，深化文化和旅游领域供给侧结构性改革，从供需两端发力，不断激发文化和旅游消费潜力。努力使我国文化和旅游消费设施更加完善，消费结构更加合理，消费环境更加优化，文化和旅游产品、服务供给更加丰富。推动全国居民文化和旅游消费规模保持快速增长态势，对经济增长的带动作用持续增强。"

第十一章 123个国家绿色发展水平的测度

绿色文明是建立在全球经济绿色发展更高阶段的产物,对各国绿色发展水平的比较与判断,有助于判断绿色文明建立的难易程度与相对的国别差异。本章介绍了人类绿色发展指数(human green development index,HGDI)测度的由来及发展,并全面介绍笔者和宋涛副教授测度完成的 2018 人类绿色发展指数(2018 human green development index),包括编制与测度方法,以及对全球 123 个国家的绿色发展水平的排序;同时,总结发展中国家经济发展中出现的环境问题,并就制定衡量可持续发展或绿色水平测度方法进行了比较,希望能为推动全球绿色发展做出贡献。[①]

第一节 人类绿色发展指数测度的由来及进展

联合国于 2000 年启动的联合国千年发展目标在 2015 年到期,如何接续这个宏伟的规划,进一步促进人类可持续的发展,已成为世界各国关注的大事。

2000 年 9 月,在联合国千年首脑会议上,世界各国领导人就消除贫穷、饥饿、疾病、文盲、环境恶化和对妇女的歧视,商定了一套有时限的目标和指标——《联合国千年发展目标》:消灭极端贫穷和饥饿,普及小学教育,促进男女平等并赋予妇女权利,降低儿童死亡率、改善产妇保健、与艾滋病、疟疾和其他疾病做斗争,确保环境的可持续能力,全球合作促进发展。累计有 8 大目标和 53 个指标被置于全球议程的核心,所有目标的完成时间是 2015 年,这是一幅由全世界所有国家和主要发展机构共同绘制的蓝图。"千年发展目标已成为历史上最成功的全球反贫困推动力。在实现多项具体目标方面已取得了重大的实质性进展,包括将生活在极端贫困中的人口减半以及将无法持续获得改善饮用水源的人口比例减半。城市贫民窟的居民比例显著下降。在与疟疾和肺结核的斗争中已取得了卓越的成绩。在卫生及小学教育领域也取得了明显的进步。"[②]

联合国开发署于 2013 和 2014 年开始研讨如何在联合国千年发展目标取得进展的基础上,拟定"后 2015 发展议程"(即后来的《议程》)和联合国可持续发

[①] 2014 年本书笔者主编写成了《2014 人类绿色发展报告》(北京师范大学出版社 2014 年版)。在此基础上,笔者与宋涛副教授合作完成了 2018 人类绿色发展指数,具体见本书后面的详解。

[②] 联合国:《2013 年千年发展目标报告》,2013 年 2 月 7 日, https://www.un.org/zh/mdg/report2013/。

展目标,拟向联合国提交一个包括消除贫困、促进男女平等、提供教育机会、确保健康卫生、保障可持续能源、创造就业机会、促进经济增长、维护公平与和平、提升有效管理、全球合作持续发展的全面规划。根据有关文件,新的规划中的大目标和子目标数量均有较大增加。可以预见到,无论是涵盖的内容,还是对行动效果的预期,这都是一个必然超越《联合国千年发展目标》的新的行动议程。

当然,要制定全面合理的科学规划并一步步有效实施,需要多方尤其是各国的配合,群策群力,共同协商。为响应新规划制定者的呼吁,笔者希望能编制人类绿色发展指数,自觉自愿地参与这项伟大的工程。于是,笔者组织了一个研究团队,项目组成员有:刘一萌、白瑞雪、李晶、荣婷婷、宋涛、李菲、晏凌、蔡宁、刘杨、李英子、吴依桐、闵德龙等12位教师和研究生。人类绿色发展指数拟通过简明且易形成共识的指标,对各国可持续发展水平进行测度与比较,鼓舞各国对照检查,取长补短,在相应的发展阶段上,实现最具可持续能力的发展战略和行动方案。具体来说,人类绿色发展指数力求反映各国在增进人类福祉、促进社会公平、降低环境风险和生态稀缺方面的努力,以配合联合国可持续发展目标的规划的制订。

本书在测度研究中实质上蕴含着一个理念,即应力求为人类与地球的双重持续发展(dual-sustainable development,DSD)做简单"体检"。在很长一段时间里,地球的可持续发展被理解为从属于人类的可持续发展,被当作人类发展的环境与条件来看待。今天,我们需要更辩证地、更重视地看待地球的可持续问题了。人类需要可持续发展,地球本身也应有同人类一样的生存权与发展权,即地球需要保持干净、保持生机且具有自调节能力。事实上,早在1980年,联合国环境规划署委托国际自然和自然资源保护联合会编纂《世界自然资源保护大纲》,强调必须研究自然、社会、生态、经济之间的关系,以及利用自然资源过程中的基本关系,以确保全球的可持续发展。这里提到的"全球可持续发展",已含有两方面持续发展的意思。社会、经济的方面,是"人类可持续发展"的内容;自然、生态的方面,是"地球可持续发展"的内容。如果深化这种理念,就自然涉及联合国为2015年后可持续发展规划提出的两方面:一方面是全人类要健康的生存、可持续的发展;另一方面是节约资源与提高利用效率,保护生态环境,使地球健康地生存。

在完成的《2014人类绿色发展指数》报告中,体现了笔者几年来在绿色发展指数系列报告上的研究成果,也特别借鉴了联合国开发计划署(United Nations Development Programme,UNDP)《人类发展指数报告》具有体系简、指标少的特点,将人类绿色发展体系简单地集中到可持续发展两大维度——"社会发展"和"资源环境"的12个领域,比较通俗的解释是:"吃饱喝净、健康卫生、教育脱贫、天蓝气爽、地绿河清、生物共存"。HGDI的指标体系构建尤其是指标选择过程中,本书对全球影响力较大的相关指标体系进行了比较研究,大范围、多角度、全方位地收集了国际组织的各类指标,从中提炼了该报告的指标。具体过程是"多中选一",即 12 个领域中每个领域选出的相关指标多者达到 40 个,少者达到 20 个;经多次讨论、反复比较、认真研究,最终筛选确定每个领域仅一个最经典、最具代表性的指标。为使尽量多的国家被选进来,重在数据可获得上,而测度用的数据基本是 2010 年的数据。《2014 人类绿色发展指数报告》编制的原则包括以下几个方面:有效但有限的原则、绿色与发展相结合的原则、共同责任与同等测度原则、人类发展的包容与公平原则。该报告测度并评估了全球 123 个国家的绿色发展水平。[①] 表 11.1 汇总了参与讨论与评审《2014 人类绿色发展报告》的专家学者。这里要特别感谢中外专家们的关心与支持。

表 11.1 参与讨论与评审《2014 人类绿色发展报告》的专家学者一览表

姓名	单位	姓名	单位
盛馥来	联合国环境规划署高级经济专家	刘伟	北京大学副校长
张世钢	联合国环境规划署驻华代表	郝芳华	北京师范大学副校长
张金华	联合国环境规划署亚太办事处项目官员	边慧敏	西南财经大学原副校长
王东	联合国开发计划署项目官员	卢迈	中国发展研究基金会原秘书长
Gorild Heggelund	联合国开发计划署高级气候变化顾问	夏光	环境保护部环境与经济政策研究中心原主任
李琳	世界自然基金会中国副首席代表	潘家华	中国社会科学院可持续发展研究中心原主任
吴昌华	气候组织大中华区总裁	黄平	中国社会科学院美国研究所所长
王圳	联合国工业发展组织项目干事	王毅	中国科学院科技政策与管理科学研究所副所长
马健	联合国工业发展组织驻华代表处项目官员	薛澜	清华大学公共管理学院原院长
朱春全	世界自然保护联盟驻华代表	马中	中国人民大学环境学院院长
韩国义	瑞典斯德哥尔摩国际环境研究院高级研究员	宋旭光	北京师范大学国民核算研究院院长
Wilfried Luetkenhorst	德国发展研究所研究员	张世秋	北京大学环境科学与工程学院教授
		施发启	国家统计局经济核算司首席统计师

还有不少跨学科但对具体指标内容有专业研究的教授学者参与了指标的修订

[①] 北京师范大学经济与资源管理研究院、西南财经大学发展研究院:《2014 人类绿色发展报告》,北京师范大学出版社 2014 年版。

与解释工作,如表11.2所示。在此一并对合作者的热情支持表示衷心的感谢。

表11.2 参与修订指标解释的专家学者

	报告内容		撰稿人
	前言		李晓西
	人类绿色发展指数(HGDI)的理论、编制与测算		李晓西等
人类绿色发展指数(HGDI)指标解释	极端贫困类指标	低于最低食物能量摄取标准的人口比例	张琦、李菲
	收入类指标	不平等调整后收入指数	张生玲、蔡宁
	健康类指标	不平等调整后预期寿命指数	张占军、蔡宁
	教育类指标	不平等调整后教育指数	杜育红、蔡宁
	卫生类指标	获得改善卫生设施的人口占一国总人口的比例	王诺、宋涛
	能源类指标	一次能源强度	林卫斌、李英子
	气候变化类指标	人均二氧化碳排放	刘一萌、田贺忠
	空气污染类指标	PM_{10}	田贺忠、刘一萌
	土地类指标	陆地保护区面积占土地面积比例	张正旺、刘杨
	森林类指标	森林面积占土地面积的百分比	王天明、李菲
	水类指标	获得改善饮用水源的人口占一国总人口的比例	王红瑞、宋涛
	生态类指标	受威胁动物占总物种的百分比	白瑞雪、张正旺
附录及附表	附录	HGDI与HDI排名比较	刘一萌、白瑞雪、荣婷婷、宋涛、李菲、蔡宁、刘杨、李英子、吴依桐
	附表一	各类指标数据汇总表(12)	
	附表二	各类指标动态变化表(7)	
	附表三	人类绿色发展指数辅助指标表(4)	

令人鼓舞的是,当我们的初稿提交给相关机构后,很快就得到了反馈。担任联合国秘书长潘基文的特别顾问和可持续发展解决方案网络主任的杰弗里·萨克斯教授(Jeffrey Sachs)来信评价说,非常高兴看到《2014年人类绿色发展报告》的出版,该研究对可持续发展目标具有重大贡献。联合国环境规划署主任阿奇姆·施泰纳先生来信说,我非常高兴看到《2014年人类绿色发展报告》,并从中受益良多。

2014年12月,作为中国环境与发展国际合作委员会中方委员,在参加第五届国合会第三次年会时,笔者参与了1日上午北京师范大学董奇校长、陈光巨副校长与联合国副秘书长、联合国环境规划署执行主任施泰纳先生签署合作备忘录的仪式。笔者还与施泰勒先生互赠了研究成果,其中就包括由德国Springer出版社出版的《2014 人类绿色发展指数》英文版一书。

第二节 2018 人类绿色发展指数的测度

2018 年新测度指标数据年份与上次报告相比更新了 5 个年份,即从 2010 年的数据更新为主要是 2015 年的数据,更重要的是,本次测评体系从两个维度提升为三个维度。这主要是根据《议程》的要求,同时借鉴了联合国环境规划署与南京大学合作构建的江苏省绿色发展评估指标体系的经验,增加了"经济增长"这一维度的 6 个指标,加上原有的 12 个指标,此次测度达到 18 个指标[①]。虽然,分类方式是以我们多年的指标体系为基础的,指标选择也是多方比较尤其是重点避免指标兼容性而确定的,但"经济""社会""环境"三个维度更能全面真实地反映各国绿色发展的进展,更符合联合国可持续发展议程的要求。重要的是,人类绿色发展不仅涉及经济、社会与环境,还更进一步接近于构成绿色文明的内涵。2018 人类绿色发展指数的数据更新与增加,宋涛副教授做了大量的工作并完成初稿,刘一萌老师也提出了宝贵的修改意见,在此一并表示感谢。

一、HGDI 的指标及三级体系

2018 人类绿色发展体系是由社会发展的可持续、资源环境的可持续和经济增长的可持续三个维度 18 个指标构成。社会发展可持续的内涵是:社会要包容和公平,人要吃饱,有住行条件,有受教育机会,有基本的卫生设施;资源环境可持续的内涵是:天蓝气爽、地绿水清,不可忽视的还有生物共存与气候变化问题;经济增长可持续的内涵是:经济增长,生产高效,科技创新,即提升居民生活水平的基础和保证。

根据以上理念,本书构建了人类绿色发展指标体系,如表 11.3 所示。

表 11.3 人类绿色发展指数三级指标体系

一级指标	二级指标	三级指标	权重
人类绿色发展指标	社会发展指标	营养不良发生率	5.56%
		不平等调整后收入指数	5.56%
		不平等调整后预期寿命指数	5.56%

---

① "2013—2015 中国江苏省绿色发展评估报告"这是联合国环境规划署发起的绿色经济合作行动的一个具体项目,由联合国环境规划署盛馥来先生负责,2017 年 8 月在江苏的绿色发展测评框架研讨会,笔者有幸被邀请参加。

续表

一级指标	二级指标	三级指标	权重
人类绿色发展指标	社会发展指标	不平等调整后教育指数	5.56%
		使用基本卫生服务的人口百分比	5.56%
		使用基本饮用水服务的人口百分比	5.56%
	资源环境指标	受保护区覆盖的陆地主要生物多样性地区的平均比例	5.56%
		森林面积占土地面积的百分比	5.56%
		红色名录指数	5.56%
		可再生能源消耗	5.56%
		PM2.5	5.56%
		人均二氧化碳排放量	5.56%
	经济增长指标	人均GDP增长率	5.56%
		人均耕地面积	5.56%
		服务业价值占GDP的比例	5.56%
		水的生产效率	5.56%
		能源的生产效率	5.56%
		研发支出占GDP的比例	5.56%

注：本表的数据未经修约，可能存在比例合计不等于100%的情况

这是一个比较简单的指标体系，指标分为一级指标、一级指标下设三个二级指标，每个二级指标下设6个三级指标。为节省篇幅，表11.3还列出了各指标的权重。为帮助读者理解这个指标体系表，相关内容将在HGDI测算方法部分进行介绍。表11.4对每一个指标的含义做具体说明。

表11.4 绿色发展指数元素指标解释表

指标名称	指标含义与数据来源
营养不良发生率	营养不良发生率指的是食物摄入量低于食物能量需求最低水平的人口百分比
不平等调整后收入指数	在考虑不平等分布因素下，以人均家庭可支配收入或消费为基础，计算得出能体现公平、平等的收入指数。不平等调整后收入指数借鉴英国著名经济学家安东尼·巴尔斯·阿特金森（Anthony Atkinson）测度不平等的方法，对一个国家人均家庭可支配收入或消费进行综合评估。指数值越高，说明各国的经济状况越好，国家的收入分配越公平平等
不平等调整后预期寿命指数	在考虑不平等分布因素下，以联合国生命表数据为基础，计算得出能体现公平、平等的预期寿命指数。指数值越高，说明各国的健康状况越好，居民享有获取健康的机会越公平平等

续表

指标名称	指标含义与数据来源
不平等调整后教育指数	在考虑不平等分布因素下,以各国平均受教育年限为基础,计算得出能体现公平、平等的教育指数。指数值越高,说明各国的教育状况越好,居民享有受教育的机会越公平平等
使用基本卫生服务的人口百分比	具有最基本的处理排泄物设施的人口所占的比例,这些设施能够有效防止人畜及蚊蝇与排泄物接触。经改善的卫生设施包括:从简单但有防护的厕坑,到连通污水管道的直冲式厕所。为了保证有效,卫生设施的修建方式必须正确并得到适当维护
使用基本饮用水服务的人口百分比	改善饮用水源是指由于其自身结构或通过积极的干预,从而不受外界污染尤其是不受排泄物污染的饮用水源
可再生能源消耗	可再生能源消耗是指可再生能源在最终能源消耗总量中所占的份额
人均二氧化碳排放量	二氧化碳排放量指的是二氧化碳排放量是化石燃料燃烧和水泥生产过程中产生的排放。它们包括在消费固态、液态和气态燃料及天然气燃除时产生的二氧化碳。二氧化碳的排放,主要副产品的能源生产和使用,温室气体排放占最大的份额,这与全球变暖有关。人为二氧化碳排放结果主要来自燃烧化石燃料和水泥制造。在燃烧化石燃料释放不同的大量的二氧化碳对相同级别的能源使用:石油释放的二氧化碳比天然气高50%左右,是煤释放的两倍
PM2.5	PM2.5指的是人口加权暴露于环境PM2.5污染,被定义为一个国家人口暴露于空气动力学直径小于2.5微米的悬浮颗粒浓度的平均水平,这些悬浮颗粒能够深入呼吸道并引起呼吸道感染,严重的健康损害。通过计算城市和农村地区人口PM2.5的年平均浓度来计算暴露量
受保护区覆盖的陆地主要生物多样性地区的平均比例	国家保护区是指面积至少在1000公顷以上、被指定作为限制公众进入的科学保护区、国家公园、自然纪念地、自然保护区或野生动物禁猎区、景观保护区及目的主要为可持续利用的管理区。不包括海洋区、未分类的区域和近岸区(潮间带)
森林面积占土地面积的百分比	森林面积是指由自然生长或人工种植且原地高度至少为5米的直立树木(无论是否属于生产性)所覆盖的土地,不包括农业生产系统中的立木(如果树种植园和农林系统)及城市公园和花园中的树木
红色名录指数	2018年,国际鸟类生命组织和国际自然保护联盟基于所有哺乳动物、鸟类、两栖动物、珊瑚和苏铁的全球灭绝风险估计(国际自然保护联盟红名单类别),根据当地和国家数据得出,按国家规模分列,并按每个物种分布的比例加权在国家或地区
能源的生产效率	GDP单位能源消耗是指平均每千克石油当量的能源消耗所产生的按购买力平价计算的GDP
人均GDP增长率	人均GDP年增长率是国内生产总值除以年中人口数。以购买者价格计算的GDP是一个经济体内所有居民生产者创造的增加值的总和加上任何产品税并减去不包括在产品价值中的补贴。计算时未扣除资产折旧或自然资源损耗和退化
人均耕地面积	耕地(人均公顷数)包括联合国粮食及农业组织定义为用于种植短期作物(种植双季作物的土地只计算一次)、供割草或放牧的短期草场、供应市场的菜园和自用菜园的土地,以及暂时闲置的土地。因转换耕作方式而休闲的土地不包括在内
水的生产效率	水的生产率计算系用不变价GDP除以水的年度总提取量所得

续表

指标名称	指标含义与数据来源
服务业价值占 GDP 的比例	服务业包括批发和零售贸易（包括酒店和餐馆）、运输和政府、金融、专业和个人服务（如教育、医疗保健和房地产服务）的增值。此外，还包括估算的银行服务费、进口税、国家编纂者发现的任何统计差异及因重新分级而产生的差异。增加值是一个部门的净产出加上所有产出，减去中间投入。计算时不扣除装配资产折旧或自然资源损耗和退化
研发支出占 GDP 的比例	研发支出是指系统性创新工作的经常支出和资本支出（国家和私人），其目的在于提升知识水平，包括人文、文化、社会知识，并将知识用于新的应用。研发支出包括基本研究、应用研究和实验开发

注：本表中能源的生产效率、人均 GDP 增长率、人均耕地面积、水的生产效率、服务业价值占 GDP 的比例、研发支出占 GDP 的比例指标参考自世界银行数据库；其余的 12 个指标数据来源请参考北京师范大学经济与资源管理研究院、西南财经大学发展院所著的《2014 人类绿色发展报告》。

表 11.4 所示三个维度的 18 个指标，是在关系人类与地球可持续发展的 18 个领域中选择的，既体现了对社会发展和经济增长的重视，又体现了对环境保护与发展的重视。这些指标代表的是对人类的生存与发展、对地球的自然状态保护与净化的一些最基本、最初级的目标。选择指标的思路与方法，在《2014 年人类绿色发展指数报告》中有详尽的介绍，对此感兴趣的读者可查阅该书。

二、HGDI 测评国家的选择

《2014 年人类绿色发展指数报告》对全球 123 个国家的人类绿色发展指数进行了测算。测评国家的选择基于两方面考虑：首先是数据的完整性，进入测评的国家必须有测度年份 16 个及 16 个以上指标的数据，不足者难以列入；其次是在国际公认的主权国家地区范围内进行选取。[①]表 11.5 汇总了人类绿色发展指数测评国家。

表 11.5　人类绿色发展指数测评国家

大洲	数量/个	国家名称
欧洲	35	阿尔巴尼亚、奥地利、白俄罗斯、比利时、波斯尼亚和黑塞哥维那、保加利亚、克罗地亚、捷克、丹麦、爱沙尼亚、芬兰、法国、德国、希腊、匈牙利、冰岛、爱尔兰、意大利、拉脱维亚、立陶宛、卢森堡、北马其顿、荷兰、挪威、波兰、葡萄牙、罗马尼亚、俄罗斯、斯洛伐克、斯洛文尼亚、西班牙、瑞典、瑞士、乌克兰、英国
北美洲	3	加拿大、美国、墨西哥
中美洲	10	哥斯达黎加、多米尼加共和国、萨尔瓦多、危地马拉、海地、洪都拉斯、牙买加、尼加拉瓜、巴拿马、特立尼达和多巴哥

---

① 主要根据是联合国会员国确认的 193 个和联合国观察员国 2 个计 195 个主权国家地区。

续表

大洲	数量/个	国家名称
南美洲	10	阿根廷、玻利维亚、巴西、智利、哥伦比亚、厄瓜多尔、巴拉圭、秘鲁、乌拉圭、委内瑞拉
亚洲	38	亚美尼亚、阿塞拜疆、巴林、孟加拉国、柬埔寨、中国、塞浦路斯、格鲁吉亚、印度、印度尼西亚、伊朗、以色列、日本、约旦、哈萨克斯坦、韩国、科威特、吉尔吉斯斯坦、黎巴嫩、马来西亚、蒙古、缅甸、尼泊尔、巴基斯坦、菲律宾、卡塔尔、沙特阿拉伯、新加坡、斯里兰卡、叙利亚、塔吉克斯坦、泰国、土耳其、土库曼斯坦、阿拉伯联合酋长国、乌兹别克斯坦、越南、也门
非洲	25	阿尔及利亚、安哥拉、贝宁、博茨瓦纳、喀麦隆、刚果民主共和国、刚果共和国、科特迪瓦、埃及、埃塞俄比亚、加蓬、加纳、肯尼亚、利比亚、摩洛哥、莫桑比克、尼日利亚、塞内加尔、南非、苏丹、坦桑尼亚、多哥、突尼斯、赞比亚、津巴布韦
大洋洲	2	新西兰、澳大利亚

由表 11.5 可知，这 123 个国家包括 35 个欧洲国家、3 个北美洲国家、10 个中美洲国家、10 个南美洲国家、38 个亚洲国家、25 个非洲国家、2 个大洋洲国家，基本覆盖了世界上主要的发达国家和发展中国家。

三、HGDI 的测算方法

为了使指标具有的可比性，人类绿色发展指数所选用的指标全部采用相对指标。具体包括两类：一是强度相对指标，这类指标是一个统计量相对于另一个参照统计量（如人口、面积、体积等）的比值，它可以剔除各人口、面积等差异对总量性质统计指标的影响，如用于比较各国能源使用效率及气候变化等情况；二是结构形式指标，它反映了部分与总体的关系，如用于衡量各国在森林面积、陆地保护区面积、生物多样性等方面的合理程度，或评价政府在改善饮用水、改善卫生设施等公共领域的作用力度等。而且，利用相对指标，还有利于不同量纲指标之间能够进行有效运算。

对评价指标进行一致性处理是指数测算的重要环节。在对比分析人类发展指数（human development index，HDI）、环境可持续性指数（environmental sustainability index，ESI）、环境绩效指数（environmental performance index，EPI）、全球竞争力指数（global competitiveness index，GCI）等国际权威指数测算方法基础之上，报告采用最大值法和最小值法对人类绿色发展指数进行标准化，即先确定 18 个指标的最大值和最小值，然后进行标准化。其中，部分指标借用可信区间的思路，来剔除数列中异常高或异常低的数值的影响。

指标大致可分为三种情况进行处理。

（1）指数形式的指标，包括不平等调整后收入指数、不平等调整后预期寿命指数和不平等调整后教育指数、红色名录指数。不平等调整后收入指数、不平等调整后预期寿命指数和不平等调整后教育指数完全借用了联合国开发计划署的规则，最大值分别为 75 000 美元、85 岁和 18 年，最小值则分别为 100 美元、20 岁和 0 年。[①]红色名录指数完全借用了世界自然保护联盟的规则，基于《世界自然保护联盟濒危物种红色名录》中每类灭绝风险中物种数量的真实变化，并将无危（least concern）、近危（near threatened）、易危（vulnerable）、濒危（endangered）、极危（critically endangered）、野外绝灭（extinct in the wild）或绝灭（extinct）六类分别赋以[0, 5]的权重进行计算。[②]这些指数形式的指标数值普遍分布在[0, 1]，已经进行过标准化处理，此处可不用进行标准化。

（2）结构相对指标，包括使用基本卫生服务的人口百分比、使用基本饮用水服务的人口百分比、受保护区覆盖的陆地主要生物多样性地区的平均比例、森林面积占土地面积的百分比、可再生能源消耗等。在这些百分比形式的指标中还可以进行细分，如一国使用基本卫生服务的人口百分比、使用基本饮用水服务的人口百分比这两个指标的最大值可达到 100/100 即为 1，一国森林面积占土地面积的百分比最小值可为零。

（3）强度相对指标，包括人均二氧化碳排放量、人均耕地面积、水的生产效率、能源的生产效率等。分析这些指标的数值情况，出现最大值与最小值相差极大的情况时，可采用可信区间的思路，来剔除数列中异常高或异常低的数值的影响。可按照标准化公式将指标折算为[0, 1]的标准值，对超过第 95 个百分位值的少数几个国家，如果是正指标的极大值则赋值为 1，极小值则赋值为零；反之逆指标的极大值则赋值为零，而极小值则赋值为 1。表 11.6 汇总了人类绿色发展指数 18 个指标的最大值和最小值。

表 11.6 人类绿色发展指数三级指标体系最大值和最小值的选择

指标名称	最小值确定	最大值确定
营养不良发生率	2.5	第 95 个百分位值
不平等调整后收入指数	100 美元	75 000 美元
不平等调整后预期寿命指数	20 岁	85 岁
不平等调整后教育指数	0 年	18 年
使用基本卫生服务的人口百分比	第 95 个百分位值	100
使用基本饮用水服务的人口百分比	第 95 个百分位值	100

---

① UNDP, *Human Development Indices and Indicators: 2018-Statistical-Update*, 2018 年 11 月 13 日, http://hdr.undp.org/en/content/human-development-indices-indicators。

② *The IUCN Red List of Threatened Species*, 2018 年 3 月 2 日。

续表

指标名称	最小值确定	最大值确定
受保护区覆盖的陆地主要生物多样性地区的平均比例	第 95 个百分位值	第 95 个百分位值
森林面积占土地面积的百分比	0	第 95 个百分位值
红色名录指数	0.57	0.99
可再生能源消耗	第 95 个百分位值	第 95 个百分位值
PM2.5	第 95 个百分位值	第 95 个百分位值
人均二氧化碳排放量	第 95 个百分位值	第 95 个百分位值
人均 GDP 增长率	第 95 个百分位值	第 95 个百分位值
人均耕地面积	0	第 95 个百分位值
服务业价值占 GDP 的比例	第 95 个百分位值	第 95 个百分位值
水的生产效率	第 95 个百分位值	第 95 个百分位值
能源的生产效率	第 95 个百分位值	第 95 个百分位值
研发支出占 GDP 的比例	第 95 个百分位值	第 95 个百分位值

最大最小值标准化法的优势是，如果指标各年度选取的最大值和最小值保持不变或者相对稳定，那么采用最大最小值标准化的测算结果具有年度可比性。同时，最大最小值标准化法在一定程度上能够缓和各样本之间的悬殊差异程度，测算结果相对稳定可靠。以算术平均法，对三个维度各 6 个指标进行加权综合，可分别获得经济、社会、环境可持续发展的单项分值。随后，用算术平均法对这三个维度进行合成，最终计算得到人类绿色发展指数。

在权重设定方面，鉴于各指标要素的影响和作用可能并不相同，为了保证指数测度的公平客观，该报告对各指标值的相关性，以及指标与本维度指数的相关性进行了测算。测算中，充分参考了国内外相关成果，并多次征求国内外专家的意见。因为 2014 版人类绿色发展指数计算中已经分别计算并比较社会发展和资源环境两大维度各 6 个指标之间的相关系数，这里主要计算了"经济增长"维度的 6 个指标之间的相关性系数，以及各元素指标值与"经济增长"维度的相关系数。计算结果表明，不同指标的相关度有高有低，并不趋同。在听取和综合多领域的专家意见后，本书采用类似德尔菲法进行了权重分配。专家的主体意见是：社会经济、资源环境和经济增长三个维度对可持续发展的作用难以分出精确的大小，因此三者的权重仍取同等为宜；同理，18 个指标测算的相关度指数虽有高低之别，但从专家的理解与感受角度，也取平均值即同等权重为宜。虽然笔者最初认为，这些指标之间存在不等的相关性，按不等权重处理，似乎更为科学，相关性高的指标的权重可以低一点，相关性不高的指标权重可以高一些。但每个维度的 6 个下属指标从不同领域、不同角度阐释和反映社会经济和资源环境的发展状况，其重要性确实难分轻重，因此，专家意见即采用德尔菲法是有道理的，且现实可操作性更高。在这里，实际上我们从测算方法角度，也解释了"人类绿色发展指数三级指标体系"（表11.3）中的元素指标均为5.56%的由来，进而三大维度的每一维度权重也可推知为33.33%。本书再次申明，"等权重"这种简明的方法会有一定的不足之处，在没有更好的方法进行权重差别处理的情况下，本书暂且接受之。

需要说明的是：对缺少指标数据的国家，我们根据实际情况，采取不同的补值方法，具体的方法有两类。一类是对当年缺少数据，但最近年份数据又可得的情况，如果数据缺失年份不多时，我们以该国家靠近测度年最近五年数据的算术平均值进行补值，如委内瑞拉2015年"人均GDP增长率"数据不可得，但其2010年到2014年数据可得，我们用2010年到2014年数据的平均值进行补值；如数据缺失年份很多，我们以该国家靠近测度年最近十年数据的算术平均值进行补值，如刚果民主共和国2015年"研发支出占GDP的比例"数据不可得，其靠近测度年最近五年的数据也缺失，而其靠近测度年最近十年的数据可得，我们采用十年中有数据年份的算术平均值进行补值。另一类是对由于客观原因，指标数据不可得的情况，我们以该国家所属区域或组织的均值补值，如安哥拉2015年"服务业价值占GDP的比例"数据不可得，而其靠近测度年最近十年的数据也缺失，我们采用其所在非洲的洲平均值进行补充。对于任何一个空缺指标的处理我们都保持谨慎态度，并做了详细的记录说明。

四、测算结果及分析

借助人类绿色发展指数指标体系，本书测评得到2015年123个参评国家的人类绿色发展指数及排名，具体结果如表11.7所示。

表11.7 世界123个国家人类绿色发展指数及排名

排名	国家	大洲	指标值	排名	国家	大洲	指标值
深绿色发展水平国家				7	奥地利	欧洲	0.738
1	瑞典	欧洲	0.829	8	英国	欧洲	0.732
2	丹麦	欧洲	0.814	9	立陶宛	欧洲	0.732
3	拉脱维亚	欧洲	0.776	10	法国	欧洲	0.729
4	瑞士	欧洲	0.765	11	德国	欧洲	0.728
5	爱尔兰	欧洲	0.745	12	挪威	欧洲	0.727
6	芬兰	欧洲	0.744	13	捷克共和国	欧洲	0.718

续表

排名	国家	大洲	指标值	排名	国家	大洲	指标值
14	斯洛文尼亚	欧洲	0.713	43	斯里兰卡	亚洲	0.606
15	日本	亚洲	0.713	44	阿根廷	南美洲	0.600
16	斯洛伐克共和国	欧洲	0.711	45	新加坡	亚洲	0.599
17	卢森堡	欧洲	0.701	46	巴拉圭	南美洲	0.598
18	西班牙	欧洲	0.698	47	哥伦比亚	南美洲	0.583
19	比利时	欧洲	0.692	48	土耳其	亚洲	0.581
20	荷兰	欧洲	0.689	49	白俄罗斯	欧洲	0.580
21	葡萄牙	欧洲	0.689	50	波斯尼亚和黑塞哥维那	欧洲	0.578
22	意大利	欧洲	0.688	51	马来西亚	亚洲	0.577
23	克罗地亚	欧洲	0.688	52	泰国	亚洲	0.577
24	澳大利亚	大洋洲	0.686	53	俄罗斯	欧洲	0.576
25	爱沙尼亚	欧洲	0.682	54	马其顿王国	欧洲	0.576
26	匈牙利	欧洲	0.678	55	智利	南美洲	0.572
27	塞浦路斯	亚洲	0.673	56	格鲁吉亚	亚洲	0.564
28	冰岛	欧洲	0.671	57	加蓬	非洲	0.563
29	希腊	欧洲	0.667	58	秘鲁	南美洲	0.563
30	罗马尼亚	欧洲	0.667	59	墨西哥	北美洲	0.562
31	波兰	欧洲	0.664	60	韩国	亚洲	0.555
32	保加利亚	欧洲	0.658	61	菲律宾	亚洲	0.537
33	哥斯达黎加	中美洲	0.656	62	缅甸	亚洲	0.531
34	加拿大	北美洲	0.654	63	亚美尼亚	亚洲	0.531
35	美国	北美洲	0.653	64	乌克兰	欧洲	0.530
36	新西兰	大洋洲	0.646	65	尼加拉瓜	中美洲	0.529
37	乌拉圭	南美洲	0.643	66	摩洛哥	非洲	0.527
38	巴西	南美洲	0.633	67	印度尼西亚	亚洲	0.527
39	巴拿马	中美洲	0.625	68	突尼斯	非洲	0.525
40	多米尼加共和国	中美洲	0.610	69	委内瑞拉玻利瓦尔共和国	南美洲	0.522
41	以色列	亚洲	0.608	70	厄瓜多尔	南美洲	0.520
	中绿色发展水平国家			71	洪都拉斯	中美洲	0.520
42	阿尔巴尼亚	欧洲	0.607	72	越南	亚洲	0.517

续表

排名	国家	大洲	指标值	排名	国家	大洲	指标值
73	中国	亚洲	0.517	98	伊朗伊斯兰共和国	亚洲	0.448
74	牙买加	中美洲	0.514	99	南非	非洲	0.447
75	萨尔瓦多	中美洲	0.513	100	津巴布韦	非洲	0.439
76	玻利维亚	南美洲	0.510	101	赞比亚	非洲	0.437
77	危地马拉	中美洲	0.507	102	刚果(布)	非洲	0.436
78	哈萨克斯坦	亚洲	0.505	103	印度	亚洲	0.435
79	黎巴嫩	亚洲	0.502	104	科特迪瓦	非洲	0.433
80	特立尼达和多巴哥	中美洲	0.497	105	博茨瓦纳	非洲	0.429
81	吉尔吉斯斯坦	亚洲	0.496	106	蒙古	亚洲	0.428
82	加纳	非洲	0.491	107	尼日利亚	非洲	0.426
浅绿色发展水平国家				108	科威特	亚洲	0.422
83	约旦	亚洲	0.489	109	安哥拉	非洲	0.422
84	阿塞拜疆	亚洲	0.488	110	巴基斯坦	亚洲	0.421
85	柬埔寨	亚洲	0.484	111	坦桑尼亚	非洲	0.418
86	阿拉伯叙利亚共和国	亚洲	0.477	112	沙特阿拉伯	亚洲	0.415
87	孟加拉国	亚洲	0.473	113	巴林	亚洲	0.406
88	阿尔及利亚	非洲	0.473	114	贝宁	非洲	0.399
89	乌兹别克斯坦	亚洲	0.471	115	肯尼亚	非洲	0.395
90	塞内加尔	非洲	0.469	116	莫桑比克	非洲	0.394
91	阿拉伯埃及共和国	非洲	0.463	117	刚果(金)	非洲	0.393
92	卡塔尔	亚洲	0.463	118	多哥	非洲	0.382
93	尼泊尔	亚洲	0.462	119	利比亚	非洲	0.373
94	阿拉伯联合酋长国	亚洲	0.454	120	苏丹	非洲	0.361
95	土库曼斯坦	亚洲	0.451	121	埃塞俄比亚	非洲	0.351
96	喀麦隆	非洲	0.451	122	也门	亚洲	0.304
97	塔吉克斯坦	亚洲	0.450	123	海地	中美洲	0.293

注：1）本表排序是根据人类绿色发展指数体系和各指标 2015 年数据的测算而得；2）本表按人类绿色发展指数的指数值从高到低排序；3）本表测算数据来自世界银行、联合国环境规划署、联合国开发计划署、国际能源署、联合国粮食及农业组织、世界卫生组织、世界保护监测中心、世界自然保护联盟等数据库

由表 11.7 可知，我们将参评的 123 个国家，按其绿色发展指数排序分为高中

低三个等级。排名第 1~41 位的国家为深绿色发展水平国家，排名第 42~82 位的国家为中绿色发展水平国家，排名第 83~123 位的国家为浅绿色发展水平国家。这三个等级的绿色发展水平分类是一种简单的相对排序分类，即一种非定义性的现象分类。严格的定义性分类和排序的现象性分类的实用价值究竟如何还有待进一步探讨。三个等级的"绿色分界线"上下的国家指数值差异实际上是比较小的，但三个等级国家指数的平均数值差别还是比较明显的，分别是 0.696、0.545、0.427。一般来说，绿色由浅入深表明绿色发展水平的从低到高。但是，各国情况尤其是自然条件情况差别很大，深绿是否代表着每个国家最理想的绿色发展水平，还应具体情况具体分析。

从以上测算结果可以发现，目前人类绿色发展在各国发展阶段和空间层次上具有鲜明的特征。人类绿色发展水平往往与国家经济发展阶段高度相关，发达国家的人类绿色发展水平普遍较高，发展中国家的人类绿色发展水平相对较低。从测度结果我们还可以发现，尽管当今世界经济格局已经发生重大变革，新兴市场国家经济发展迅速，在国际经济政治领域的地位与日俱增，但广大新兴市场国家在绿色发展领域仍处于相对落后阶段。未来，如何将传统经济发展方式向以绿色经济为代表的可持续发展方式转变，还需要努力。

第三节 发展中国家需要国际社会的帮助

从测度结果看，发展中国家总体上排在 123 个国家的 40 名之后。一般来说，发展中国家是指经济、社会方面发展程度较低的国家，或欠发达国家，主要指包括亚洲、非洲、拉丁美洲及其他地区的 130 多个国家，占世界陆地面积和总人口的 70%以上。发展中国家地域辽阔，人口众多，拥有广大的市场和丰富的自然资源。无论是从经济、贸易上，还是从军事上，都占有举足轻重的战略地位。显然，《2018 人类绿色发展指数报告》的测度反映出了发展中国家绝大多数处于"浅绿色"或者"中绿色"区间，确实需要努力进入"深绿色"区间。

发展中国家在解决环境问题方面取得了重大进展，但它们面临的环境问题依然突出，在环境方面面临的主要挑战因地区不同而存在差异。这里重点分析发展中国家经济发展中出现的环境问题。[①]

（1）土地退化。土地是发展中国家主要自然资源之一。大多数发展中国家位于热带及干旱和半干旱地区。由于这些地区生态系统脆弱，土地贫瘠，生物产量低，加上土地管理不当，土地退化日益严重。其主要表现形式包括土坡遭受侵蚀、

---

① B. 博万德、马敏：《发展中国家的环境问题》，《地理译报》1989 年第 4 期，第 62—64 页；梅雪芹：《20 世纪 80 年代以来世界环境问题与环境保护浪潮分析》，《世界历史》2002 年第 1 期，第 90—98、128 页。

水库淤积、水灾频繁、土壤盐渍化等。城市的持续扩张也在占用具有较好植被的城郊和农村土地。滥伐森林、草原开垦、草原植物砍挖、过度放牧和不适当利用水资源，使不少发展中国家面临着土地沙漠化的威胁。

（2）水污染。水污染是发展中国家普遍存在的问题。工业废水与人类居住区生活污水排放日益增长，降低了人口密集区的江河湖泊水质。大规模快速的城市化和工业化却无相应的环境保护措施，加剧了水污染。直接排放未处理的污水影响了地下水水质，加上水消耗增长，径流量减少，降低了城乡饮用水的可取性。

（3）森林面积减少。大部分发展中国家位于半干旱农业气候区，森林植被对这些农业区的保水程度起着关键作用。发展中国家为推动经济发展，不得不大量砍伐森林出口木材以换取外汇，既使自身的环境日益恶化，又给全球的生态环境带来了不良影响。滥伐森林的后果是，水土大量流失、河流流量减少、山洪泥石流频发等。发展中国家每年滥伐森林面积1130万公顷。例如，印度、海地、印度尼西亚、马来西亚、坦桑尼亚和巴西的滥伐均很严重。引起森林退化的主要原因是人口中贫穷阶层对木柴需求量较大。例如，肯尼亚、苏丹、坦桑尼亚、利比里亚、喀麦隆、塞拉利昂每人每年木柴消费量超过1立方米。许多发展中国家的人均木柴消耗量还在增长。布隆迪、埃塞俄比亚、几内亚、肯尼亚、卢旺达、乌干达、加纳、突尼斯、巴基斯坦、塞拉利昂、斯威士兰、埃及等国的薪炭林开采超过了应维持的森林产量。[①]

（4）大气污染。发展中国家的工业造成的大气污染日益严重。汽车尾气的铅污染，这在发展中国家的城市普遍存在。实施污染控制条令不力，使用一大批过时的旧汽车均有影响。据相关报告，印度主要城市中心及其周围大气中的二氧化硫浓度正在增加。泰国、马来西亚、尼日利亚、埃及亦有类似情况。乡村地区的大气污染主要来自农户的炊烟，而城市则主要来自棚户区，因为炊用燃料主要是木柴、木炭及煤炭[②]。

（5）生物多样性锐减。环境不可逆变化之一是物种灭绝。随着森林面积的减小，动植物赖以栖息生存的环境受损，加之滥捕、过度开发和环境污染等，使生物物种以惊人的速度在锐减。以哺乳动物为例，17世纪平均每5年灭绝一种，到20世纪每2年就要灭绝一种。珊瑚礁、红树林沼泽及马魁群落（地中海夏旱灌木群落）等典型的生境都受到人类活动的强烈干扰。获取近期利益而破坏有关生态系统的活动在延续，生物多样性的锐减问题越来越严重。

（6）危险废物的越境转移。危险废物的处置是一个涉及国家安全的大问题。

---

① 梅雪芹：《20世纪80年代以来世界环境问题与环境保护浪潮分析》，《世界历史》2002年第1期，第90—98，128页。

② B.博万德、马敏：《发展中国家的环境问题》，《地理译报》1989年第4期，第62—64页。

一些发展中国家出于经济方面的考虑,表示愿意接受一定的费用以进口发达国家的危险废物;还有一些不法分子非法进口或处置危险废物,向他国或公海或监管不严的发展中国家转移,形成了危险废物的全球转移。

(7)海洋污染。影响海洋环境主要有如下两大问题。第一,石油运输中油滴漏、陆架钻探开发活动、排放工业废物及有毒废物和海岸城市的生活废水排放等原因,造成海洋污染。同时,海底采矿进一步加速恶化过程。第二,对海洋生物的过度捕捞,破坏了海洋生物系统对环境的循环系统,影响了海洋的自净化能力。

(8)人口迅速增长、资源和能源消耗过快。自1700年以来,世界人口增加了10倍。1700年的世界人口不到7亿,1987年7月11日世界人口则突破50亿大关。人口的不断增加,就需要不断开垦荒地,种植庄稼,砍伐森林;水资源缺乏和水污染会因用水量增加而更加严重,能源消费量的猛增,使得能源面临枯竭的危险。

消除贫困是发展中国家发展绿色经济的首要考量,应成为制定和实施绿色经济政策的重要衡量指标。许多发展中国家正处于工业化和城市化发展阶段,既面临消除贫困、调整经济结构和向绿色经济过渡的艰巨任务,又受到能源、资源和环境因素的制约。突出的矛盾是:要解决穷困与落后,就必须要走工业化与城市化的道路;而经济的增长尤其是工业化又往往会带来环境污染与生态条件恶化。发展中国家遇到的环境问题,不是只靠增强环境意识、加强环境保护措施就能解决的。在国际社会协调中,发展中国家同时也提出一个要求,就是在对待环境保护上,应为"共同但有区别的原则",不能因环境问题而剥夺落后国家经济发展的权利。因此,如何做到既要发展,又要绿色,解决好金山银山与绿水青山的兼顾与统一,是需要辩证的思维和高超的领导与管理。在中国这个最大的发展中国家,我们对这对矛盾的认识与理解,从理论到实践,有着深刻的体会。必须肯定的是:发展中国家发展绿色经济对全球可持续发展意义重大,应该得到国际伙伴的理解和支持,以达到共筑绿色文明的基本条件。

第四节 制定衡量可持续发展进展测度方法的比较

《议程》目标17.19条提到:"到2030年,借鉴现有各项倡议,制定衡量可持续发展进展的计量方法,作为对国内生产总值的补充,协助发展中国家加强统计能力建设。"《议程》第75条提到:"将采用一套全球指标来落实和评估这些目标和具体目标。这套全球指标将辅以会员国拟定的区域和国家指标,并采纳旨在为尚无国家和全球基线数据的具体目标制定基线数据而开展工作的成果。可持续发展目标的指标跨机构专家组拟定的全球指标框架将根据现有的任务规定,由联合国统计委员会在2016年3月前商定,并由经社理事会及联合国大会在其后予以通过。这一框架应做到简明严格，涵盖所有可持续发展目标和具体目标，包括执行手段，保持它们的政治平衡、整合性和雄心水平。"直接或间接反映可持续发展进展的评价体系相当多，如福利类指数、绿色经济指数、环境资源生态指数等，多达20个以上的指标体系。在研究中，可用于比较的绿色经济指标就有包括世界银行的"财富核算与生态系统服务评价"（wealth accounting value ecosystem service，WAVES）、联合国环境规划署的绿色经济指标使用指导、经济合作与发展组织的绿色增长指标、欧洲共同体的绿色经济指标、全球绿色经济指数（global Green economy index，GGEI）等。由于侧重点不同，近年还出现了新的指数，如非洲开发银行的非洲绿色增长指数、联合国的绿色经济进步指数、亚洲开发银行的包容性绿色增长和双重公民研究所的全球绿色经济指数。如何在各类指标体系比较研究中形成一种别具特色而又有实用性的绿色发展指数，显然是需要不断探索的。这个新指数的特色在于易操作和通俗易懂，应以最简明的方式反映人类绿色发展水平，不宜过分强调全面而难以理解和实施。

这里，特别要介绍一个最新推出的指标体系，即由设在韩国的全球绿色增长研究所（Global Green Growth Institute，GGGI）研究并发布的绿色增长指数（green growthindex，GGI）。GGKP[①]（绿色增长合作伙伴）2019年10月在韩国召开的年会上，GGGI于23日大会发布了绿色增长指数，这也是绿色增长指数的首次发布。绿色增长指数的重要意义在于它是第一个专门为跟踪和评估全球115个国家的绿色增长绩效而设计的综合指数，用于衡量发展中国家和发达国家的绿色增长绩效。具体的指标体系如表11.8所示。

表11.8 绿色增长指数指标体系表

一级	二级	三级	指标
绿色增长指数	高效和可持续的资源利用	高效和可持续的能源	一次能源供应总量占国内生产总值的比例
			可再生能源占最终能源消耗总量的比例
		高效和可持续用水	用水效率
			淡水提取量占可利用淡水资源的比例
		土地可持续利用	平均土壤有机碳含量
			有机农业占农业面积的比重
		材料使用率	每单位GDP的国内材料总消费量
			人均物质足迹

---

① GGKP由全球绿色增长研究所、经济合作与发展组织、联合国环境规划署、联合国工业发展组织和世界银行共建。

续表

一级	二级	三级	指标
绿色增长指数	自然资本保护	环境质量	PM2.5，即年均人口加权暴露量
			不安全水源影响的残疾调整生命年指标
			人均城市固体废物产生量
		温室气体减排	人均二氧化碳排放量
			人均非二氧化碳排放量
			人均农业非二氧化碳排放量
		生物多样性和生态系统保护	受保护区覆盖的陆地主要生物多样性地区的平均比例
			森林面积占总面积的比例
			土壤生物多样性，潜在多样性水平
		文化和社会价值	红色名录指数
			沿海和海洋地区的旅游和娱乐
			陆地和海洋保护区在领土上的份额
	绿色经济机遇	绿色投资	调整后的净储蓄，减去自然资源和污染损害（国民总收入百分比）
		绿色贸易	环境产品占出口总额的比例
		绿色就业	制造业中绿色就业的比例
		绿色创新	环境技术占专利总数的比例
	社会包容	获得基本服务和资源	获得安全管理的水和卫生设施的人口（百分比）
			获得电力和清洁燃料/技术的人口（百分比）
			固定互联网宽带和移动蜂窝订阅（每100人数）
		性别平衡	妇女在国家议会中的席位
			在金融机构有账户的男女比例，15岁以上（百分比）
			男女平等的法律法规（打分）
		社会平等	基于Atkinson的收入不平等
			城乡获得基本服务（水、卫生和电力）的比率（百分比）
			未受教育、就业或培训的青年（15~24岁）比例（百分比）
		社会保障	法定退休年龄以上领取养老金的人口比例（百分比）
			医疗保健准入和质量指数
			居住在贫民窟的城市人口比例

资料来源：Metadata-Green Growth Index report，GGGI，October，2019

该指数基于高效和可持续的资源利用、自然资本保护、绿色经济机遇和社会

包容等绿色增长 4 个维度，一共有 36 个指标，主要涉及能源、交通、城市、工业、水和土地利用 6 大部门。

在《议程》落实过程中，推出绿色增长指数有重要价值，因为该指数设计有很强的针对性和目的性，而且有了相当的观察与思考的积累，相信一定会对落实《议程》起到积极的作用。2014 年我们在设计并完成 HGDI[①]指数时，有着同样的预期，也希望能推动各国可持续发展。2018 年我们在完善 HGDI 指数时，借鉴了联合国环境规划署的意见，由两个维度增加到三维度进行测算。在这一点上，可以说 HGDI 和 GGI 两个指数的基本理念相同，都是对联合国可持续发展目标的响应与支持。同时，在构建指标体系的测度对象上，也均是对国家层面的绿色发展进行衡量与评价。

在研究方法上，这两个指标体系都力求简明，HGDI 可能更严格，指标仅有 18 个，GGI 选择指标也是有控制的，相对《议程》所涉及的广泛内容，还是做了重点的选择，当然，数量上略多一些，为 36 个。特别要指出的是，两者相同的指标有 12 个，这占了 HGDI 指标数的 2/3。相同指标分别是：一次能源供应总量占国内生产总值的比例、可再生能源占最终能源消耗总量的比例、不平等调整后收入指数、不平等调整后教育指数、使用基本卫生服务的人口百分比、使用基本饮用水服务的人口百分比、受保护区覆盖的陆地主要生物多样性地区的平均比例、森林面积占土地面积的百分比、红色名录指数、PM2.5、人均二氧化碳排放量等，共有 12 个指标，在对能源、水、空气、生物多样性、社会平等方面采用了同样的指标。这充分表明，两者都选取了最具代表性的指标，指标都比较科学和合理。这种简明选择，有利于各国指标数据的可持续获取，有利于测度的可持续推进。

当然，两者的侧重点有所不同。从指标体系的名称上看，GGI 关注重点在经济增长的效率，而 HGDI 关注人类的绿色发展。或许经济学角度对"发展"与"增长"概念的内涵差别部分地有助于我们的理解。

综上，我们再次完成《2018 人类绿色发展指数》，旨在为落实联合国《议程》做出贡献，也希望与各界同仁们一起，共同为实现人类绿色文明付出自己的努力。

[①] 北京师范大学经济与资源管理研究院、西南财经大学发展研究院：《2014 人类绿色发展报告》，北京师范大学出版社 2014 年版。

第十二章　包容多元文明 共建绿色文明

绿色文明是绿色与文明的结合。绿色文明，不仅仅是自然生态环境的山清水秀，更关键的是呼唤人类求同存异，建立互相包容的世界文明秩序。本书绝大部分章节在论述人类与自然的关系，重点在分析自然恶化的形势，分析人类的生产活动对天、地、水、林等诸多方面的影响及对保护自然所做的努力。本章重点分析人类自身如何减少文明冲突，增强文明的包容与合作，而这是实现绿色文明的人文基础。本章从"多元文明中的共同利益与价值是绿色文明的基础""东西方文明交流史为共建绿色文明提供了借鉴""从多元文明走向绿色文明的关键——维护和稳定中美关系""展示人类探求共同文明的努力——奥运圣火赞"等方面展开论述。

第一节　多元文明中的共同利益与价值是绿色文明的基础

人类要实现可持续发展，这是各国共同的追求，是《议程》的核心精神。

一、多元文化的各国有着共同利益

文明具有多样性，就如同自然界物种具有多样性一样。当今世界，有200多个国家和地区，2500多个民族，6000多种语言。正是这些不同民族、不同肤色、不同历史文化背景的人们，共同创造了丰富多彩的世界，就如同有了七音八调的差异，才能演奏出美妙动听的音乐。不同文明之间的对话、交流、融合，汇成了人类文明奔流不息的长河。文明虽有多种分类，但均处于世界这个大局中。

在当今世界，利益有冲突，但也存在共同利益。世界各国的共同利益，就是多元文明的利益基础。多元文明的共同利益，需要有经济基础来支撑，即要使各国都消除贫困，人民有美好的生活，国家可持续发展。这个共同利益，就使我们又回到了联合国的千年规划上来了。《议程》第3条说："我们决心在现在到2030年的这一段时间内，在世界各地消除贫困与饥饿；消除各个国家内和各个国家之间的不平等；建立和平、公正和包容的社会。"《议程》第7条说："我们要创建一个没有贫困、饥饿、疾病、匮乏并适于万物生存的世界。一个没有恐惧与暴力的世界。一个人人都识字的世界。一个人人平等享有优质大中小学教育、卫生保健和社会保障以及心身健康和社会福利的世界。一个我们重申我们对享有安全饮用水和环境卫生的人权的承诺和卫生条件得到改善的世界。一个有充足、安全、价格低廉和营养丰富的粮食的世界。一个有安全、充满活力和可持续的人类居住地的世界和一个人人可以获得价廉、可靠和可持续能源的世界。"《议程》第64条指出："我们意识到在冲突和冲突后国家中实现持久和平与可持续发展有很大挑战。"《议程》多次强调经济、社会与环境的"三位一体"，"健康与环境"则是将环境问题与社会问题结合的最有价值的途径。①所有的社会问题都是与人的生存条件、平等包容、教育就业与生活方式相关的问题，也都是与人的健康紧密相关的问题。在一定意义上讲，抓住健康问题，就抓住了社会问题的基础，就抓住了实现《议程》的关键途径。大量事实充分证明了，健康的环境对于人类健康而言非常重要，改善环境已成为保证人类健康发展的迫切任务。在这个意义上讲，解决人类的健康问题，就是各国的共同利益。解决问题的方法就是落实《议程》。让所有人平等和有尊严地在一个健康的环境中生活，是《议程》的目标。

《议程》涉及面广，要求高，首先是要清楚谁是落实和实现《议程》目标的主体？承担者是明确的，就是全世界各国及各方面。②在《议程》详释了17大169项目标后，紧接着开始论述"执行手段和全球伙伴关系"，表明："我们认识到，如果不加强全球伙伴关系并恢复它的活力，如果没有相对具有雄心的执行手段，就无法实现我们的宏大目标和具体目标"。这里强调的全球伙伴：一是各国政府，二是民间社会和私营部门，三是联合国系统，四是其他国际层面的参与者。由此可见，这就是多元文明的共同参加者。多元文明更多体现在国家层面上。2018年，首位获得诺贝尔经济学奖得主威廉·诺德豪斯教授认为，温室气体排放及由此引发的气候变化是经济的巨大负"外部效应"，而且这一外部效应具有长期性和全球性，无法通过市场自身解决，需要各国政府共同应对。③

亨廷顿教授说，在这个世界上，文明的核心国家是文明内部秩序的源泉，而核心国家之间的谈判则是文明之间秩序的源泉。④从这个角度看全球可持续发展的管理机制与实现途径就要对所谓文明核心国家及其作用更加重视，尤其要发挥几个大国的作用。

---

① 刘月、赵文武、张骁：《助推2030可持续发展议程环境目标落实——第二届联合国环境大会会议简述》，《生态学报》2016年第12期，第2843—3846页。

② 《变革我们的世界：2030年可持续发展议程》，2015年9月25日。

③ 李婧：《气候棱镜｜气候经济学的赌局》，2019年10月25日，https://www.360kuai.com/pc/9bab1c。

④ 〔美〕塞缪尔·亨廷顿：《文明的冲突与世界秩序的重建》，周琪、刘绯、张立平，等译，新华出版社2010年版，第136页。

二、达沃斯文化中体现着东西方文明的包容与融合

享誉世界的达沃斯论坛堪称达沃斯文化。每年大约有1000名商人、银行家、政府官员、知识分子和记者从几十个国家聚集到瑞士达沃斯的世界经济论坛。2019年1月,世界经济论坛创始人兼执行主席克劳斯·施瓦布(Klaus Schwab)达沃斯年度会议上提到的"大重建",特别明确地反映出了一种时代的呼唤。他说,首先要认识到的是,我们所面对的是正从根本上转变企业、经济、社会和政治的第四次工业革命。第四次工业革命已经在很多方面改变了我们的经济体系。首先,物理世界已经被一个具备循环和共享经济的新数字化、互联化、集成化和虚拟化世界所大大压缩。制造业正在通过自动化、本地化和个性化进行彻底改革——所有这些都将使传统供应链变成过去。全球经济互动已经不再被划分为商品和服务贸易、金融交易和投资等几个大项。所有经济流动都整合进了一个实现跨境有形和无形价值交换的综合系统。第四次工业革命要求将国家政策纳入一个全球体系。当前全球化的定义是扩大多边和双边贸易,但在未来描述的则是国家数字系统之间的相互联系以及相关的思想和服务流。对此迫切需要进行全球合作,并在更根本的层面上重新思考自由、公平和包容性的经济关系在当今世界中将以何种面目展现。显然,施瓦布讲演反映了时代的声音,第四次工业革命呼唤着一个合作的全球体系,更重要的是重新思考自由、公平和包容性的经济关系在当今世界中将以何种面目展现。如果细细了解来自世界各地参会者的观点与论坛的主题,就能感受到达沃斯文化所体现的共同理念,已超越了西方文明的框架,走向新的全球文明。[①]正如亨廷顿教授所说的,我们正在目睹"由西方意识形态主宰的进步时代的结束",正在跨入一个多种不同文明相互影响、相互竞争、和平共处、相互适应的时代。[②]

三、全球化的亚洲正在证明:东西方文明互补而不是替代

这里,需要进一步讨论一个话题,或说近年各国关注的一个热点话题:世界即将亚洲化吗?让我们听听美国一位资深专家的分析。美国国家情报委员会顾问帕拉格·康纳出版的《亚洲世纪:世界即将亚洲化》一书,非常客观且有说服力。康纳认为,亚洲在多方的政治、经济合作中,正加速融为一体,形成全新的地缘政治力量。现在的亚洲不仅是世界工厂,也是最重要的能源和原材料输出地,还

---

① 〔德〕克劳斯·施瓦布:《"一带一路"倡议引领更加包容的未来》,2017年5月14日,http://finance.sina.com.cn/wm/2017-05-14/doc-ifyfekhi7638172.shtml。
② 〔美〕塞缪尔·亨廷顿:《文明的冲突与世界秩序的重建》,周琪、刘绯、张立平,等译,新华出版社2010年版,第75页。

是全球最大的消费市场，甚至在众多新技术领域领先欧美，亚洲企业在全球市场不断开疆拓土，它们是世界经济的重要支柱，也是推动后发国家发展的重要助力。随着"一带一路"倡议的提出，亚洲一体化的进程进一步向前推进，意味着其不同于西方的价值观和发展逻辑将为解决世界秩序和发展难题带来崭新的思路。

康纳认为，西方对亚洲最大的误解是亚洲完全以中国为中心。亚洲共有47个国家，40多亿人口。中国的人口只占亚洲的1/3左右，其国内生产总值占亚洲生产总值不到一半；投资方面，中国仅占约半数的对外投资及少于半数的对内投资。因此，亚洲绝不仅仅是"中国加其他国家"。亚洲的未来绝不仅是由中国决定的。中国发起"一带一路"倡议不是为了统治亚洲，而是提醒世人中国的过去和未来都深深地根植于亚洲。与历史上的大部分时间相同，亚洲是一个多极化的地区，拥有无数独立于西方但又能和谐共生的优秀文明。虽然人们对西方再度富有有自信心，但这并不会影响亚洲的复兴。因此，当亚洲各国融为一体时，会更具影响力，放眼未来，亚洲的面貌将变得更加清晰。

伟大的英国历史学家汤因比曾说过，文明不仅仅是相互替代，否认对方思想并取代其已成体系的意识形态。在此种精神的引领下，亚洲化从过去借鉴了很多东西并在此基础上将其发扬光大。亚洲化不是要替代过去的一切，而是对其进行补充和修正。我们生活的年代不再是一国崛起伴随一国衰落，而是实现多极化、多元文明的世界秩序。

四、为实现绿色文明的和平与繁荣需要大爱与包容精神

亨廷顿认为，每一个文明都把自己视为世界的中心，并把自己的历史当作人类历史主要的戏剧性场面来撰写。与其他文明相比较，西方可能更是如此。然而，这种单一文明的观点在多文明的世界里是不起作用的。[1]确实如此，文化的共存需要寻求大多数文明的共同点，而不是消灭文明的多元化。

公元5世纪在中国北魏孝文帝时，山西省大同的云冈石窟是世界文明的大聚会，那里有罗马的廊柱、印度的佛像，集希腊文明、波斯文明，不仅有巴比伦文化，更有中华文化，多文明优秀因子融合于一处。壮大丰富了中华文明，迎来了伟大的唐朝。大唐首都长安城内，人口达100万，为当时世界最大城市，全世界的文化商旅集中于此，已经成为世界文化的中心。因此，有人说人类历史上真正的文化中心有三个——公元7世纪的长安、19世纪的巴黎和今天的纽约。[2]多元

---

[1]〔美〕塞缪尔·亨廷顿：《文明的冲突与世界秩序的重建》，周琪、刘绯、张立平，等译，新华出版社2010年版，第33页。

[2] 唐加文：《中华文明第一次被清华大学教授整理的如此清晰》，2019年6月5日，https://www.sohu.com/a/291966048_692416。

文明的平等交流与互鉴，出现了中国历史上的盛唐时代。

新加坡国父李光耀曾说，世界的多样化特征太明显了，不同的种族、文化、宗教、语言及历史要求各国通过不同的道路实现民主和自由市场。国家不分大小、强弱、贫富，都是国际社会的平等成员，理应平等参与决策、享受权利、履行义务。要赋予新兴市场国家和发展中国家更多代表性与发言权，这背后就是对多元文明的尊重。每个国家都有发展权利，每种文明都有各自的特色与优势。亨廷顿在《文明的冲突与世界秩序的重建》的中文序中指出，在未来的岁月里，世界上将不会出现一个单一的普世文化，而是将有许多不同的文化和文明相互并存。

但是，我们不能不指出，当今世界格局中存在着持续不断的冲突、战乱与难民潮。我们看到，地区和国家间的冲突时有发生，给世界人民带来的痛苦极其深重。欧盟统计局公布的数据显示，2015年有逾120万人在欧盟28个成员首次申请避难，人数是2014年的两倍多。难民危机不仅给相关国家发展带来冲击，威胁地区和平稳定，也拖累世界经济复苏、影响国际秩序，还给恐怖主义带来了可乘之机。没有和平，就没有可持续发展；没有可持续发展，就没有和平。这里提示了绿色文明的一个重要内涵，即和平包容。

亨廷顿教授于1997年出版的《文明的冲突与世界秩序的重建》，对世界格局及动荡形势有独到的分析。他认为，正在出现的全球政治主要和最危险的方面将是不同文明之间的冲突，世界格局的决定因素表现为七大或八大文明，即中华文明、日本文明、印度文明、伊斯兰文明、西方文明、东正教文明、拉美文明，还有可能存在的非洲文明。这些文明的冲突，是世界格局动荡的主要原因。亨廷顿的观点至今有着非常大的影响，也常被政治家用来分析当前的国际形势。现实中确实存在因文明认同形成了冷战后世界上的结合、分裂和冲突，但是《文明的冲突与世界秩序的重建》一书中同样也揭示了同一文明内的多种冲突故事，这显然大大弱化了只有文明间冲突的观点。正如哈佛大学教授奈指出的，亨廷顿认为，冷战后一个主要的冲突根源是宗派主义以及与之相匹配的认同感。此话不假。但他只抓住了认同感冲突的一个方面。大文化内部的认同冲突要远远大于大文化之间的认同冲突。[1]

从经济角度来说，发展不平衡使得世界经济增长缺乏协同性支撑；从政治与安全角度来说，发展不平衡导致国家、地区的动荡与冲突，滋生极端主义、恐怖主义势力。亨廷顿教授书中"文明间战争与秩序"[2]一节中，预想了世界文明间的

---

[1] 〔美〕塞缪尔·亨廷顿：《文明的冲突与世界秩序的重建》，周琪、刘绯、张立平，等译，新华出版社2010年版，第336页。

[2] 〔美〕塞缪尔·亨廷顿：《文明的冲突与世界秩序的重建》，周琪、刘绯、张立平，等译，新华出版社2010年版，第288页。

大战：美国、欧洲、俄罗斯和印度展开了一场反对中国、日本和大多数伊斯兰国家的真正的全球战争。这种预判尽管很荒谬，但确实非常可怕也令人担心。我们不否认现实中确实出现的各种冲突与摩擦，但冲突是多种因素引发的，全归结于文明冲突则过于片面。对冲突要具体分析，至少国际贸易的冲突多是工业化不同阶段国家间的产品利润与市场占有的冲突，与文明冲突几乎没有太大关系。扩大这些摩擦，甚至要付诸战争，是极其不负责任、祸害人类的狂思胡想。我们一定要坚定不移地落实《议程》，"由于这是一个全球议程，各国之间的相互信任和理解非常重要"（《议程》第 73 条）。我们要为人类的和平而努力。我们要帮助战争中的人民，我们要消除用战争手段解决国家间或社会内部矛盾的思维。

这里我想指出的是，亨廷顿教授的文明冲突论不是为战争提供理论支持，恰恰相反，亨廷顿明确表示，分析文明冲突的目的，所期望的是，唤起人们对文明冲突的危险性的注意，促进整个世界上文明的对话。[1] 因此，那些别有用心借战争发财的商人或其雇用的某些政客，借人权、自由等为借口进行对外的战争，并把文明冲突论作为其言行合理性的根据，完全不是亨廷顿教授的本意，完全是视人命为草芥的野蛮行径，完全违背了联合国《议程》的宗旨。

第二节 东西方文明交流史为共建绿色文明提供了借鉴

文明是多彩的，人类文明因多样才有交流互鉴；文明是平等的，人类文明因平等才有交流互鉴的前提；文明是包容的，人类文明因包容才有交流互鉴的动力。文化多元，因交流而丰富，因包容而共荣。当代文明应是一个全球化共识基础上的多元包容文明。让我们从多元文化的交流史来体会文明的包容与共荣。[2]

一、中国老子《道德经》的东西方共享[3]

老子的《道德经》在世界上产生了广泛的影响。老子是春秋时期人，中国古代思想家、哲学家、文学家和史学家，道家学派创始人和主要代表人物。老子所著的《道德经》仅短短五千言，却以深邃的智慧，探究了天之道、地之道、人之道，深刻揭示了宇宙生命发生发展和人类社会发展变化的真谛。据统计，世界文化名著总销量除了《圣经》以外就是《道德经》，而在世界各国经典名著中，《道

---

[1] 〔美〕塞缪尔·亨廷顿：《文明的冲突与世界秩序的重建》，周琪、刘绯、张立平，等译，新华出版社 2010 年版，第 212 页。

[2] 喜马拉雅讲座平台上余秋雨先生对中国文化在世界格局中的定位与东西方文明交流的讲授，对正在研学多元文明融合共存的我，有着直接的启发和帮助，为我查找相关的人与历史资料提供了非常有益的线索。

[3] 王立：《道德经在国际上的地位》，2017 年 6 月 9 日，https://zhidao.baidu.com/question/579403475.html。

德经》是被翻译成最多种语言、发行量最大的传世经典。《道德经》的外文译本总数近500种，《道德经》的德文译本就多达82种，研究老子思想的专著也高达700多种。

这里简要介绍一下《道德经》在世界上的影响。联合国前秘书长潘基文极力推崇老子的《道德经》，援引老子的"天之道，利而不害；圣人之道，为而不争"的名言。美国前总统里根把《道德经》奉为宝典，在第二次总统就职演说中，引用了老子的名言"治大国若烹小鲜"来阐释他的治国理念。德国前总理施罗德在任时，曾在电视讲话中呼吁，每个德国家庭买一本《道德经》，可帮助人们解决思想上的困惑，据说每四个德国人家里就藏有一本《道德经》。俄罗斯前总统梅德韦杰夫在参与一次国际论坛时说，俄罗斯应该用中国老子的智慧走出经济危机。①2014年4月1日，习近平同志在欧洲学院发表演讲时说："我们推进改革的原则是胆子要大、步子要稳。'图难于其易，为大于其细。天下难事，必作于易；天下大事，必作于细'。"②笔者曾在美国巴尔的摩市海边一个书店购买一本英文版《道德经》，付费时，售书员说这本书非常好。我问他看过吗？他回答"看过"，让我非常吃惊与感动！

许多西方大哲学家或科学家，都非常推崇老子。据说，德国哲学家莱布尼兹最初正是根据伏羲黄老的阴阳学说提出了二进制思想。当他第一次看到中国《河图洛书》拉丁文译本以后，惊呼"这是一个宇宙最高的奥秘"，当即给太极阴阳八卦起了一个新名字"辩证法"。由此可见，以老子为代表的伏羲黄老学说的影响之广泛。莱布尼兹对辩证法的论述深刻地影响着康德，使康德成为著名的哲学家，成为辩证法的奠基人和阐发者。大哲学家黑格尔师承康德，把老子学说看成是真正的哲学。黑格尔研究每一个命题，都完全按照太极图的正（阳）反（阴）合（中）的三维形式，创立了三段式解读法。德国大思想家尼采说《道德经》像一个永不枯竭的井泉，满载宝藏。英国著名历史学家阿诺德·汤因比在《人类与大地母亲》一书中说，在人类生存的任何地方，老子的道家哲学都是最早的一种哲学。奥地利经济学家哈耶克认为道家的"我无为而民自化；我好静而民自正"的观点，就是他的自发秩序理论的经典表述。日本学者汤川秀树说："早在两千多年前，老子就已预见到了未来人类文明所达到的状况。"③英国科学家霍金在老子的"天下万物生于有，有生于无"的思想启示下，提出了"宇宙创生于无"的理论。著名数学家陈省身说："1943年，我在美国认识爱因斯坦。他书架上的书

---

① 佚名：《〈道德经〉的国际影响力》，2019年1月16日，https://www.sohu.com/a/289505133_698793。
② 习近平：《习近平在布鲁日欧洲学院的演讲》，2014年4月1日，http://www.xinhuanet.com/world/2014-04/01/c_111005 4309_3.htm。
③ 佚名：《〈道德经〉的国际影响力》，2019年1月16日，https://www.sohu.com/a/289505133_698793。

并不多,但有一本很吸引我,是老子的《道德经》德文译本。西方有思想的科学家,大多喜欢老庄哲学,崇尚道法自然。"①托尔斯泰认为西方人应按照老子的"上善若水"理念塑造现代人的理想人格,并学会以"方圆之道"待人处事。

世界著名的美国贝尔实验室,一进大门就可以看到"无为而治"四个大字。美国微软公司创始人比尔·盖茨自认是根据老子的"天之道,损有余而补不足"的思想,从事社会公益慈善事业。日本"经营之神"松下幸之助最推崇老子的管理哲学,在松下公司的花园里有一尊老子的铜像,下面石座上刻着中文:"道可道,非常道"。

在工业文明取得史无前例的历史成就的时候,看看西方最有智慧的政治家、思想家或实业家,能接受并高度评价来自农耕文明时代的东方哲人的理念,让人感叹!这不最充分地表明了东西文明是可交流甚至融汇的。

二、从马勒大地交响乐聆听中国与欧洲同样的精神世界

1999年,德国交响乐团来华演出了《大地之歌》(Das Lied von der Erde)交响乐,引起轰动。唐代诗歌,欧洲音乐,文明交流,大美融合。《大地之歌》中表达的情怀,源自中国的七首唐诗。诗是先由法国女作家戈谢译成法文,又由德国作家哈依曼从法文转译成德文,再由奥地利作曲家马勒于1908年谱成乐曲。《大地之歌》是马勒的巅峰之作之一,也是欧洲古典音乐的巅峰之作之一。1911年由马勒先生的弟子布鲁诺·瓦尔特初演于慕尼黑。2005年3月,叶小纲先生的第一版《大地之歌》(四个乐章)由余隆指挥中国爱乐乐团成功地在美国旧金山和纽约林肯中心等近十个城市的主要音乐厅上演,反响强烈。

《大地之歌》情感真实,牵肠动魂。第一乐章:"愁世的饮酒歌"(Das Trinklied vom Jammer der Erde),歌词以李白的《悲歌行》为基础,明暗交错,悲愤激越;第二乐章:"寒秋孤影"(Der Einsame im Herbst),歌词以张继《枫桥夜泊》为基础,哀怨凄凉,忧郁浪漫;第三乐章:"青春"(Von der Jugend),歌词以李白《客中行》一诗为基础,饮酒畅叙,青春欢快。第四乐章:"美女"(Von der Schonheit),以李白《采莲曲》为基调,欢声笑语,明媚甜蜜。第五乐章:"春天的醉者"(Der Trunkene im Fruhling)以李白的《春日醉起言志》为基调,鸟声鸣啭,梦幻醉酒。第六乐章:"永别"(Der Abschied),分别以孟浩然《宿业师山房待丁大不至》和王维《送别》两首诗为基础,倾诉肺腑,凄切眷恋。

那么,为什么马勒先生选中了唐诗呢?很早就接受了叔本华的哲学思想的马勒先生,一生都在思考:人从何处来、要去往何处、人生活着为何目的?当阅读了诗

---

① 佚名:《〈道德经〉的国际影响力》,2019年1月16日,https://www.sohu.com/a/289505133_698793。

集《中国之笛》，后又阅看了 7 世纪至 9 世纪中国诗人的诗，马勒一下子就被迷住了。唐诗以其透彻的人生哲理抒发出来的悲欢离合，深深地打动了马勒先生的心。

冥冥之中，果有天意，我应邀参加了 2019 年 11 月 11 日由慧和天语艺术空间、李可染画院等联合主办的"大美融合——中国水墨遇上马勒交响曲"艺术展①。中国著名画家、李可染画院院长李庚先生数次在马勒《大地之歌》交响曲的中外演出现场，随着交响乐演奏，创作出了《马勒交响曲系列》水墨作品，现在京展出。中国水墨、古代诗歌与欧洲交响乐的融合，是东西方文明融合的大美绝配，让人感叹！引起人无尽的遐思！是啊，东西方文明一直在热爱文化的人们之间交流着，融合着！悲欢离合，爱情友谊，生老病死，回归大地，是人类永恒的影子，触弦入心，不分东西。

三、从《几何原本》的传播交流看中欧文化的早期交流②

利玛窦，意大利马切拉塔人，原名玛太奥·利奇。利玛窦在罗马公学和葡萄牙耶稣会科英布拉学院学习期间，学习了逻辑学、伦理哲学、形而上学、物理学和数学等学科，其中包括苏格拉底、柏拉图、亚里士多德等的经典著作，还学习了神学。利玛窦同时掌握了拉丁文和希腊文，甚至学会手工技术制造自鸣钟。他还对建筑行业感兴趣，尤其对天文、历史、医学和地图学更为熟谙。利玛窦于 1582 年（明万历十年）抵达澳门，积极接触中国文化，刻苦钻研中国典籍，用拉丁文意译了《四书》并加注释，还特意为自己取了利玛窦这个中国名字。他广交中国官员和社会名流，传播西方天文、数学、地理等科学技术知识。以利玛窦和以徐光启为代表的一批中国文化人的交往互学，可以说是东西方文化的一种交流。二人先在南京，后齐聚在北京。徐光启希望学习西方科学，利玛窦想学习中国古代文化，他们一见如故。

1604 年，利玛窦随赴京做官的徐光启来到了北京。他带给万历皇帝的有油画、自鸣钟、西琴、地球仪、罗盘、日晷和一些来自威尼斯的化妆镜、放大镜、望远镜、近视眼镜等，其中最令中国人震惊的还是那幅《坤舆万国全图》，即一幅中国人从未接触过的世界地图。③

---

① 佚名：《大美融合——中国水墨遇上马勒交响曲艺术展成功举办》，2019 年 11 月 12 日，https://photo.gmw.cn/2019-11/13/content_33317363.htm。

② 刘明翰：《"中学西传"先驱利玛窦的人文主义思想新探》，《鲁东大学学报（哲学社会科学版）》2012 年第 6 期，第 12—16，22 页；张允熠：《利玛窦与西方哲学的中传及对中国哲学的发现》，《北京行政学院学报》2019 年第 5 期，第 121—128 页。

③ 康志杰：《利玛窦在华经济活动及其经济伦理观分析》，《北京行政学院学报》2019 年第 3 期，第 123—128 页。

1615年后，利玛窦的《利玛窦中国札记》在欧洲出版了。仅明末以前，此《利玛窦中国札记》出版就有意大利文、德文本、西班牙文本和英文摘译本，还有三种法文本和四种拉丁文本（包括1615年第一种拉丁文本）。利玛窦全面介绍了中国的物产与社会，介绍了中国的汉字、中医、茶、漆、焰火、印刷术、制墨制扇工艺、天文学、科举制度、政府机构和司法等。《利玛窦中国札记》还特别介绍了中国的儒学和儒学的创始人孔子，指出孔子远比世界各国所有被认为是德高望重的人更为神圣，中国有学问的人都非常尊敬孔子。

　　1605年，利玛窦用公元前3世纪左右希腊数学家欧几里得的著作《原本》做教材，给徐光启讲授西方科学。徐光启深为欧几里得的基本理论和逻辑推理所折服，提议与利玛窦一道将这本书译成中文。二人协调配合，反复推敲，力求准确表达。"点""线""面""平行线""对角线""三角形""四边形""多边形""对角""直角""锐角""钝角"等中文译名，就是他们二人呕心沥血的智慧结晶。特别是他们将汉语中用于设问的一个词语——几何，创造性地用来命名原书及其学科，信达雅兼备。1607年，《几何原本》前六卷正式翻译出版。这是中国历史上翻译出版的第一部西方教科书，也是中西科学交流史上的第一部自然科学译著。利玛窦的著述不仅对中西交流做出了重要贡献，对日本和朝鲜半岛上的国家认识西方文明也产生了重要影响。300年后，中国著名学者梁启超高度称赞《几何原本》的翻译是"字字精金美玉，是千古不朽之作"。徐光启还翻译了利玛窦著的《测量法义》，将西方的测量、水法等学科知识具体运用到国内的农业、军事等领域。

　　利玛窦和徐光启在中西方文化交流中做出的重大贡献在东西方均为人们知晓和称赞。其中给我们的启示是：文明交流必须是平等的。在这两位中西方文化学者的交往中，我们看到的是一种平等交流的态度。这里，没有强迫，没有欺骗，有的是信任与真诚，双方在平等交流中获得的是知识与友谊。

四、从丝绸之路看中国与阿拉伯文化交流的悠久历史

　　阿拉伯国家在西亚有12国，在北非有11国，他们有统一的语言——阿拉伯语，有统一的文化和风俗习惯。在阿拉伯地区，曾出现了一些著名的古代文明，如古埃及文明、巴比伦文明、腓尼基文明等。这些文明不仅在当时，而且直到21世纪都有令人惊叹的成就与神秘性。

　　中国与阿拉伯文化交流有着悠久的历史。闻名中外的古丝绸之路，就是生动有力的见证。两千多年前，通过丝绸古道传入中国的胡桃、胡椒、胡萝卜等，早已成为中国人喜爱的食物。阿拉伯鼎盛时期的文学经典《一千零一夜》，在中国家喻户晓。伊斯兰风格的音乐、舞蹈和服饰、建筑，在中国深受欢迎。同样，中国古

代文化和技术,也传到了阿拉伯国家。中国的瓷器、丝绸、茶叶、造纸术,就是通过阿拉伯国家传入欧洲的。六百年前,中国航海家郑和七下西洋,多次到达阿拉伯地区,成为传播友谊和知识的使者。中国与阿拉伯世界的交流不断扩大和加深,不仅有力促进了双方的文化繁荣和经济发展,还推动了东西方文明的交流。[①]

文明存在差异,但没有优劣之分。各种文明都包含有人类发展进步所积淀的共同理念、共同追求。在中华文明中,早就有"和为贵""和而不同""己所不欲,勿施于人"等伟大思想。阿拉伯文化中也蕴含着崇尚和平、倡导宽容的理念。在多样中求同一,在差异中求和谐,在交流中求发展,是人类社会应有的文明观。

五、历史上拉丁美洲文明与欧洲文明的交融[②]

美国比较政治学家霍华德·J.威亚尔达教授(Howard J. Wiarda,1939—2015),积四十多年在伊比利亚半岛和拉美地区工作、生活的经验,写了一本书,题目为《拉美的灵魂:文化与政治传统》(*The Soul of Latin America: The Cultural and Political Tradition*)。

威亚尔达通过这本书至少参与了两场大的辩论,其一是围绕大名鼎鼎的"文明冲突论"展开的,其二针对的是普遍流行的"水土不服论"。巧合的是,这两场辩论的主要对象都是哈佛大学的亨廷顿教授。

第三节 从多元文明走向绿色文明的关键
——维护和稳定中美关系

2019年6月29日,习近平同美国总统特朗普举行会晤,特朗普总统表示:"我对2017年对中国的访问仍然记忆犹新,那是我最愉快的一次出访。我亲眼看到了非常了不起的中华文明和中国取得的非常伟大的成就。"[③]

一、亨廷顿指出中国文明是世界上最古老的文明

亨廷顿在《文明的冲突与世界秩序的重建》的中文"序"中指出,中国文明

---

① 温家宝:《国务院总理温家宝在开罗访问了阿拉伯国家联盟总部并发表题为〈尊重文明的多样性〉的重要演讲》,2009年11月8日,https://www.chinanews.com/gn/news/2009/11-08/1952717.shtml。
② 〔美〕霍华德·J.威亚尔达:《拉丁美洲的精神:文化与政治传统》,郭存海、邓与评、叶健辉,等译,浙江大学出版社2019年版。
③ 习近平:《习近平同美国总统特朗普举行会晤》,2019年6月29日,http://www.xinhuanet.com/world/2019-06/29/c_1124688101.htm。

是世界上最古老的文明，中国人对其文明的独特性和成就亦有非常清楚的意识。中国学者因此十分自然地从文明的角度来思考问题，并且把世界看作一个具有各种不同文明的且有时是相互竞争的文明的世界。

中国文明有多古老？2019年7月6日下午，在阿塞拜疆举行的联合国教育、科学及文化组织第43届世界遗产委员会会议上，随着木槌落定，中国良渚古城遗址申遗成功，被正式列入《世界遗产名录》。[①]良渚遗址被发现并在1936年首次发掘，考古专家非常谨慎，用了80年时间在研判此文化到底是"文明曙光"还是"中华五千年文明的实证"。根据"中华文明探源工程"反复研讨得出的成果，并据碳十四测年法测出的一系列数据表明，江浙地区良渚文化时代相当早，并不比北方的仰韶文化和龙山文化迟。2010年后，国家文物局终于认定良渚遗址："是实证中华五千年文明史的圣地。"[②]因为，11条水坝组成的良渚古城外围水利系统、规模庞大的城市系统、大型宫殿基址、大型墓葬的发现表明，早在夏王朝建立之前，一些文化和社会发展较快的区域，已经出现了早期国家，进入了古国文明的阶段；良渚文化有发达的犁耕稻作农业和神秘绚烂的礼俗制度；大量出土的玉琮、玉璧、玉玦等精美玉器、漆器等为代表的系统化、专业化的手工业且流传于广东、山西、陕西、甘肃等地[③]；故宫博物院前院长张忠培在《良渚文化刻画符号》一书指出的良渚文化发现的大量刻画符号表明已经存在文字等，距今五千年左右，长江流域已经进入"古国文明"阶段。一些专家认为，辉煌的良渚文明很可能就是那个神秘的虞朝[④]。良渚古城遗址申遗成功，填补了《世界遗产名录》东亚地区新石器时代城市考古遗址的空白。良渚古城遗址申遗成功，中国世界遗产总数达到55处，位居世界第一，这是灿烂辉煌的中华文明历史留下的文化瑰宝。

二、中美交流合作的历史超过200年

2008年8月8日，北京三里屯使馆区的东北角，美国大使馆新馆的开馆仪式在此举行。这座可容900多名外交官的玻璃幕墙的建筑物，标志着美国与中国这两个伟大国家的关系进入了一个新时代。为此，美国国务院出版了一本64页插图丰富多彩的书，即《共同走过的日子——美中交往两百年》画册，是美国驻华大

---

① 陈倩柔：《良渚古城申遗成功靠什么？》，2019年7月11日，http://www.haijiangzx.com/2019/0711/2026552.shtml。

② 佚名：《"中华第一城"良渚古城遗址：向世界实证中华文明五千年》，2019年11月3日，https://xw.qq.com/cmsid/20191103A09GFY00。

③ 陈倩柔：《良渚古城申遗成功靠什么？》，2019年7月11日，http://www.haijiangzx.com/2019/0711/2026552.shtml。

④ 王政：《让中华真正拥有五千年文明史的良渚古城》，2018年3月13日，https://baijiahao.baidu.com/s?id=

第十二章　包容多元文明　共建绿色文明

使馆为纪念美中建交三十周年印制的内部赠送非公开交流画册版，没有署名作者和版权页。这一图文并茂的书同时以中英文出版。全书共有3个主要章节：从两国交往之始到19世纪末，从"门户开放"到中国国内战争，以及20世纪的中美关系。

从书中看到，商业和文化拉开了中美交流的序幕。商业始于1784年"中国皇后"号自纽约至广州的著名航行。在英国签署了认可美国独立的《巴黎条约》仅仅一年后，且在乔治·华盛顿就任美国首届总统典礼的4年前就进行的这次商业航行，显然是私人的贸易活动。同样的，中美关系在文化方面，包括文化、思想与习俗等方面的交流，也是非官方的。在19世纪，向中国传播文化主要内容是教育、医药和科技，对中华文化与科技进步起到了巨大推动作用。值得注意的是，画册用相当篇幅叙述抗日战争时期美国对中国的支持，以及日军在南京的暴行的公开揭露。①

三、从奥巴马投资出品的纪录片《美国工厂》看中美互助办企业

2019年8月21日，美国前总统奥巴马夫妇投资出品的首部电影纪录片《美国工厂》（*American Factory*）正式上映。这部影片被世界流媒体巨头网飞（Netflix）翻译成28种语言，在全球播放。纪录片在2019年第35届美国圣丹斯国际电影节上，获得了纪录片导演奖。媒体纷纷觉得，《美国工厂》是2019年最好的纪录片之一，它或许还是奥斯卡最佳纪录片的有力角逐者。②

该片讲述了一家中国公司在美国办厂的故事。2008年国际经济危机后，通用汽车宣告破产，在俄亥俄州的代顿市关闭了最后一家工厂，有成千上万的工人失业。2014年底，中国企业家曹德旺斥重金在代顿市买下通用汽车的废弃工厂，用来制造挡风玻璃和汽车车窗玻璃，为当地的美国工人提供就业机会。消息传出，《华盛顿邮报》立即以头版载出。数千人兴奋地向福耀递交简历，福耀厂先后招了5000员工。同时，有300名远离家乡的中国优秀员工，前来负责传授技术。

有意思的是，片中特别反映了中美员工因文化差异与习俗出现小摩擦：中国人觉得，美国工人懒散，做事效率低；美国员工则觉得，中国上司的管理太严格了，经常使用命令式的语气，让人感到自己不受尊重。第一年就这样过去，工厂亏损了4000万美金。于是，福耀高管决定安排一批美籍主管去参观中国工厂，看看中国人是怎么干活的。考察的人在中国福耀玻璃工厂发现：中国工人效率极高，一天生产的合格产品数量是美国工厂的数倍，且总是干劲十足。这些美国主管回

---

① 佚名：《〈美中交往两百年〉画册（A)(B）》，2012年11月13日，http://wap.sciencenet.cn/blog-415-632047.html。
② 创业基金会：《奥巴马电影处女作上映：中国老板拯救美国工厂重生，全世界轰动了》，2019年8月30日，http://www.sohu.com/a/337606323_355070。

国后，开始学着中国工厂中的管理模式，采用多种方式动员、鼓励、督促员工，生活上更关心员工。中国的主管也学着理解美国员工，体谅员工养家糊口的难处，在亏损的状态下，公司还给每一位员工每小时再加薪2美元。员工们士气提升，工作效率提高。第二年，这家玻璃厂实现了盈利。我们从中的体会是：一是美国官员这种可上可下、乐于做事的精神符合中国古圣人的主张，令我们敬佩；二是中美文化有差异很正常，要彼此尊重，善于沟通，就能相处获益，共享快乐；三是要遵守当事国国家的法律，按法律要求办事。

四、尊重历史 面向未来 坚定不移维护和稳定中美关系[①]

以下我想直接引用中国负责外交的一位官员[②]对中美关系的权威分析。因为这不仅非常重要，而且是最贴合当前形势的。

"中美关系是世界上最重要的双边关系之一。维护和稳定中美关系事关两国人民和世界各国人民福祉，也关乎世界和平、稳定、发展。习近平主席2014年即指出，历史和现实都表明，中美两国合则两利、斗则俱伤。中美合作可以办成有利于两国和世界的大事，中美对抗对两国和世界肯定是灾难。双方应该登高望远，加强合作，坚持合作，避免对抗，既造福两国，又兼济天下。在两国元首庆祝建交40周年互致贺信时，习近平主席指出，中美建交40年来，两国关系历经风雨，取得了历史性发展，为两国人民带来了巨大利益，也为世界和平、稳定、繁荣作出了重要贡献。历史充分证明，合作是双方最好的选择。美方也表示，多年来，中美关系取得了巨大发展。"

"中美两国人民有着友好交往的历史，曾经在世界反法西斯战争中并肩战斗。"

"中美两国人民对彼此始终怀有友好的感情，双方寻求友好交往和互利合作的努力从未停息。"

"尼克松总统在人民大会堂欢迎宴会致词（辞）时表示，我是为了美国人民的利益而来。你们深信你们的制度，我们同样深信我们的制度。我们在这里见面，并不是由于我们有共同的信仰，而是由于我们有共同的利益和共同的希望。我们没有理由要成为敌人。现在是我们两国人民攀登伟大境界的高峰，缔造新的、更美好世界的时候了。"

"改革开放以来，在中国共产党的领导下，中国人民凭着自己的勤劳和智慧，取得了巨大发展成就。在此过程中，中国的快速发展得益于同世界各国的交流合作，也为包括美国在内世界各国提供了持续的增长动力和重要机遇。中美贸易额

[①] 杨洁篪：《尊重历史 面向未来 坚定不移维护和稳定中美关系》，2020年8月8日，http://www.xinhuanet.com/mrdx/。

[②] 中共中央政治局委员、中央外事工作委员会办公室主任杨洁篪。

较建交之初增长了200多倍,双向投资从几乎为零到近2400亿美元。中国物美价廉的商品给美国消费者带来了实惠,中国广阔的市场和良好的营商环境为美国企业提供了丰厚利润。"

"中美人员往来从每年几千人次增长到超过500万人次,中国在美留学生总数超过40万人。两国建立了50对友好省州关系和227对姐妹城市。从2005年卡特里娜飓风灾害到2008年汶川重大地震灾害,中美两国人民感同身受,纷纷向对方施以援手。新冠肺炎疫情发生后,中美两国各界相互驰援。"

"当然,41年来,中美关系发展并非一帆风顺,中美之间也曾经历过风风雨雨和重大波折,但两国都能够从历史和大局出发,管控矛盾和分歧,妥善处理敏感问题,维护了中美关系总体稳定发展的势头。事实证明,中美之间没有过不去的坎,关键在于要有相互尊重、平等相待、求同存异的诚意,在于要有对历史和人民负责的担当。"

"中美人民友谊蕴含了几十年来两国人民的无数心血,值得我们倍加呵护。"

在引用了上述重要论述后,我想再引用亨廷顿教授在《文明的冲突与世界秩序的重建》的中文版"序"中的一段话,在这样一个多元化的世界上,任何国家之间的关系都没有中国和美国之间的关系那样至关重要;因此,未来的世界和平在相当大的程度上依赖于中国和美国的领导人协调两国各自的利益的能力,以及避免紧张状态和对抗升级为更为激烈的冲突甚至暴力冲突的能力,而这些紧张状态和对抗将不可避免地存在。而这正与亨廷顿书的结尾相呼应:建立在多文明基础上的国际秩序是防止世界大战的最可靠保障"!现实正在证明,这观点非常深刻与非常重要。

第四节 展示人类探求共同文明的努力——奥运圣火赞

在全书即将结束之时,我想以我在2008年为北京举办奥运会写的一篇短文[①],作为对人类共同文明的期待与祝福。奥运圣火是一面旗帜,象征着超越族群主义的整体正义,代表着超越偏见的世界人权,是多元文明的共识与合作,是人类可持续发展的命运共同体精神的体现,而这不正是"绿色文明"的真谛吗?

原文摘要如下:

---

① "奥运圣火赞"一文是2008年4月间看到奥运圣火在欧洲几国尤其是法国传递时有人捣乱而写成的。5月1日发给法国孔子学院滕青教授。5月2日她回信说文章上了三个网:"晓西,看看,五一节当天,你的文章上了三个网站!一个巴黎的留学生论坛;一个北京的大网站人民网;一个加拿大东部的华人网站,这是你今年五一收到的最好的礼物了吧?"丛雅静硕士为我收集了大量奥运及圣火的资料,在此表示谢意。此文后收录于李晓西:《中国:新的发展观》,中国经济出版社2009年版,第222—227页。

奥运圣火在开幕式上点燃，熊熊聚起竞技的激情和斗志；圣火在闭幕式上隐退，深深留存运动的热情和友谊。圣火升腾，万众欢庆；火炬之旅，歌舞相随。为什么奥运之火被称为人类文明的圣火？为什么人们那么喜爱奥运圣火？奥运圣火意义何在？

（1）地上之火与天上之火

翻开历史的篇章，拂去岁月的风尘。我们在火与人类血缘之纽带前深思：希腊传说中，为驱逐黑暗和混沌，普罗米修斯从天上盗来火种；中国的史记中，先祖燧人氏钻木取火。传说之外，历史凿凿，50万年前北京周口店火烬，依稀存温，这是中外史学家公认世界上最早的人类用火证明。有了火，人熟食壮体而止疾病；有了火，人驱阴寒而获温暖栖身；有了火，人制陶炼铁而拥器皿；有了火，人烧荒猎兽致农畜。火点燃了人类文明的起点，推动了人类的进步。

为了纪念普罗米修斯，古希腊的奥林匹亚四年一祭，兴火炬助运动会，已有近3000年的历史。这来自神灵的火，这来自天上的火，难道不是圣火吗？我们看到，希腊人在宙斯神前点燃火种，倡导奥运竞技人类一家；火炬传信各邦休战，和平友谊唯此为大。这就是奥运圣火独具的魅力，这就是奥运精神传承的奥秘。

80年前，奥运圣火重现人间。现代奥林匹克运动恢复后，1928年的阿姆斯特丹奥运会首次出现奥运圣火。尽管那只是体育场边一个喷泉盛水盘，尽管那只是来自一位充满国际意识的法国人顾拜旦。1936年第十一届奥运会上开始了奥林匹克火炬传递仪式，圣火行程达3050公里，穿越了7个国家，共有3361人参加了火炬传递。奥运圣火传递仪式由此延续不断。虽然在历史的烛光下，这次奥运会曾晃动过纳粹的阴影，但光明总是伟大的。1948年伦敦奥运会火炬接力是以和平为主题，世界共庆二战结束、和平降临；1956年在澳大利亚墨尔本举行的第16届奥林匹克运动会，南半球的国家首次承办奥运会，奥运圣火首度照亮南半球。在《欢乐颂》的伴奏下，民主德国和联邦德国共同入场，联合参赛，彰显了突破意识形态的大团结；1960年罗马奥运会火炬接力是以赞美古文明为主题，在两个象征着古代文明的城市雅典和罗马之间传递；1964年第18届奥运会在日本东京开幕，奥运火炬首次在亚洲点燃；1968年墨西哥城奥运会火炬接力以新大陆为主题，赞美因哥伦布远航而实现的地中海文明和拉丁美洲文明的连接；1988年汉城奥运会火炬接力以东方文化为主题，传递路线是连接韩国东西部之间的"Z"形路线，体现了道家阴阳两极如鱼优美之结合。1992年巴塞罗那奥运会，50多个国家和地区的255名火炬手包括6名中国人，一起参加火炬接力，为巴塞罗那赢得了国际声誉；2000年悉尼奥运会火炬接力是以澳大利亚古老文化为主题，圣火水下传递，独具匠心；2004年雅典奥运会以百年奥运回家为主题，火炬在一百年来举办过奥运会的国家和城市接力，路经27个国家的34个城市，历时78天，行程78 000公里，成为奥运史上第一个传遍五大洲的火炬接力；2008年北京奥运会即将隆重举行，其火炬接力的主题是"和谐之旅"，体现了中国传统优秀文化和当代发展理念的完美结合，火炬接力以"点燃激情，传递梦想"为口号，在五大洲的21个城市和中国境内31个省（区、市）传递……这将是奥运史上传递路线最长、传递范围最广、参与人数最多的一次火炬接力。

（2）奥运圣火与人类文明

圣火传递突破了一个个城邦古堡，一道道深沟高墙，不同国家、不同城市、不同种族、不同宗教信仰的人们，都愿意放下分歧，暂别仇恨，为奥运圣火放行，为奥运圣火助威，歌颂和平和团结，这是一个何等壮观的场面。邻国在协调，大洲在跨越，从小范围的协调，到全球化的共识，这不是人类文明进步的象征吗？国际奥委会主席罗格说得好，奥运圣火传递是奥林匹克运动的重要组成部分，象征着世界的团结。当我们翻开报纸，打开电视看到每天的新闻，那些数不清的仇恨，那些打不完的厮斗，让我们透不过气，更让孩子们对这个世界充满了恐惧和迷茫。感谢奥运圣火，感谢五环旗，在你们的光芒下，我们能让孩子们绽开笑脸，回到一个美好的世界！

毋庸置疑，奥运促进了投资、增加了消费。同样，奥运圣火传递，拉动着旅游，拉动着交通，拉动着众多产业，宣传着城市品牌，促进着经济全球化的进程。奥运为企业回报社会提供了舞台，也让奥运圣火率先照亮了富有社会责任心的企业。"三星"因此高照，"爱国者"因此扬名……国内外著名品牌企业在这一平台上相识相聚。美国商业奇才尤伯罗斯，把1984年洛杉矶奥运会办成体育与经济双赢的盛会，创造了奥运经济新概念。可见，奥运会不单是在演绎一次体育盛会，同时也在展现着举办国的经济实力。

奥运圣火跨洋过洲，登峰潜水，既实现着人们的愿望，更体现出科技的力量。且看北京奥运会火炬，不但双焰美观，且强风吹不熄，暴雨扑不灭，低温冻不住，长燃而稳定，轻巧而结实。这完全是中国人的知识产权，是高科技的中国创造，是名不虚传的奥运科技。

奥运火炬及其传递是当代环保技术的前沿，圣火传递是"绿色奥运"理念的传递，是《环保指南》的实现。不入环保区，清洁聚会地，沿线环保带，材料可回收，燃烧无污染。做到这一切，中国人付出了巨大努力，为环保事业做出了伟大贡献。

宏大的奥运会组织工作，一届届成功的举办，标志着现代管理科学的伟大成就，标志着人类经济与科技的高度发展，也标志着人类文明发展迈向一个个新阶段。

（3）圣火传递与爱心接力

奥运火炬在中国近300个大中城市传递，每到一处，欢声雷动，笑脸如潮。火炬手幸福荣光，擎五环而奔跑；呐喊观众激情澎湃，挥红旗而加油。奥运五环旗下，各地尽展东方文明，时代新容。

圣火入境，海南当先。西沙岛潜水、五指山进寨、万泉河漂流，水陆空立体传递。圣火成功登顶世界最高峰，更鼓舞了中国和世界。奥林匹克精神、大自然与人类高度结合，神圣而伟大。

突来的汶川大地震，震惊了世界。此时圣火正传递至江西。江西人民立即提出"江西北京心连心，老区灾区手拉手"，"身在老区，心系灾区"，火炬一路传递，爱心一路汇聚。

汶川地震当天国际奥委会主席罗格发来函电："奥林匹克运动与受灾人民同在"。88岁的萨马兰奇发给中国媒体电子邮件："中国人民在地震发生以后，所展现的与灾难顽强斗争的伟大精神，本质上和奥林匹克精神是一脉相通的。你们的坚强意志和挑战极限的精神，是对奥林匹克内涵的最好诠释。"联合国秘书长潘基文站在汶川废墟上感叹：中国人民是充满力量、勇敢无畏、坚忍不拔、富有自助和合作精神的伟大人民。世界人民的关爱，凝聚在胡锦涛总书记与俄罗斯救援队员的那一次握手中，凝聚在温家宝总理与美国志愿者的那一次拥抱中。

汶川大地震赋予圣火大爱之含义，"传递圣火、奉献关爱"，圣火传递变成一次爱心接力！唐山人民说得好：无数双紧紧相携的手，一定能重建灾区被震塌的家园！无数颗紧紧相依的心，一定能重振灾民对明天的希望！

抗震英雄们高举圣火，昂首挺胸，在四川一站站传递。圣火路经广安，照亮世纪伟人邓小平"中国能办好亚运会，也一定能办好奥运会"的金色大字。滚滚岷江，听那涛声依旧；巴山蜀水，回荡奥运心声。

130天、行程137000公里的圣火传递，这是奥运史上圣火空前的长征。火炬接力，精神传承，朵朵祥云托起奥林匹克火种，千山万水凝聚人类梦想和心意！今天，在北京传递的奥运圣火，正孕育着辉煌升华的时刻！

结 束 语

在本书"前言"里,我表明了对国际政治研究领域著名学者、20世纪美国最重要的思想家之一、美国哈佛大学国际和地区问题研究所长亨廷顿教授有关文明冲突论的关注。在本书中很多章节里,都涉及对这位教授观点的引用,我或同意,或驳论。虽然很多人批评亨廷顿做出了一个危险的预言,但他声明自己仅仅是想唤起人们对文明冲突危险性的警惕,进而促进文明之间的对话——他宁可要一个建筑在悲观之上的乐观,也不要一个在他看来忽视潜在差异和危险的盲目乐观。在本书最后这一章中,我相对集中地分析了文明冲突论的正误,特别是关注与简介了不同文明的交流与融合。作为全书的概括,这既是对亨廷顿教授所关注的重大问题提出的解决思路,更是希望有助于全球可持续与和平发展,有助于在人类与自然矛盾越来越多的关键时候迎来人类共同的文明形态——绿色文明。

人类发展到了今天,一定要以文明交流超越文明隔阂、以文明互鉴超越文明冲突、以文明互补超越文明封闭,推动不同文明相互理解、相互尊重、相互融合,形成人类互相包容的价值观与文明观。

后 记

《绿色文明——可持续发展的人类共识与全球合作》一书想表达的是世界各国、各民族及所有不同历史与文明的民众，能包容共存，善待自然，与万物和谐相处，实现人类与地球的可持续发展的目标。近年来，诸如新冠肺炎疫情类的天灾人祸不断提示我们：绿色文明建设因自然环境急速恶化已极为迫切。

本书在写作过程中得到了师友们不同形式的支持，中国西南财经大学经济学院原院长、中国经济史专业的刘方健教授多次参与我主持的课题，他学识渊博，在人类文明史的研究上给了我很多的启发。城市绿色发展科技战略研究北京重点实验室执行主任陈浩教授为本书中心思路的形成提供了重要建议，在此表示由衷的感谢。本书中第十一章"123个国家绿色发展水平的测度"中，北京师范大学经济与资源管理研究院宋涛副教授将人类绿色发展指数在2014年至2018年的数据进行了更新与增补，完成了这一章的初稿。在收集新数据过程中，刘一萌老师也提出了宝贵的修改意见。四川乐山师范学院外国语学院帅培天教授、浙江大学社会学院张橦博士后、中国社会科学院财经战略研究院丰晓旭博士后、商务部吴铭博士、北京师范大学社会发展与公共政策学院周静博士等提供了丰富的绿色理念资料，为提高本书质量做出了贡献。肖博强学友提供了修改第一章需用的若干重要参考资料，同时对引文出处进行了核校，在此一并表示感谢。还要特别感谢北京大学经济学院岳鸿飞博士后对本书写作的持续协助尤其是规范页下注及联系出版方面的全力配合！

这里，我还要再次感谢北京师范大学经济与资源管理研究院关成华院长、张琦书记对我写作的全力支持，感谢诸领导、办公室及院里各位老师为我提供的帮助，使我能集中精力、集思广益地完成写作！感谢北京师范大学学校办公室和财务处的信任与支持！感谢北京师范大学环境学院副院长张力小教授、北京师范大学济与资源管理研究院潘浩然教授、北京理工大学管理与经济学院系主任郝宇教授提供的及时有力支持；感谢西南财经大学发展研究院王辉耀院长、晏凌原副院长、余津娴副教授、蔡郑宇副教授和朱春辉老师的关心与帮助；感谢西南财经大学经济与管理研究院李涵院长、余建宇教授、张进副教授、郭萌萌副教授、傅佳莎副教授的支持与帮助！

科学出版社10年来高水平地出版了我主持的5项科研成果，感谢社领导尤其是保持联系的马跃社长的信任和社领导组织的高水平编审团队提出的专业修改建议，促使我根据初审意见进行了为期近两个月的认真修订和部分章节的重写与再审校，自感受益匪浅。刘英红和王丽豪编辑为本书的付梓付出了辛劳，在此表示感谢。北京师范大学出版集团多年来一直关心与支持我的科学研究成果发表。这里，向经济部主任马洪立老师、版权与国际合作部谢曦主任和李路洋老师给予的大力支持和宝贵建议，表示衷心的感谢！最后，还要特别感谢哈佛大学费正清中心特邀研究员陈晋老师对本书的热情支持！

对以上各方的帮助和支持，这里再次表示衷心的感谢！

李晓西

2020 年 10 月 8 日

致　谢

感谢国家自然科学基金对本书作者在主持完成《中国经济绿色发展的评价体系、实现路径与政策研究（项目号：71333001）》重点项目结题评优后的持续支持！

感谢北京师范大学及经济与资源管理研究院和西南财经大学及发展研究院的关怀与支持！

感谢科学出版社自2010年以来5次高水平地出版我主持的科研成果！

感谢哈佛大学理查德·库珀教授欣然为本书作序！

感谢为本书写作提供各方面支持的众多学友和亲朋！